U0523003

厦门大学
哲学社会科学繁荣计划
2011—2021

■ 本书系国家社科基金一般项目"我国跨区域公共事务的治理绩效研究"（项目批准号：13BZZ059）的成果。

厦门大学公共事务学院文库

Study on the Performance of Cross-regional
Collaborative Governance in China

跨区域公共事务的协作治理绩效研究

孟华 著

中国社会科学出版社

图书在版编目（CIP）数据

跨区域公共事务的协作治理绩效研究 / 孟华著 . —北京：中国社会科学出版社，2021.6

（厦门大学公共事务学院文库）

ISBN 978 - 7 - 5203 - 8440 - 7

Ⅰ. ①跨… Ⅱ. ①孟… Ⅲ. ①公共管理—效果—评估 Ⅳ. ①D035 - 3

中国版本图书馆 CIP 数据核字（2021）第 097171 号

出版人	赵剑英
责任编辑	孔继萍
责任校对	周　昊
责任印制	郝美娜

出　版	中国社会科学出版社
社　址	北京鼓楼西大街甲 158 号
邮　编	100720
网　址	http://www.csspw.cn
发行部	010 - 84083685
门市部	010 - 84029450
经　销	新华书店及其他书店

印刷装订	北京市十月印刷有限公司
版　次	2021 年 6 月第 1 版
印　次	2021 年 6 月第 1 次印刷

开　本	710×1000　1/16
印　张	22.75
字　数	307 千字
定　价	138.00 元

凡购买中国社会科学出版社图书，如有质量问题请与本社营销中心联系调换
电话：010 - 84083683
版权所有　侵权必究

厦门大学公共事务学院文库

编 委 会

（由学院学术委员会成员组成）

主 编　陈振明

编 委　朱仁显　李明欢　陈炳辉　卓　越
　　　　胡　荣　黄新华

总　序

公共事务是一个涉及众多学科的重大理论与实践领域，既是政治学与行政学（或公共管理学）的研究对象，也是法学、社会学和经济学等学科研究的题中应有之义。公共事务研究是国家的一个重大战略要求领域。随着全球化、市场化、信息化以及数据化、网络化和智能化时代的来临，当代国内外公共事务的理论和实践都发生了深刻变化；我国改革开放和现代化建设亟须公共事务及其管理的创新研究。党的十八届三中、四中全会分别作出了《中共中央关于全面深化改革若干重大问题的决定》和《中共中央关于全面推进依法治国若干重大问题的决定》，提出了"推进国家治理体系和治理能力现代化"以及依法治国的改革总目标。

全面深化改革，国家治理现代化，依法治国，决策的科学化、民主化，都迫切需要公共事务和管理理论的指导及其知识的更广泛应用。这为中国公共事务研究提供了前所未有的发展机遇。改革与发展中的大量公共管理与公共政策问题需要系统研究，国家治理的实践及其经验需要及时总结。新形势要求我们迅速改变公共事务及其管理研究滞后于实践发展的局面，推动中国公共事务及其管理的理论创新，以适应迅速变化着的实践发展需要。这是我们继续出版《厦门大学公共事务学院文库》这套丛书的初衷。

厦门大学政治学、行政学和社会学学科具有悠久的历史。早在20世纪20年代中期，我校就设立了相关的系科，中间几经调整分合及停办。20世纪80年代中期，作为国内首批恢复政治学与行政学学科的重点综合性大学之一，我校复办政治系，不久更名为"政治学与行政学系"，随后社会学系也复办了。2003年，由我校的政治学与行政学系、社会学系和人口研究所三个单位组建了公共事务学院，2012年学校又批准成立了公共政策研究院。

经过30年的发展，我校的公共管理与公共政策、政治学和社会学等学科已经取得了长足的发展，迈进了国内相关学科的前列。学院及研究院拥有公共管理、政治学两个一级学科博士点和博士后科研流动站，人口、资源与环境经济学二级学科博士点（国家级重点学科），社会学二级博士点和博士后科研流动站，公共管理硕士（MPA）和社会工作两个专业学位，"行政管理"国家级特色专业，公共管理、政治学和社会学3个福建省重点学科，厦门大学"985工程"及一流学科建设项目——公共管理重点学科建设平台，福建省2011协同创新中心——"公共政策与地方治理协同创新中心"，福建省文科重点研究基地——"厦门大学公共政策与政府创新研究中心"，福建省人文社科研究基地——"厦门大学公共服务质量研究中心"，以及多个人才创新或教学团队。此外，学院还建立了设备先进的公共政策实验室。

本学院及研究院已形成一支包括多名教育部"长江学者"特聘教授或讲座教授及中组部"万人计划"人才在内的以中青年教师为主、专业结构比较合理、创新能力较强的人才团队，并形成了包括公共管理理论、公共政策分析、政府改革与治理、公共服务及其管理、公共部门绩效管理、人才发展战略、社会管理及社会保障、国家学说、新政治经济学、政治社会学、社会性别与公共事务在内的多个有特色和优势的研究领域或方向。

作为厦门大学公共事务学院和公共政策研究院以及"厦门大学

哲学社会科学繁荣计划"和 2011 省级协创中心等项目或平台的研究成果，《厦门大学公共事务学院文库》围绕公共事务及其管理这一核心，遴选我院教师的各种项目研究成果以及优秀博士学位论文汇集出版，旨在显示近年来我院公共事务及相关学科的研究进展，加强与国内外学界的交流，推进我国公共事务及相关学科的理论创新与知识应用。

陈振明
于 2016 年 8 月 28 日

目　录

导　论 ……………………………………………………………（1）
 一　问题提出 ……………………………………………………（1）
 二　核心概念界定 ………………………………………………（4）
 三　跨区域公共事务协作治理绩效的主客体界定 ………（11）
 四　研究角度与研究方法 ……………………………………（15）
 五　文献综述 …………………………………………………（18）

第一章　跨区域公共事务协作治理绩效的评估框架设计 ……（38）
 第一节　跨区域公共事务协作治理绩效的理论基础 ………（38）
  一　区域共生理论 …………………………………………（39）
  二　政府绩效理论 …………………………………………（41）
  三　适应跨区域协作治理绩效的理论调整 ……………（42）
 第二节　跨区域公共事务协作治理的分析框架 ……………（44）
  一　跨区域协作发生的分析框架 ………………………（45）
  二　跨区域协作运行的分析框架 ………………………（50）
  三　跨区域协作结果的分析框架 ………………………（52）
  四　跨区域协作治理的综合分析框架 …………………（54）
 第三节　跨区域公共事务协作治理绩效的评估框架 ………（59）

一　西方区域协作治理分析框架的可借鉴性 …………（59）
　　二　跨区域公共事务协作治理绩效的评估框架设计 ……（61）
　　三　跨区域公共事务协作治理绩效的评估框架应用 ……（68）

第二章　跨区域旅游协作治理的绩效 ………………………（70）
　第一节　区域旅游协作治理绩效的评估框架 ………………（70）
　第二节　区域旅游协作治理的绩效测量 ……………………（72）
　　一　绩效测量样本选择 …………………………………（72）
　　二　协作动机的测量 ……………………………………（74）
　　三　协作能力的测量 ……………………………………（82）
　　四　协作行动的测量 ……………………………………（91）
　　五　协作结果的测量 ……………………………………（96）
　　六　区域旅游协作治理的整体绩效情况 ………………（106）
　第三节　区域旅游协作政策的效果评估：长三角 …………（111）
　　一　长三角旅游协作政策发展 …………………………（111）
　　二　区域旅游产业发展的影响因素 ……………………（113）
　　三　数据与方法 …………………………………………（117）
　　四　政策效果的评估结果 ………………………………（120）
　　五　评估结果讨论 ………………………………………（122）
　第四节　区域旅游协作政策的效果评估：厦漳泉 …………（124）
　　一　厦漳泉旅游协作政策演化历程 ……………………（124）
　　二　数据与方法 …………………………………………（125）
　　三　政策效果的评估结果 ………………………………（127）
　　四　评估结果讨论 ………………………………………（131）

第三章　跨区域大气污染协作治理的绩效 …………………（134）
　第一节　区域大气污染协作治理绩效的评估框架…………（134）
　第二节　区域大气污染防治协作的绩效测量 ………………（137）

一　绩效测量样本选择……………………………………（137）
　二　协作动机的测量……………………………………（138）
　三　协作能力的测量……………………………………（147）
　四　协作行动的测量……………………………………（156）
　五　协作结果的测量……………………………………（165）
　六　区域大气污染协作治理的整体绩效情况…………（170）
第三节　区域大气污染防治协作政策的效果评估：
　　　　长三角…………………………………………（174）
　一　长三角区域大气污染防治协作政策………………（174）
　二　大气质量影响因素…………………………………（175）
　三　数据与方法…………………………………………（178）
　四　政策效果的评估结果………………………………（181）
　五　评估结果讨论………………………………………（185）
第四节　区域大气污染防治协作政策的效果评估：
　　　　京津冀…………………………………………（190）
　一　京津冀大气污染防治协作政策演化………………（191）
　二　数据与方法…………………………………………（193）
　三　政策效果的评估结果………………………………（196）
　四　评估结果讨论………………………………………（198）

第四章　流域协作治理的绩效……………………………（202）
第一节　流域协作治理绩效的评估框架……………………（203）
第二节　流域协作治理的绩效测量…………………………（206）
　一　绩效测量样本选择…………………………………（206）
　二　协作动机的测量……………………………………（209）
　三　协作能力的测量……………………………………（217）
　四　协作行动的测量……………………………………（226）
　五　协作结果的测量……………………………………（238）

  六 流域协作治理的整体绩效情况……………………(247)
第三节 流域协作治理政策的效果评估:江苏太湖
     流域……………………………………………(252)
  一 江苏太湖流域生态补偿政策发展………………(252)
  二 政策与水质…………………………………………(255)
  三 方法与数据…………………………………………(259)
  四 政策效果的评估结果………………………………(262)
  五 评估结果讨论………………………………………(267)
第四节 流域协作治理政策模式的效果比较:闽江和
     赣江流域………………………………………(269)
  一 河流样本选择………………………………………(271)
  二 方法与数据…………………………………………(277)
  三 研究结果……………………………………………(280)
  四 研究结果讨论………………………………………(283)

第五章 走向更有效的跨区域公共事务协作治理……………(287)
 第一节 跨区域公共事务协作治理绩效存在的问题………(287)
  一 区域协作治理中存在绩效短板问题………………(288)
  二 区域协作治理中绩效涓滴效应弱而虹吸效应强……(290)
  三 区域协作治理中存在绩效过滤现象………………(293)
 第二节 跨区域公共事务协作治理绩效的影响因素………(296)
  一 区域协作网络的构造与协作社会资本效用的
    发挥……………………………………………(297)
  二 区域协作治理政策的合理制定与有效执行………(300)
  三 区域协作治理中的内生性与上级推动………………(304)
  四 环境条件的影响作用………………………………(307)
 第三节 提升跨区域公共事务协作治理绩效的建议………(309)
  一 科学设计区域协作治理网络…………………………(309)

二　合理制定和有效实施区域协作政策……………………（314）
　　三　合理发挥上级政府作用,促进区域协作的
　　　　内生性发展……………………………………………（319）

主要参考文献……………………………………………（322）

后　记………………………………………………………（350）

导 论

一 问题提出

现代社会诸多公共事务都是在分割的行政单元之间发生的，单纯依靠一个行政区域的力量无法有效解决公共事务、满足公众对公共服务的需求，必须跨越行政区的边界实现公共事务的共同应对和协作治理。基于公共事务的这种跨界性特点，分割的行政区域经常需要进行跨区域公共事务的协作，借助于跨区域协作来解决这些公共性问题。在各国公共事务管理中，跨区域协作领域不断拓展，涉及了旅游、环境保护、公共安全、反恐怖行动、社会保障、公共交通、就业、经济发展等不同的公共服务领域。这些公共事务领域的协作层次多样，在大到国家之间、省之间，小到城市之间、社区之间都广泛存在。在我国，跨区域公共事务协作治理是改革开放以来从经济领域开展起来的。区域经济一体化的深入开展又推动着旅游、大气污染防治、流域以及公共交通、医疗等公共事务领域的协作从无到有并日益发展壮大，形成了长三角、珠三角等跨区域公共事务协作的典范。同时，在跨区域公共事务协作中，非政府的各方力量也以不同方式介入到了这种协作治理中去，比如区域旅游协作中各旅游企业的参与，以及抗震救灾中志愿者的参与等。应该说，近十几年来，跨区域协作治理成为有助于提升区域乃至国家实力的重要举措。

然而，跨区域公共事务协作的进程却并非都是一帆风顺的。由于利益耦合的艰难，各方协作中人为设置障碍或相互扯皮等现象时有发生。类似于医保跨省结算、公共交通协作中修桥挖隧地点的选择困难、流域协作中对经济发展与水质保护矛盾的处理等问题，都是跨区域公共事务协作治理中不时要面临的发展困境。跨区域公共事务协作实践如火如荼的发展势头与区域协作中难以避免的协作困境之间的矛盾，推动着学术界对跨区域协作治理机制、协作治理能力、协作治理体系构建等问题展开了深入探讨。近十几年来在区域公共管理、区域公共治理、区域协同、协作治理等主题中对于区域协作治理过程的研究，反过来也促使跨区域协作治理实践不断改进。但是，在地方政府花费大量时间、精力和人力投入跨区域协作过程，并力图通过实践摸索与汲取理论界建议对实践进行调整以改进区域协作治理的背景下，还有一个关键问题是无法避免的。理论界与实践界对区域协作治理过程的推进是否产生了预期效果？区域协作治理的绩效到底如何？换言之，当我们以跨区域协作治理来应对跨行政区的公共事务处理需求时，不但需要通过必要的协作机制建构和协作能力提升等确保协作绩效改善，也需要了解区域协作治理是否真正能够满足公共事务处理的需求，了解区域协作治理是否在"以正确的方式做正确的事"的过程中做对了事。为此，有学者号召"研究者更好地理解政府合作对组织绩效的影响"[①]。

受政府协同理念的影响，21世纪以来学者们从监控绩效的角度入手，开始关注政府协作中的绩效测量问题，但相关的文献非常少。其中，斯柯松（Scorsone）和帕多瓦尼（Padovani）设计了一个用于开发跨政府背景下的绩效测量体系的概念框架，并利用美国

[①] Amirkhanyan, Anna A., "Collaborative Performance Measurement: Examining and Explaining the Prevalence of Collaboration in State and Local Government Contracts", *Journal of Public Administration Research and Theory*, Vol. 19, No. 3, 2009, pp. 523–554.

和意大利的两个案例对此框架进行了检验①；华纳（Warner）在考察美国地方政府间的自愿性合作与市民呼声和地方身份之间的关系时，基于研究需要开发了一套测量政府间合作水平的指标体系，并基于这一体系对城市政府间合作展开研究。结果发现，因为缺乏足够的公共监控，政府合作效率随着时间的推演而受到损失②。与跨区域绩效测量的研究相比，对于跨区域协作政策与协作项目的效果评估则相对较多，而且这些研究成果通常都专门针对某一特定服务领域展开评估。比如，潘光和王震在参考国外学者国际反恐合作评估研究基础上，以定性方式初步评估了上海合作组织的反恐绩效③；董圆媛等通过建立绩效评估指标，对太湖流域水污物总量减排效果进行了评估④。但是，这些评估要么过于定性化，要么受到政策领域本身是否具有跨区域性特征的限制，研究者还未能真正将跨区域协作治理政策的效果评价问题作为研究重心。而且，特定公共事务领域的跨区域协作治理绩效是一个整体性的问题，需要结合过程绩效测量与项目实施效果评估进行全方面评价，这就需要建构一个综合性的跨区域协作治理绩效的评估框架，并且利用这一框架引导协作绩效测量与协作效果评估。目前学界尚缺乏此类综合性的研究。

总之，目前学术界对于跨区域协作质量的治理绩效问题仍未给以足够的关注。公共服务绩效评估也只有在被评估的服务项目或政

---

① Scorsone, E. A. & Padovani, "A Conceptual Framework for Performance Measurement Development in An Intergovernmental Setting: The Case of Intergovernmental Systems in the USA and Italy", *SSRN Working Paper Series*, 2009. http://dx.doi.org/10.2139/ssrn.1137543.

② Warner, M. E., "Inter-municipal Cooperation in the U. S.: A Regional Governance Solution?", *Urban Public Economics Review*, No. 6, 2006, pp. 221–239.

③ 潘光、王震:《国际反恐怖合作:新态势、新发展和绩效评估》，《社会科学》2010年第11期。

④ 董圆媛、张涛、顾进伟等:《太湖流域水污染物总量减排绩效评估体系建立》，《中国环境监测》2015年第5期。

策将多个区域不同主体牵涉进来时才与该研究主题产生关联。基于这一现实，有必要对跨区域公共事务协作治理绩效问题展开深入研究，开发跨区域公共事务协作治理绩效的评估框架，并通过对特定区域的协作治理绩效进行评估，进而在评估基础上发现跨区域协作治理绩效的问题与规律，提供区域公共事务协作治理绩效的提升对策。

二 核心概念界定

对跨区域公共事务治理绩效的理解需要基于三个层面展开：区域协作治理、公共事务协作治理绩效以及跨区域公共事务协作治理绩效。

（一）区域协作治理

跨区域协作治理可以简称为区域协作治理。在公共事务协作治理语境下，区域代表着一种地域关联性，通常指几个毗邻的行政单元组成的整体。在现实中，区域可以表现为大到国家之间组成的区域如东亚，小到社区之间组成的区域如城市中几个社区组成的区域。不过，本书的研究定位于中观层次的区域，即省级行政单元之间、市级行政单元之间或者县级单元之间形成的区域。跨区域公共事务协作治理中的协作性特征则意味着，它是围绕着跨越行政区边界的公共事务管理活动而实施的一种互惠互利的协作参与主体间的协作性行为。张成福等曾经将跨域治理定义为"两个或两个以上的治理主体，包括政府（中央政府和地方政府）、企业、非政府组织和市民社会，基于对公共利益和公共价值的追求，共同参与和联合治理公共事务的过程"。根据他们的理解，跨域治理具有主体多元、治理对象跨域以及互动性、网络化、战略性和前瞻性等特征，在跨域公共事务治理中具有一种不对称的相互依赖关系[1]。显然，他们所理解的治理更多的是一种协作治理（collaborative governance）而非合作治理（cooperative governance）。与合作治理更强调各方地位平等不同的是，协作治理更为关注各协作方之间的协作活动[2]。

我们在研究中采用张成福等对区域协作治理的界定，认为跨行政区域的协作主体通过协商确立协作规则或协作政策，并基于协作规则实施集体行动，区域公共事务协作是在公共事务管理中的跨区域协作治理，它可以表现为不同省之间、市之间或县之间的合作。不过，张成福等对跨域治理的理解相对宽泛，它包括了上下级政府之间的协作治理、不同行政区域之间的政府及其他主体间的协作治理，以及跨部门的政府与企业、社会间的合作。我们对区域协作治理的研究则相对狭窄，将区域解读为行政区域，并将区域协作治理视为跨行政区域的协作治理。当然，这一区域协作治理概念并不排除上级政府的参与，因为根据我国的具体情况，上级政府的参与是以促进下级政府间协作为目的的。

在区域协作治理中，协作各方可以采用不同的方式实现协作治理，从而导致区域协作治理可以被划分为不同的模式或层次。汉密尔顿（Hamilton）将跨区域协作治理区分为两种类型。较低层次的合作是一种"服务提供或功能层面"的协作，它通常由上级政府促发，协作方为了确保自身自主权与独立性会制造协作障碍。更高层次的协作则是一种"政策或治理层面"的协作，在这一治理层面的协作中，协作各方不仅允许许多非政府力量参与到公共服务的生产

---

[1] 张成福、李昊城、边晓慧：《跨域治理：模式、机制与困境》，《中国行政管理》2012年第3期。

[2] 郭道久：《协作治理是适合中国现实需求的治理模式》，《政治学研究》2016年第1期。

与提供中来，而且更为关注协作政策与治理规划的制定[①]。张成福等则基于治理阶段、治理动力、治理主体、治理组织等要素将区域协作治理划分为三种模式：中央政府主导模式、平行区域协调模式和多元驱动网络模式[②]。就我国目前的区域协作治理实践来看，多元驱动网络模式尚未出现，"政策或治理层面"的合作也处于雏形，而且，现实中的区域协作治理是动态发展的实践，无法简单地进行类别划分。为此，我们主张将协作治理模式理解为一个连续统一体，基于协作主导力量的两极进行划分，形成上级政府主导模式到平行区域主导模式的连续统一体（见图0—1）。在这一连续统一体的一端，上级政府主导模式的特征是区域协作完全由上级主导，下级被动配合，协作治理过程中第三部门有限参与或无参与；在连续统一体另一端的平行政府主导模式下，区域协作由下级平行政府主导，上级政府有时会提供一定的指导，第三部门的参与相对广泛。

上级政府主导	第三部门有限参与 ▲	第三部门参与较广 ▲	第三部门广泛参与 ▲	→ 平行政府主导
	完全上级主导 下级被动配合	部分上级主导 部分平行政府主导	完全平行政府主导 上级政府指导	

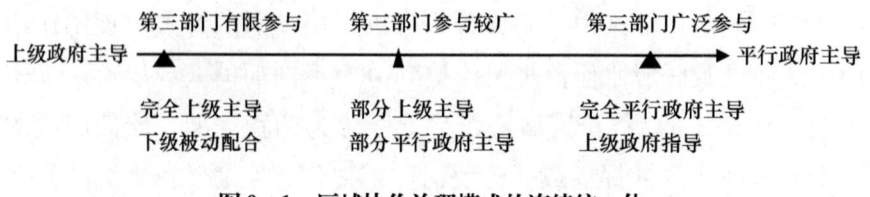

图0—1 区域协作治理模式的连续统一体

（二）公共事务协作治理绩效

学界对于绩效的概念并未达成一致，但是，人们通常认为，绩效是与产出、结果、质量、成效等相关联的概念。在美国的政府改

---

① Hamilton, David K., *Governing Metropolitan Areas: Growth and Change in a Networked Age*, New York: Routledge Taylor & Francis Group, 2014, pp. 225, 228–229.

② 张成福、李昊城、边晓慧：《跨域治理：模式、机制与困境》，《中国行政管理》2012年第3期。

革实践中，绩效可以与结果（results）一词相互替换，它关注行为过程结束后的产出以及由产出导致的影响。根据这一思维，治理绩效应该是治理的效果与成就，是各协作方共同处理公共事务所产生的成效。当前我国实践界对社会治理的评判也主要考察治理结果，但是，对协作治理绩效的理解却不能只关注结果而忽视过程。因为协作治理过程中各参与主体能够不断有所收获，如果简单地根据最终收益来评判协作过程，就会漠视这些协作过程中的收益[①]，无法将这些协作过程中的"潜绩"[②]纳入到协作绩效的客观测量中去。换言之，治理绩效不应该仅被理解为治理结果层面的绩效，也应该包括治理过程的绩效。

西方学者在理解绩效时，通常将其放置在项目逻辑分析框架中，以项目活动的产出、质量以及项目产出导致的结果来描述它。由此，绩效就等同于产出、质量、满意度、结果，以及由产出与投入组合成的效率、生产力，由投入与结果组合成的效益等。在这一流程式框架下，治理绩效其实是融合了过程绩效与结果绩效的两个方面。与项目逻辑分析框架这种以流程为主线的分析思路对应的是一种平面的要素列举式分析思路，即将绩效构成要素列举展示出来，如世界银行学院的 KKZ 政府治理指标体系就将政府治理绩效划分为政府选举、监督和更替过程、政府有效制定和实施合理政策的能力、公民和政府对经济社会互动制度的遵守三个维度。[③] 不过，虽然不是从流程入手剖析绩效，它仍然涉及过程与结果两方面的绩效。我国有些学者对于治理绩效的界定沿用了国外的研究思路，同

[①] 郭道久：《协作治理是适合中国现实需求的治理模式》，《政治学研究》2016年第1期。

[②] 尚虎平、杨娟：《我国政府绩效中的潜绩：生成、类型与主要评估维度》，《南京社会科学》2016年第11期。

[③] [美]克里斯蒂娜·阿尔恩特、查尔斯·欧曼：《政府治理指标》，金名译，清华大学出版社2007年版，第35—36页。

样从治理流程角度理解治理绩效。比如卢扬帆在界定国家治理绩效时就从"绩效目标—绩效行为—绩效结果"入手将国家治理绩效划分为三个维度，继而从国家与公民两个层面协作的角度构造其概念体系。[①] 当然，也有一些学者倾向于对治理绩效的构成维度进行平面列举，如郎龙兴和喻冬琪就在"中国治理评估框架"的基础上选择了社会公正、社会稳定、政务公开、政府责任、行政效益和公共服务六个指标来测量治理绩效。[②]

将治理绩效与公共事务或者公共服务结合时，我们还可以借鉴学术界对于公共服务绩效的概念界定思路。学术界对于公共服务绩效的界定与人们对服务质量的理解之间有着深刻的渊源关系。格鲁诺斯为了测量服务质量曾提出了顾客感知服务质量模型，认为顾客感知服务质量是预期服务与实际服务质量之间的差值。在此基础上，帕拉休拉曼（Parasuaman）等人提出了服务质量差距模型[③]，并明确提出了决定服务的十大因素。1988年，他们又对十大服务质量决定因素进行重新思考，构建出著名的SERVQUAL模型。该模型将十大因素压缩为五个，即可依赖性、回应性、可见性、移情性和保证性。[④]这一模型最终在1994年被更新为五个维度二十一个测

[①] 卢扬帆：《国家治理绩效：概念、类型及其法治化》，《行政论坛》2018年第1期。

[②] 郎龙兴、喻冬琪：《公民参与能够否带来治理绩效？》，《中共浙江省委党校学报》2014年第6期。

[③] Parasuraman, A., Valarie A. Zeithaml & Leonard L. Berry, "A Conceptual Model of Service Quality and Its Implications for Future Research", *The Journal of Marketing*, Vol. 49, No. 4, 1985, pp. 41 – 50.

[④] Parasuraman, A., V. A. Zeithaml & L. L. Berry, "SERVQUAL: A Multiple Item Scale for Measuring Consumer Perception of Service Quality", *The Journal of Retailing*, Vol. 64, No. 1, 1988, pp. 12 – 37.

量指标的公共服务质量评价体系[1],并深刻影响着理论界对公共服务质量的评估实践。但是,SERVQUAL 模型关注的只是服务接触时的特征。对此,布莱迪(Brady)和克罗宁(Cronin)认为,感知服务质量只是一种态度,并非实际的服务质量。SERVQUAL 模型忽视了服务特征背后的那些"特定的东西"。他们认为,服务质量更应该表达为服务绩效,并且经过实证检验,发现关注期望质量与实际质量差值的 SERVQUAL 模型的解释力低下,而他们基于服务绩效提出的 SERVPERF 模型却有着更强大的解释力。[2] 后来,他们将研究继续深入,力图整合服务质量特征与服务质量本身,进而提出了层级化的感知服务质量模型,在这一模型中,服务质量被分解为接触质量(interation quality)、物质环境质量(physical environment quality)和结果质量(outcome quality)。这三个要素均可再被分解为三级质量指标,并且每个三级质量指标都可以通过可信性、回应性和移情性进行具体测量[3]。显然,这里的接触质量与物质环境质量重点关注服务过程,而结果质量关注服务结果。我国学者在对公共服务质量进行界定时有些关注服务过程中展示的公共服务特性[4],有些关注公众需求满足程度即服务产出和结果[5]。但是,也有学者

---

[1] Parasuraman, A., V. A. Zeithaml & L. L. Berry, "Reassessment of Expectations as A Comparison Standard in Measuring Service Quality: Implications for Further Research", *The Journal of Marketing*, Vol. 58, No. 1, 1994, pp. 111 – 124.

[2] Cronin, J. Joseph & Steven A. Taylor, "Measuring Service Quality: A Reexamination and Extension", *The Journal of Marketing*, Vol. 56, No. 3, 1992, pp. 55 – 68.

[3] Brady, Michael K. & J. Joseph Jr. Cronin, "Some New Thoughts on Conceptualizing Perceived Service Quality: A Hierarchical Approach", *The Journal of Marketing*, Vol. 65, No. 3, 2001, pp. 34 – 49.

[4] 张锐昕、董丽:《公共服务质量:特质属性和评估策略》,《北京行政学院学报》2014 年第 6 期。

[5] 张成福、党秀云:《公共管理学》,中国人民大学出版社 2001 年版,第 311 页。

认为应该将这两个方面结合起来：吕维霞[①]认为公共服务质量应该将公共服务特性和公众需求满足都容纳进来；陈朝兵[②]更是明确指出，界定公共服务质量"应从'动态'的公共服务提供过程和'静态'的公共服务提供结果"两个角度入手。显然，过程和结果视角下的公共服务质量与SERVPERF模型中的接触质量和结果质量不谋而合。

结合治理绩效与公共服务绩效的概念界定思路，公共事务治理绩效同样适合从治理过程与治理结果两个层面加以把握。其中，治理活动过程关注协作者如何参与到协作中以及如何展开和推进协作，它是超然于具体公共事务之上的协作治理过程，是公共事务协作治理中"形"的方面的内容。协作治理活动导致的公共事务结果则强调各方通过协作提供的公共事务总体绩效，它关注的不是单个协作参与行政主体辖区内的公共事务绩效结果，而是涉足协作活动的所有行政区域内某一公共事务的整体治理水平与结果，是公共事务协作治理中"质"的方面的内容。总之，在公共事务协作治理绩效中，协作活动绩效更多地关注协作活动形成与操作过程，协作活动导致的公共事务治理结果则更多地与公共事务的直接产出或结果相关联。

（三）跨区域公共事务的协作治理绩效

跨区域公共事务的协作治理绩效就是不同区域之间的协作治理过程和协作治理结果两个层面绩效的总和。研究跨区域公共事务协作治理绩效，就是要实现对区域协作治理绩效的评估与测量，并在此基础上提供绩效改进的建议。

在跨区域公共事务的协作治理中，各跨区域协作治理主体会基

---

① 吕维霞：《论公众对政府公共服务质量的感知与评价》，《华东经济管理》2010年第9期。

② 陈朝兵：《公共服务质量的概念界定》，《长白学刊》2017年第1期。

于协商沟通制定协作政策与规则，进而通过执行协作政策，采取以协作规则为基础的协作活动，实现对区域公共事务的协作治理。跨区域公共事务的协作治理绩效包括协作治理过程绩效与协作治理结果绩效，治理绩效这两方面均会受到来自协作治理绩效监督主体（上级部门、民众等）的监控与评估。最终，基于对协作治理结果绩效的评价，可以找到推动协作治理绩效改进的路径。

三　跨区域公共事务协作治理绩效的主客体界定

显然，跨区域公共事务协作治理过程中的参与者就是此类公共事务协作的主体，而客体则是行为者借助于跨区域协作要解决的那些跨区域公共事务。但是，当我们要去监控与评估此类跨区域公共事务的治理绩效时，到底什么样的力量适于纳入跨区域公共事务治理主体的研究范围？又有哪些跨区域公共事务更适合于作为协作治理的客体呢？

（一）区域协作治理主体

要清晰地界定跨区域公共事务协作治理中的行为者，必须先要理解行为者协作时所依赖的协作体系。基于跨区域协作治理的特点，协作者之间通常需要借助于一定的方式进行合作，从而形成两种协作体系：正式的协作体系和非正式的协作体系。两种协作体系之间的区别在于：是否有正式的实体或协议？是否有三个或以上的正式参与者？是否有常设的秘书机构或总部与固定成员？[1] 正式的协作体系通常都有正式的参与实体，借助于正式的协议实现协作；协作者通常有三个或以上的正式参与者；一般都会设置常设秘书机

---

[1] Vabulas, Felicity & Duncan Snidal, "Organization without Delegation: Informal Intergovernmental Organizations and the Spectrum of Intergovernmental Arrangements", *Review of International Organizations*, No. 8, 2013, pp. 193–220.

构或总部。非正式协作体系则相反，没有正式的协议和常设的机构等。从评估的角度来说，对跨区域协作治理绩效进行评估需要有清晰的被评估对象，对协作政策的评价也需要有明确的政策内容与政策实施时间表。相对而言，正式协作体系的可测量性相对明显，评估的操作化过程容易开展。而非正式协作体系却具有明显的动荡性与不确定性，协作体系的边界不清晰，协作规则或协作政策基础比较模糊，测量中需要面对诸多的不可评估性内容。基于此，在研究跨区域公共事务协作治理绩效时，适于以正式协作体系为研究对象。

那么，在正式协作体系中的协作者即协作主体通常包括哪些力量呢？艾默生等人基于对治理理论的理解，将其延伸至协作中，认为跨越政府机构与层级界限，跨越公、私与市民社会边界，将人们"引入公共政策制定与管理活动的过程和结构"[1] 就是协作治理。基于这一概念，协作治理的范围可大可小，它既可以是一级政府不同部门之间在公共事务管理中的协作，也可以是不同层级政府之间的协作，还可以是政府与社会的协作。相应的，在这一协作过程中，协作主体既可以是政府，也可以包括一些非政府组织或群体。从理论上讲，西方研究者对于协作治理主体的认识存在异质主体[2]（如政府与社会之间）和同质主体[3]（如政府之间）两种观点。但

---

[1] Emerson, Kirk, Tina Nabatchi & Stephen Balogh, "An Integrative Framework for Collaborative Governance", *Journal of Public Administration Research and Theory*, Vol. 22, No. 1, 2011, pp. 1 – 29.

[2] Agrawal, Arun & Maria Carmen Lemos, "A Greener Revolution in the Making? Environmental Governance in the 21st Century", *Environment*, Vol. 49, No. 5, 2007, pp. 36 – 45.

[3] Emerson, Kirk & Peter Murchie, "Collaborative Governance and Climate Change: Opportunities for Public Administration", in O'Leary, R., D. Van Slyke & S. Kim, eds., *The Future of Public Administration, Public Management, and Public Service Around the World: The Minnowbrook Perspective*, Washington D. C.: Georgetown University Press, 2010, pp. 141 – 153.

是，在实践中，同质主体间的协作治理并未被排除在协作治理之外，而且，同质性主体之间的协作研究相对薄弱①，更具有研究价值。

就中国的情况来看，大型的跨区域协作治理活动通常都是由政府推动并且在政府之间展开的，政府在协作中扮演着服务安排者与提供者的双重角色，社会力量的参与更多地是以一些特定协作过程的服务提供者（如旅游服务中旅游公司参与到旅游协作中）身份出现的。换言之，真正参与到跨区域公共事务协作治理全过程的只有政府，"社会组织尚缺乏全面、深入参与国家治理的空间、资源与主体能力"，不具备成为"西方语境中协作治理的主体条件"②。正是由于社会力量的参与具有典型的附加性，与政府的作用无法比拟，我们在研究中将跨区域公共事务协作治理的主体仅限定为不同层级的政府。当然，需要注意的是，由于跨区域公共事务的"跨区域性"特征对区域之间的协作有着内在的需求和限定，因此，作为跨区域协作主体的政府在进行协作时，更多地表现为一个政府与另一个政府的合作，而不是一个政府内部不同部门之间的合作。

（二）区域协作治理客体

作为行政区域之间就跨区域公共事务治理而实施的协作，跨区域协作治理的客体就是那些突破了行政区域边界的公共事务。不过，值得关注的是，突破行政边界的公共事务在现实中并非都能够推动地方政府间实现横向协作。能够突破行政区域边界、进入跨区域协作议程并上升为跨区域公共事务治理客体的公共事务，必然具备了一些突出的特征，能够引起相邻的不同行政区域决策者的共同关注。这些特征通常与公共事务对区域内居民生活的影响程度、可

---

① 李婷婷：《协作治理：国内研究和域外进展综论》，《社会主义研究》2018年第3期。

② 丁忠毅：《府际协作治理能力建设的现实性》，《理论视野》2017年第2期。

治理性以及协作的互惠程度等密切相关。一项公共事务只有对两个以上相邻（或非相邻但往来密切）的行政区域内的居民生活同时产生了较大影响，引起几个行政区政府与民众的共同关注，可以通过协作治理方式来解决且借助于跨区域协作能够为协作参与各方带来明显收益时，它才可能从一个单纯的跨界问题转换为跨区域公共事务协作治理的客体。

同时需要注意的是，由于区域与区域之间的情况差异明显，在一个成片区域间能够被各相关政府提升至跨区域协作客体的公共事务，可能在其他区域间仍然无法进入跨区域协作治理的议程。一个典型的例子是医疗服务。如果相邻行政区域内医疗资源分布明显不均衡，中心城市医疗服务水平明显高于其他周边地区的话，那么，在分割的地域条件下，追求更好的医疗服务就只能成为非中心城市民众的急切需求，而无法成为中心城市民众的迫切需求。在此条件下，由于行政区之间医疗服务资源的互补性或互惠性明显不足，中心城市就会缺乏将医疗服务提升至跨区域协作治理客体地位的动机。因此，虽然我国许多行政区域之间开展了多项跨区域公共服务协作，针对医疗服务的跨区域协作却难以真正展开。基于此种情况，对跨区域协作治理绩效的研究适于挑选恰当的典型性公共事务领域作为研究对象展开相应的研究。

相对而言，在当前中国，行政区域间容易展开协作的领域，也就是那些对居民生活影响深刻、可治理性强且协作互惠程度高的公共事务，主要包括公共安全、旅游服务、经济发展、大气污染防治以及流域水污染治理等。但是，要从这些公共事务协作领域中找到典型的协作领域，还需要结合区域协作治理模式的连续统一体加以确定。基于区域协作治理模式的连续统一体，我们可以根据上级、平行政府主导情况与第三部门参与情况选择三种典型的治理模式（见图0—2）。第一种是上级主导下级配合、第三部门有限参与的模式，前述几大公共事务领域中，大气污染治理是此种模式的典型代表。第二种是部分上级主导、部分平行政府主导、第三部门参与较广的模式，在我国符合这一模式特征的是流域治理。虽然多数情况下流域协作治理是由上级主导形成，但某些特定流域的协作却明显是地方自发形成的，如陕西与甘肃的渭河流域。第三种是平行政府主导、第三部门广泛参与的模式，区域旅游协作是这一模式的典型代表。这三大跨区域协作治理的客体也就是我们后续展开研究的三大公共事务领域。

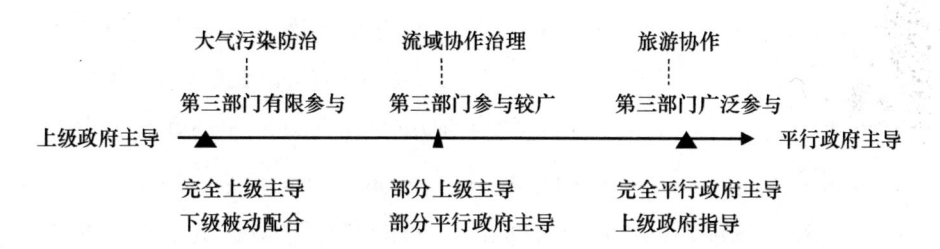

图0—2 公共事务协作领域与区域协作治理模式连续统一体的对应性

四 研究角度与研究方法

跨区域公共事务的协作治理绩效研究主要涉及区域治理与绩效评估两个领域。国外学术界对区域协作治理这一研究主题的关注与欧盟、大都市区的管理等实践需求有着密切联系，国内学者对此的研究则更明显地基于对行政区经济发展困境的反思，并且随着研究视野向跨区域公共事务处理问题的转移，经历了区域行政管理到区域公共管理再到区域治理的转变。在绩效评估这一主题下，国内外学术界的研究成果涉猎范围广泛，仅与公共机构有关的绩效评估就涉及政府绩效评估、公共服务绩效评估、非政府组织绩效评估等。然而，将区域协作治理与绩效评估这两个研究主题结合起来的相关研究却相对稀缺。从目前的研究情况看，学者们主要从两个角度展开对跨区域公共事务治理绩效的分析：政策（或项目）效果评估角度和过程绩效监控角度。

(一) 政策效果评估

政策或项目的效果评估是借助于特定的评估手段对政策或项目实施效果进行的系统评价，这种效果评估关注的焦点是政策或项目实施所带来的影响。由于政策或项目千差万别，效果评估通常都是对一项特定政策或特定项目的具体评估。西方学者在对公共政策或社会项目实施效果评估时，有时会涉及一些跨区域的政策或项目，而对此政策或项目进行的评估，客观上也就体现为区域治理效果评估，例如国际反恐合作政策评估就受到一些学者的关注[1]。我国学者近年来也开始关注一些特定协作领域中政策效果评估问题，并且在水污染治理[2]、大气污染防治[3]等领域都有相关的评估尝试。

就政策或项目的效果评估来说，通常需要理解政策设计的初衷或政策预期，从而界定政策效果。对此，西方政策评估者一般借助于政策评估的逻辑框架，从环境、投入、产出、结果、影响等环节入手，对政策进行流程性解构，政策效果评估关注的就是前期的投入与过程产生了怎样的影响。效果或影响评估的核心在于对政策前后进行比较，从而判断政策的实施带来了怎样的影响。最佳的政策效果评估设计是实验设计，但是这在现实中是难以实现的，因此，评估中通常采用简单的政策前后比较，并借助于一些统计控制手段排除非政策因素的影响。根据政策数据的获取程度，政策效果评估通常可以采用时间序列分析、断续时间序列分析、回归分析、投

---

[1] Ganor, Boaz, *The Counter-Terrorism Puzzle: A Guide for Decision Makers*, Piscataway, NJ: Transaction Publishers, 2005.

[2] 吴玉萍、董锁成：《北京市环境政策评价研究》，《城市环境与城市生态》2002年第2期。

[3] 石敏俊、李元杰、张晓玲等：《基于环境承载力的京津冀雾霾治理政策效果评估》，《中国人口·资源与环境》2017年第9期。

射—实施后对比分析等方法实施评估。

(二) 过程绩效监控

绩效测量是对实施过程中的协作项目或政策的绩效监测,通常用于控制政策或项目朝预期方向进展。它一般根据绩效监测的重心或关注点,开发相关的绩效评估指标,进而结合协作实施中收集到的指标监测数据,对协作项目或政策的发展是否偏离预定轨道作出判断。显然,绩效测量有助于及时发现实施中的问题,并为绩效改善提供思路。

不过,由于公共事务复杂多样,忽略不同公共事务特性,进行相对宏观的测量指标开发并用于绩效测量的研究相当少见。有些学者[1]曾尝试设计了一些跨政府背景下的绩效测量体系的概念框架和指标体系。不过,这种宏观测量指标设计因为从具体的公共事务中抽离过远,导致无法很好地指导对具体跨区域公共事务协作治理绩效的评估,因此,该研究思路的影响相对较小。更多的情况下,人们倾向于将绩效测量指标限定在不同的公共事务领域内,形成更具有针对性的指标体系,继而利用这些指标收集数据得到绩效结果。目前,针对旅游协作领域[2]、流域水污染治理领域[3]等,都有学者

---

[1] Scorsone, Eric A. & Emanuele Padovani, "A Conceptual Framework for Performance Measurement Development in an Intergovernmental Setting: The Case of Intergovernmental Systems in the USA and Italy", *SSRN Working Paper Series*, 2009, doi: http://dx.doi.org/10.2139/ssrn.1137543; Amirkhanyan, A. A., "Collaborative Performance Measurement: Examining and Explaining the Prevalence of Collaboration in State and Local Government Contracts", *Journal of Public Administration Research and Theory*, Vol. 19, No. 3, 2009, pp. 523-554.

[2] 薄湘平、薛晶晶:《中国旅游业绩效评价》,《吉林工业大学自然科学学报》2001年第4期。

[3] 林丽梅、刘振滨、许佳贤等:《水源地保护区农村生活环境治理效果评价分析》,《生态经济》2016年第11期。

运用绩效测量手段，构建评估指标并实现对协作治理绩效的测评。

相对来说，绩效监测的关键是指标的开发。实践中，学者们在开发指标时遵循两种不同的思路。一种是先收集既有指标体系以构建初始指标库，然后进行指标筛选。这种思路在国内使用较为普遍。另一种则是根据可以帮助我们理解协作活动过程的理论框架，并基于框架的解释力，演化出测量指标。[1] 目前跨区域公共事务协作的绩效测量文献相对不多，采用第一种方法存在明显的合理性风险，因为这种方法既无法确保现有文献能够将跨区域公共事务协作治理的相关活动都考虑在内，也无法摆脱一般性公共事务绩效测量的指标特点，从而难以突出区域协作的特征。为此，我们采用第二种方法，通过选择合适的理论框架，帮助我们理解跨区域政府协作，继而推演出测量指标。

绩效监测中的另一个核心问题是目标值或者参照标准的设置。对于绩效监测只有在对照目标值或者参照标准的情况下，才能够作出评估结论。目标值通常是由管理层根据发展战略或规划直接设定的，而参照标准则可以根据三种方法获得：一是类似地区的绩效或质量水平；二是过去年度的绩效或质量水平；三是行业中的标杆。

五 文献综述

目前跨区域协作治理绩效的相关研究主要分散在具体的区域公共事务协作治理领域中，超脱于具体公共事务领域的区域协作治理绩效研究比较少见，散见于有关协作治理效果评估理论的探讨中，实际评估应用相对罕见。根据研究需要，我们在此对区域协作治理绩效以及旅游、大气污染防治、流域治理绩效领域的研究成果进行综述。

---

[1] 孟华：《推进以公共服务为主要内容的政府绩效评估》，《中国行政管理》2009年第2期。

（一）跨区域协作治理的绩效研究

学界在区域协作治理方面非常关注区域协作绩效的指标体系开发以及区域协作能力研究，且就区域协作能力的评估进行了广泛的研究，涉及区域协作创新能力[1]、区域减排能力[2]等，对于跨区域协作的具体绩效测量与评估的研究相对不多。

1. 区域协作治理绩效测量

在绩效测量方面，目前学术界已经明确认识到协作治理绩效监测不应该分散于不同协作单元内，必须关注协作区域整体绩效，但是，在对跨区域协作进行绩效监测时，研究者却未能真正从区域整体视角出发综合监测协作过程与协作结果。同时，就区域协作质量中的协作结果和协作过程绩效两个方面来说，研究者通常仅关注协作结果，明显忽视协作过程。总体来看，现有文献对跨区域协作治理的绩效测量研究包括三种情况。

一是将区域内组成单元作为协作治理绩效测评基础的区域协作结果测评。这种绩效测评虽然意在测量区域协作绩效，但在实际测评时却将区域整体放置一边，完全陷入对区域内单个组成单元的绩效测评。如原青青、叶堂林[3]对我国三大城市群发展质量进行评价时，用同一套发展质量的指标体系分别监测长三角、珠三角和京津冀内各城市，并在单独测量各城市的基础上，以三个区域内几个城市的绩效表现简单地对区域发展绩效作出整体判断，未能真正上升到区域城市群的整体层面。而且，他们的评估指标中未涉及协作过

---

[1] 孙丽文、张蝶、李少帅：《京津冀协同创新能力测度及评价》，《经济与管理》2018年第3期；鲁继通：《京津冀区域协同创新能力测度与评价——基于复合系统协同度模型》，《科技管理研究》2015年第24期。

[2] 朴胜任、李健：《京津冀区域碳减排能力测度与评价》，《科技管理研究》2016年第5期。

[3] 原青青、叶堂林：《我国三大城市群发展质量评价研究》，《前线》2018年第7期。

程绩效，仅关注协作结果层面的经济发展水平、公共服务水平和生态可持续发展水平。李冬[①]对京津冀地区公共服务质量的评价同样以城市为基础，他对该区域13个典型城市在6项公共服务下的服务质量分别进行测评，却未能关注整体服务质量。王亚华、吴丹[②]在协作结果层面上开发出了包括社会绩效、经济绩效和生态绩效三个维度的指标体系，用于测量淮河流域水环境管理绩效，但是，他们在使用指标进行测量时仍然以沿淮流域的4个省份为基础进行省级绩效测量，研究重心是流域内各地之间的管理绩效差异和排名，不是通过测量把握淮河流域水环境管理的总体绩效。与之类似的是王忠[③]对旅游绩效的测量。他通过投入与产出指标测量领袖故里红三角的旅游绩效，但最终将指标分别用于测量3个旅游地绩效，并进行旅游地之间的绩效比较，重心也不在于协作，未关注红三角旅游中的协作结果。

二是将区域整体作为协作治理绩效测评基础的协作结果测评。此类绩效测评主要见于无法简单以行政区划进行分割的流域等领域的绩效测评中。如吴丹、王亚华[④]建立了一套针对流域协作结果的绩效测评体系，该指标体系包括社会绩效、经济绩效和生态环境绩效三个方面的结果质量测量指标，他们利用该指标体系对国内七大流域进行了绩效评价。胥春雷、胥春文[⑤]开发的用于评价西部生态建设

---

① 李冬：《京津冀地区公共服务质量评价》，《地域研究与开发》2018年第2期。
② 王亚华、吴丹：《淮河流域水环境管理绩效动态评价》，《中国人口·资源与环境》2012年第12期。
③ 王忠、阎友兵：《基于TOPSIS方法的红色旅游绩效评价——以领袖故里红三角为例》，《经济地理》2009年第3期。
④ 吴丹、王亚华：《中国七大流域水资源综合管理绩效动态评价》，《长江流域资源与环境》2014年第1期。
⑤ 胥春雷、胥春文：《西部生态建设的有效补偿及评价机制研究》，《云南师范大学学报》2006年第6期。

项目社会服务价值的评价指标体系也主要是从协作结果层面切入的，且适合于对整个流域进行绩效测评。除了流域之外，跨行政区的旅游协作区通常也会作为整体进入测量体系中。而且，由于旅游业通常是作为一项产业被推动的，因此旅游协作绩效的测量关注点同样是协作结果。比如隋玉正等[①]设计的景区旅游绩效指标体系就是从社会绩效、经济绩效和生态绩效3个协作结果方面进行指标设计。

三是同时关注过程与结果的绩效测评。此类绩效测评虽然很少，但是仍然有学者在此方面进行了尝试。崔学海、王崇举[②]在对长江经济带的创新协作进行绩效评价时，他们所使用的评价指标包括创新环境中的经济社会发展、经济社会结构水平，以及创新基本能力、创新产出、创新成果转化与绩效。显然，这些指标既包括协作过程也包括协作结果。可惜的是，他们的评价仍然是以省为单位分开进行的，同时，指标体系中未涉及如何开展协作的问题。为了体现协作性，他们只是借助于有关创新的问卷结果对各省之间在创新协同、创新协同领域、创新协同现状以及问题方面简单进行了频次分析。相比较之下，翟博文等[③]对沁河流域的绩效评价则是以整个流域为基础进行的测评，而且，虽然他们所开发的指标体系仍然是以协作结果为主体的，指标体系中却也包含着有关制度与机制建设方面的3个协作过程指标（流域整体规划水平、管理体制成熟度、管理信息化建设水平）。

2. 区域协作政策的效果评估

在协作治理的效果评估方面，研究者通常针对某项特定的区域

---

① 隋玉正、李淑娟、王蒙：《山东半岛蓝色经济区旅游景区绩效评价研究》，《中国海洋大学学报》（社会科学版）2015年第5期。

② 崔学海、王崇举：《协作视域下长江经济带创新绩效评价与治理研究》，《华东经济管理》2018年第11期。

③ 翟博文、梁川、张俊玲：《基于持续型的流域管理绩效量化综合评价方法研究》，《水力发电学报》2013年第1期。

协作政策或区域协作项目实施评估。也有学者未将评估限定于具体的公共事务协作领域，而是相对综合地看待区域协作治理，并在此基础上对协作治理的效果评估展开研究。金（Kim）[①]关注相对微观层面的社区协作治理效果，并对韩国的社区协作治理进行了评估。他将效果界定为三个不同的层次：第一个层次包括协作能力（智力资本、社会资本和政策资本）和实际可观测效益（物理效益和可观测的治理效益）；第二和第三个层次则包括新的伙伴关系、实践与民众感知方面的变化、共同演化、新规则、新机构等。不过，因为作者采用的是案例分析式的评估手段，因此，效果评估主要是一种描述性的研究，且仅对第一个层次的效果进行了评估。琼斯（Jones）[②]则对更宏观层面的国际协作政策的效果评估感兴趣。他关注2002年东盟跨界雾霾污染协议的治理行动效果，并且对这些治理行动的效果实施评估，进而指出协作治理的成功很大程度上取决于协作治理标准和政府行政管理。

（二）区域旅游协作绩效研究

学术界对于区域旅游协作的研究始于20世纪中后期。在区域旅游协作研究中，最早出现的是对区域旅游合作基础理论的探讨。赛萨（Sessa）[③]对于构成区域旅游协作的影响因素备感兴趣，并基于理论分析与实证研究的结果，提出了区域旅游合作的分析要素。在此基础上，学者们又力图将旅游规划的研究视角引入区域旅游合

[①] Kim, Sangmin, "The Workings of Collaborative Governance: Evaluating Collaborative Community-Building Initiatives in Korea", *Urban Studies*, Vol. 53, No. 16, 2016, pp. 3547 – 3565.

[②] Jones, David Seth, "ASEAN Initiatives to Combat Haze Pollution: An Assessment of Regional Cooperation in Public Policy-making", *Asian Journal of Political Science*, Vol. 12, No. 2, 2004, pp. 59 – 77.

[③] Sessa, Alberto, "The Science of Systems for Tourism Development", *Annals of Tourism Research*, Vol. 15, No. 2, 1988, pp. 219 – 235.

作，并且将区域旅游合作要素与旅游规划相结合，引导出了区域旅游合作的理论框架，为区域旅游合作研究提供了更为严谨的分析工具[1]。在区域旅游合作的理论框架之下，人们对区域旅游协作的动力机制也有了深入的理解。一些学者[2]强调空间生长力、市场驱动力和政府调控力对促进协作发生中具有不可忽视的影响作用，另一些学者[3]则倡导从宏观与微观视角对动力因素进行区分。不过，更多的学者强调在区域旅游协作中协作主体的利益诉求[4]、利益补偿[5]与利益协调[6]问题，以试图找到政府机构与旅游行业组织之间实现合作共赢的策略。为此，学者们关注如何保持协作方的协作意愿与合作程度[7]，并力图剖析协作中的限制性因素[8]、导致参与主体间利益协调机制失灵的原因[9]以及能够推动协作网络取得成功的

---

[1] Jamal, Tazim B. & Donald Getz, "Collaboration Theory and Community Tourism Planning", *Annals of Tourism Research*, No. 1, 1995, pp. 186–204.

[2] 靳诚、徐菁、陆玉麒：《长三角区域旅游合作演化动力机制探讨》，《旅游学刊》2006年第12期。

[3] 林晓桃、揭筱纹：《我国跨省界区域旅游目的地合作运行机制研究》，《经济问题探索》2016年第4期。

[4] Araujo, L. M. & Bill Bramwell, "Partnership and Regional Tourism in Braz", *Annals of Tourism Research*, Vol. 29, No. 4, 2002, pp. 1138–1164.

[5] Alford, P., "Open Space: A Collaborative Process for Facilitating Tourism IT Partnerships", in O'Connor, P., W. Höpken & U. Gretzel, *Information and Communication Technologies in Tourism*, Springer Vienna Publishng, 2008, pp. 430–440.

[6] 王永刚、李萌：《旅游一体化进程中跨行政区利益博弈研究——以长江三角洲地区为例》，《旅游学刊》2011年第1期。

[7] Bramwell, Bill & Angela Sharman, "Collaboration in Local Tourism Policy Making", *Annals of Tourism Research*, Vol. 22, No. 4, 2009, pp. 392–415.

[8] Selina, Steve & Debbie Chavez, "Developing an Evolutionary Tourism Partnership Model", *Annals of Tourism Research*, Vol. 22, No. 4, 1995, pp. 844–856.

[9] 张补宏、徐施：《长三角区域旅游合作问题及对策探讨》，《地理与地理信息科学》2009年第6期。

背景特征[1]等。

在区域旅游协作绩效评价方面，相关文献较少。一般是介绍区域旅游政策评价指标的构建及遴选，更多的是对某一方面的旅游政策比如旅游财政政策、旅游环境政策等的实施效果进行评估。

在旅游绩效测量指标建构方面，学者的关注视角首先是经济发展方面的指标，这主要包括经济效益评价指标[2]，如旅游经济、地区经济增长、旅游就业、基础动力[3]、区域生产总值增长率、旅游总收入增长率和旅游业总收入依存度[4]等；其次是社会效益指标，主要包括社会文化[5]、区域旅游合作的联系密度、效应强度、信息量度[6]等；最后是旅游空间要素，包括旅游交通网络建设、跨地域旅游线路、旅游中心地体系、旅游形象塑造、旅游政策与管理、旅游信息化建设等[7]。

在区域旅游协作效果评估研究中，协作效果评估方法是学者们关心的重要问题。研究者采用了不同的评价方法对区域旅游产业绩

---

[1] Robertson, Peter J., "An Assessment of Collaborative Governance in a Network for Sustainable Tourism: The Case of RedeTuris", *International Journal of Public Administration*, Vol. 34, No. 5, 2011, pp. 279–290.

[2] 薄湘平、薛晶晶:《中国旅游业绩效评价》,《吉林工业大学自然科学学报》2001 年第 4 期。

[3] 苏建军、黄解宇:《基于主成分分析法的旅游业经济绩效评价指标体系实证研究——以山西省为例》,《技术经济》2008 年第 3 期。

[4] 徐虹、秦达郅:《我国区域旅游一体化发展比较研究——以京津冀和长三角旅游区为例》,《天津商业大学学报》2015 年第 1 期。

[5] 张和清:《旅游业跨区域联合发展的竞合机制及其绩效评价研究——以湘桂黔"侗文化"旅游圈为例》,中国经济出版社 2013 年版，第 89—108 页。

[6] 鲁明勇:《区域旅游合作绩效的定量评价方法探讨》,《统计与决策》2011 年第 16 期。

[7] 肖光明:《珠三角地区旅游空间一体化发展水平量化评价》,《地域研究与开发》2010 年第 8 期。

效进行评价,主要包括:投入产出分析模型、旅游政策模型、收入流转分析等[1]。在评价方法选择方面,洛迦(Logar)[2]认为,应根据三大标准来选择评价工具:一是可以减轻先前具有的确定性影响;二是有关利益各方对政策的接受程度高;三是政策工具在经济上和技术上具有可行性。就政策效果评估结果来看,学者们的研究结论存在较大的差异,既有正面的评价结果,也有负面的评价结果。孟(Meng),斯瑞瓦达纳(Siriwardana)和范(Pham)[3]采用一般均衡模型对新加坡旅游政策的动态绩效进行评估。他们通过分析新加坡的投入产出表得出的结论是,旅游消费税扣除是最有效的政策,补贴政策的效果不尽如人意。目前,我国对区域旅游政策进行实质性评价的文献还比较缺乏,比较典型的有王慧娴等[4]所做的研究。他们采用"投射—实施后"对比分析法对旅游政策进行评价,结果显示,我国近20年来出台的旅游政策对旅游产业是有促进作用的。另外一些学者[5]的研究也证明,地区旅游一体化的实施对旅游业产生了积极的影响。

(三) 大气污染协作治理绩效研究

学界对大气污染治理的研究起步较早,并且形成了大气污染控

---

[1] 张和清:《旅游业跨区域联合发展的竞合机制及其绩效评价研究——以湘桂黔"侗文化"旅游圈为例》,中国经济出版社2013年版,第80—81页。

[2] Logar, Ivana, "Sustainable tourism management in Crikvenica, Croatia: An assessment of policy instruments", *Tourism Management*, Vol. 31, No. 1, 2010, pp. 125 – 135.

[3] Meng X., M. Siriwardana & T. A. Pham, "CGE Assessment of Singapore's Tourism Policies", *Tourism Management*, Vol. 34, 2013, pp. 25 – 36.

[4] 王慧娴、张辉:《中国旅游政策评估模型构建与政策变量分析》,《旅游科学》2015年第5期。

[5] 程巧莲:《东北地区旅游一体化与黑龙江旅游业的发展》,《黑龙江社会科学》2005年第6期;邹春萌:《东盟区域旅游一体化策略与效应分析》,《亚太经济》2007年第2期。

制和治理两个研究焦点。第一个研究焦点关注的是：对大气污染的治理应该侧重于天然污染源的治理还是人为污染源的治理？在20世纪，工业发展还没有像当今这样迅速，大气污染物的来源也远没有如今这么复杂，部分学者认为人为污染源并非主要污染源，应该把治理的重点放在自然污染源上。[1]另一部分学者则持相反观点，他们认为，随着经济和工业的发展，机动车排放的尾气占大气污染源的比重越来越大，因此加强对机动车污染等人为污染源的治理已经成为当务之急。[2]第二个研究焦点是大气污染治理的具体措施，主要有三种观点。第一种观点认为政府合作应该在大气污染治理中起主要作用，因为大气污染具有明显的外部性特征，污染所危害的不仅仅是一个城市或地区，各个政府只有展开区域合作，才能实现对大气污染的治理。[3]第二种观点则认为市场机制在大气污染治理中至关重要，公共政策中引入市场机制富有成效并且在不断进化，对政策的延续性起到了积极作用，并且降低了政策变迁的成本。[4]第三种观点则把研究重点放到了公众参与上，提出要重视公众参与

---

[1] Wood, C. M., "Air Pollution Control by Land Use Planning Techniques: A British-American Review", *International Journal of Environmental Studies*, Vol. 35, No. 4, 1990, pp. 233 – 243.

[2] Walsh, M. P., "Global Trends in Motor Vehicle Pollution Control: A 2011 Update", *Combustion Engines*, Vol. 145, No. 2, 2011, pp. 106 – 117.

[3] Dávila, G. H., "Joint Air Pollution Sampling Program in Twin Cities on the U. S. - Mexico Borde", *Bulletin of the Pan American Health Organization*, Vol. 10, No. 3, 1976, pp. 241 – 246; Jutze, G. A., & C. W. Gruber, "Establishment of An Intercommunity Air Pollution Control Program", *Journal of the Air & Waste Management Association*, Vol. 12, No. 4, 1962, pp. 192 – 194.

[4] Cook, B. J., "The Politics of Market-Based Environmental Regulation: Continuity and Change in Air Pollution Control Policy Conflict", *Social Science Quarterly*, Vol. 83, No. 1, 2002, pp. 156 – 166.

在大气污染治理中的作用。[1]

随着研究的深入，学界开始尝试性地对环境政策的评估体系进行理论建构。目前学术界对于环境政策评估的理论研究大多是从评估模式或评估方法上着手。宋国君等探讨了环保政策评估的概念、作用、基本流程[2]，并在此基础上对环保政策评估的模式进行了深入和全面的研究[3]。郭捷等[4]提出了一个评估决策支持系统，并阐述了该系统的设计、实现和功能等。但是，到目前为止，人们并未提出一个具有普适性的环境政策评价指标体系，而是鼓励评估主体根据不同的政策，选取合适的评估指标，并尝试性地对大气污染治理评估指标体系、环境保护支出绩效指标体系等进行了建构。[5] 在评估维度方面，一般包含政策效率、政策效益、政策公平性、回应性和公众参与度等。[6] 评估方法的选择也相对广泛，综合了数学、社会学、环境经济学等学科常用的 SMART 评价法、成本效益分析

---

[1] Auerbach, I. L. & K. Flieger, "The Importance of Public Education in Air Pollution Control", *Journal of the Air & Waste Management Association*, Vol. 17, No. 2, 1967, pp. 102 – 104.

[2] 宋国君、马中、姜妮：《环境政策评估及对中国环境保护的意义》，《环境保护》2003 年第 12 期。

[3] 宋国君、金书秦、冯时：《论环境政策评估的一般模式》，《环境污染与防治》2011 年第 5 期。

[4] 郭捷、盛庆辉、胥悦红：《DSS 在公共环境政策评估研究中的应用》，《江苏商论》2008 年第 2 期。

[5] 房巧玲、刘长翠、肖振东：《环境保护支出绩效评价指标体系构建研究》，《审计研究》2010 年第 3 期；曹颖、曹国志：《中国省级环境绩效评估指标体系的构建》，《统计与决策》2012 年第 22 期。

[6] 宋国君、金书秦、冯时：《论环境政策评估的一般模式》，《环境污染与防治》2011 年第 5 期；王军、吴雅晴、关丽斯等：《国外环境政策评估体系研究——基于美国、欧盟的比较》，《环境保护科学》2016 年第 1 期。

法、专家评价法等多种评价方法。[1] 在评估方式上,存在内部评估和第三方外部评估、事前评价和事后评价等多种方式,故研究者需要根据评估主体选取合适的评估方式[2]。

除了理论建构,学术界还在环保政策评估应用方面进行了探讨。第一,环境政策总体评价。这方面的研究旨在对一个国家或地区所实施的环境政策予以综合性评估,确定环境政策成效如何,从而为环境政策的进一步改进提供实践基础。[3] 第二,对具体环境政策的评估。由于环境政策涵盖内容广泛,对具体环境政策的评估也呈现出多样化趋势,包括水污染控制政策[4]、减排政策[5]、能源环

---

[1] van Bueren, Ellen M., Erik-Hans Klijn & Joop F. M. Koppenjan, "Dealing with Wicked Problems in Networks: Analyzing an Environmental Debate from a Network Perspective", *Journal of Public Administration Research and Theory*, Vol. 13, No. 2, 2003, pp. 193-212;李红祥、徐鹤、董战峰等:《环境政策实施的成本效益分析框架研究》,《环境保护》2017年第2期;闫云霞、程东升、王随继等:《模块化的水污染防治政策评估模式探讨》,《中国人口·资源与环境》2012年第12期;王军锋、邱野、关丽斯等:《中国环境政策与社会经济影响评估——评估内容与评估框架的思考》,《发展研究》2017年第2期。

[2] 董战峰:《环境政策评估制度框架应涵盖哪些内容?》,《环境经济》2015年第7期;宋国君、金书秦、冯时:《论环境政策评估的一般模式》,《环境污染与防治》2011年第5期。

[3] 傅伯杰、马克明:《中国的环境政策效应与污染治理效果分析》,《环境科学》1998年第3期;张晓:《中国环境政策的总体评价》,《中国社会科学》1999年第3期;Carter, Angela V., Gail S. Fraser & Anna Zalik, "Environmental Policy Convergence in Canada's Fossil Fuel Provinces? Regulatory Streamlining, Impediments, and Drift", *Canadian Public Policy*, Vol. 43, No. 1, 2017, pp. 61-76.

[4] 李永友、沈坤荣:《我国污染控制政策的减排效果——基于省际工业污染数据的实证分析》,《管理世界》2008年第7期;张培培、王依、石岩等:《流域污染物总量控制政策评估——以松花江流域为例》,《中国人口·资源与环境》2016年第S1期。

[5] 高艳丽、董捷、李璐等:《碳排放权交易政策的有效性及作用机制研究——基于建设用地碳排放强度省际差异视角》,《长江流域资源与环境》2019年第4期。

境政策①、机动车控制政策②等的效果评估。第三，对不同城市（或区域）环境政策的评估。这部分研究专注于微观地域层面，着力于从一个城市或区域出发，探讨该城市或区域实施的环境政策的影响。综合来看，由于学者们分析的城市（或区域）不同，环境政策也有所不同，但是，研究结果基本一致，即这些环境政策不同程度地改善了相关城市（或区域）的环境状况。③ 第四，环境政策局部影响评估。研究者不是从整体上对某一环境政策的效果进行评估，而是专注于分析环境政策可能产生的局部影响，如环境政策的经济影响和社会影响等。④

值得指出的是，少数学者还专门对大气污染治理的相关政策进行了评价。如毕黑拉（Behera）等⑤通过研究印度坎普尔市空气污

---

① Nuţă, Florian Marcel, Neculai Tabără, Alina Cristina Nuţă & Carmen Creţu, "An Assessment upon the Environmental Policy in Romania", *Economic Research*, Vol. 28, No. 1, 2015, pp. 641–649.

② Sheehan-Connor, Damien, "Environmental Policy and Vehicle Safety: The Impact of Gasoline Taxes", *Economic Inquiry*, Vol. 53, No. 3, 2015, pp. 1606–1629.

③ 吴玉萍、董锁成：《北京市环境政策评价研究》，《城市环境与城市生态》2002年第2期；夏永久、陈兴鹏、李娜：《西北河谷型城市环境政策评价研究——以兰州市为例》，《兰州大学学报》（自然科学版）2006年第2期。

④ 王军锋、邱野、关丽斯等：《中国环境政策与社会经济影响评估——评估内容与评估框架的思考》，《发展研究》2017年第2期；Cavagnac, Michel & Isabelle Péchoux, "Domestic Effects of Environmental Policies with Transboundary Pollution", *Louvain Economic Review*, Vol. 76, No. 1, 2010, pp. 113–134; Albrizio, Silvia, Tomasz Kozluk & Vera Zipperer, "Environmental Policies and Productivity Growth: Evidence across Industries and Firms", *Journal of Environmental Economics and Management*, Vol. 81, 2017, pp. 209–226; Kozluk, Tomasz & Vera Zipperer, "Environmental Policies and Productivity Growth-A Critical Review of Empirical Findings", *OECD Journal: Economic Studies*, Vol. 2014, 2015, pp. 155–185.

⑤ Behera, Sailesh N., Mukesh Sharma, Pranati Nayak, SheoPrasad Shukla & Prashant Gargava, "An Approach for Evaluation of Proposed Air Pollution Control Strategy to Reduce Levels of Nitrogen Oxides in An Urban Environment", *Journal of Environmental Planning and Management*, Vol. 57, No. 3, 2014, pp. 467–494.

染政策在降低城市氮氧化物水平上的影响指出，时间敏感控制方案能够降低环境中的 NO_2 水平。吕（Lyu）等[1]对香港空气污染控制措施进行效果评价发现，政策施行后香港的空气质量确实得到了改善，但是在降低挥发性有机物和臭氧浓度方面政策作用有限。石敏俊等[2]在评价了京津冀大气污染治理中雾霾治理政策效果后指出，当前治理政策难以实现降低 $PM_{2.5}$ 浓度的既定目标。

不过，总体来看，环境或大气污染方面的评估研究更为关注环境政策效果，相对忽视跨区域协作的绩效测量。

（四）流域协作治理绩效研究

流域是跨行政区的地理区域，在全流域管理中，行政区之间的协作是不可避免的。我国自 20 世纪 90 年代以来，也通过生态补偿等方式打破流域内不同行政区之间的壁垒，以促进流域内政府的协作共赢。在流域协作治理绩效评估方面，学者们因为学科差异和关注点的区别，从不同的角度切入，对流域功能、流域污染物、流域治理以及流域协作等进行了评估。

一是流域功能的评估。很多学者通过指标开发对流域生态服务功能进行了测评，所涉及的研究主题包括流域生态服务功能评估体系构建[3]、

---

[1] Lyu, X. P., L. W. Zeng, H. Guo, I. J. Simpson, Z. H. Ling, Y. Wang, F. Murray, P. K. K. Louie, S. M. Saunders, S. H. M. Lam & D. R. Blake, "Evaluation of the Effectiveness of Air Pollution Control Measures in Hong Kong", *Environmental Pollution*, Vol. 202, No. A, 2017, pp. 87 – 94.

[2] 石敏俊、李元杰、张晓玲等：《基于环境承载力的京津冀雾霾治理政策效果评估》，《中国人口·资源与环境》2017 年第 9 期。

[3] 荆田芬、余艳红：《基于 InVest 模型的高原湖泊生态系统服务功能评估体系构建》，《生态经济》2016 年第 5 期；沈坚、杜河清：《生态水利工程系统服务功能的评价方法与指标体系建立》，《生态经济》2006 年第 4 期。

生态服务功能量化评估[1]，以及生态调节[2]与恢复[3]、可持续发展能力评估[4]等。生态服务功能的评价主要关注流域在生态方面的功能，同时，也会适当考虑流域生态功能对社会经济的影响。比如沈坚、杜河清所开发的流域生态功能指标体系就包括了物种指标、生态学指标、物理化学指标以及社会经济指标。[5]

二是流域污染源评估。这是流域评估研究中最常见的评估主题，研究者主要是从事环境科学与水资源管理方面的人士。此类研究主要关注流域水体中不同污染物的含量以及分析不同污染源对水质的影响，研究者通常分析水体中总氮、总磷、富氧化物等污染物的含量。[6] 显然，此方面的评估是对水质的监测，属于协作结果的一种表现形式。

三是流域治理效果的评估。流域治理效果评估的着重点在于某些特定治理政策所产生的政策效果。比如张培培等[7]关注流域

---

[1] 方瑜、欧阳志云、肖燚等：《海河流域草地生态系统服务功能及其价值评估》，《自然资源学报》2011年第10期；张志明、高俊峰、闫人华：《基于水生态功能区的巢湖环湖带生态服务功能评价》，《长江流域资源与环境》2015年第7期。

[2] 董川永、高俊峰：《太湖流域西部圩区陆地生态系统维持和调节功能量化评估》，《自然资源学报》2014年第3期。

[3] 张志强、徐中民、龙爱华等：《黑河流域张掖市生态系统服务恢复价值评估研究——连续型和离散型条件价值评估方法的比较应用》，《自然资源学报》2004年第2期。

[4] 魏伟、石培基、周俊菊：《基于GIS的石羊河流域可持续发展能力评估》，《地域研究与开发》2014年第6期；曹淑艳、宋豫秦、程必定等：《淮河流域可持续发展状态评价》，《中国人口·资源与环境》2002年第4期。

[5] 沈坚、杜河清：《生态水利工程系统服务功能的评价方法与指标体系建立》，《生态经济》2006年第4期。

[6] 田义超、黄远林、张强等：《北部湾钦江流域土壤侵蚀及其硒元素流失评估》，《中国环境科学》2019年第1期；刘娜、金小伟、薛荔栋等：《太湖流域药物和个人护理品污染调查与生态风险评估》，《中国环境科学》2017年第9期。

[7] 张培培、王侬、石岩等：《流域污染物总量控制政策评估——以松花江流域为例》，《中国人口·资源与环境》2016年第S1期。

污染物总量控制政策的效果。不过,他们的研究是定性的分析,并未提出明确的评估体系。在对松花江流域的政策进行评估时,也只是简单地介绍了政策完整性情况以及政策执行的措施等,未能实现真正的评估。李涛等[①]对官厅水库流域的水环境保护规划进行评估时关注规划目标实现程度,并且通过一些关键指标下的目标—现状比较,指出规划实施效果不佳。相对来说,目标—现状比较方法过于简单,更具有过程监测的特征,很难说是政策效果评估。

四是跨区域协作治理绩效的评估。目前学术界开始关注流域的跨区域协作评估,但研究仍然不够深入。比如张丛林等[②]曾尝试对跨区域水环境管理政策进行评估。但是,由于受到所研究政策的限定,他们所使用的指标主要关注协作过程质量,具体包括政策的约束性和明确性等内容和政策执行阶段和可操作性等内容。而且,他们的研究主要限定在政策文本,并未真正关注政策的执行过程。类似的研究可见于李涛等[③]对官厅水库上游流域水环境保护规划所进行的评估。他们对水环境保护规划各方面分别进行分析,涉及污染排放控制、政策框架体系、政策手估、管理体制、管理机制等方面的规划目标与现状的比较,进而作出评估结论。由于评估主要是定性的,因此,研究结论受到较大的限制。周亮等[④]则关注流域协作能力,他们开发的流域水污染综合防治能力指标体系包括了控制处

---

① 李涛、杨喆、马中等:《公共政策视角下官厅水库流域水环境保护规划评估》,《干旱区资源与环境》2018年第1期。

② 张丛林、乔海娟、王毅等:《生态文明背景下流域/跨区域水环境管理政策评估》,《中国人口·资源与环境》2018年第7期。

③ 李涛、杨喆、马中等:《公共政策视角下官厅水库流域水环境保护规划评估》,《干旱区资源与环境》2018年第1期。

④ 周亮、徐建刚:《大尺度流域水污染防治能力综合评估及动力因子分析——以淮河流域为例》,《地理研究》2013年第10期。

理能力、监测预警能力、管理监督能力以及治理投入能力，不过由于其指标基本都是统计指标，因此主要以可测量的投入类指标为主。而且，在实际进行评估时，他们仍然对流域中各城市分别进行独立评估，流域协作性体现明显不足。

五是生态补偿政策的绩效评估。生态补偿是流域协作治理的一种典型方式，也是当前生态经济学界的热点问题之一。流域生态补偿是"按照流域内从事生态保护、享受生态效益、损害生态系统的行为主体的投入、受益、损害情况，分别获得成本补偿、支付生态成本、承担治理费用的一种生态补偿机制"[①]。我国流域生态补偿实践经历了从纵向补偿到横向补偿的发展演化，在纵向补偿条件下，补偿资金主要来源于上级政府的财政资金，有时还可能以"以奖代补"的方式下发（如江西）；在横向补偿条件下，补偿资金则主要来源于流域的上下游地方政府的财政资金安排。

从20世纪90年代中后期的初探到目前为止，我国已有超过一半的省份建立起了流域生态补偿机制。这些生态补偿实践由于政策设计方案不尽相同，形成了多种不同的政策模式。从生态补偿政策角度可以划分为污染补偿和保护补偿政策两种模式[②]；从生态补偿资金来源角度可以划分为上下游政府间协商交易的流域生态补偿、上下游政府间共同出资的流域生态补偿、政府间财政转移支付的流域生态补偿和基于出境水质的政府间强制性扣缴流域生态补偿[③]；从政府与市场关系角度则可以将我国的补偿模式对应划分为政府补

---

① 麻智辉、李小玉：《流域生态补偿的难点与途径》，《福州大学学报》（哲学社会科学版）2012年第6期。

② 禹雪中、冯时：《中国流域生态补偿标准核算方法分析》，《中国人口·资源与环境》2011年第9期。

③ 王军锋、侯超波：《中国流域生态补偿机制实施框架与补偿模式研究——基于补偿资金来源的视角》，《中国人口·资源与环境》2013年第2期。

偿和市场补偿①以及社会补偿②。

在生态补偿制度下,学者对协作绩效的关注主要见于针对退耕还林③和草原生态补偿④等政策的影响评估方面。针对流域生态补偿政策评估,学界提出了许多政策评估指标,但这些指标是学者们在有关生态补偿服务价值评估⑤和生态补偿标准的研究中顺带提出的,并非专门用于生态补偿的绩效监测⑥。欧洲委员会也开发了包括经济收益、环境收益、交易成本、分配比率、制度环境和政策执行等方面在内的流域生态补偿评估指标体系。总体来看,流域生态补偿中的协作绩效测量还处于协作政策执行的定性反思阶段。如彭丽娟等⑦对《湖南省湘江流域生态补偿(水质水量奖罚)暂行办法》的实施情况进行了简单分析,关注政策的补偿范围、交界断面

---

① 许凤冉、阮本清、王成丽:《流域生态补偿理论探索与案例研究》,中国水利水电出版社2010年版,第10页;葛颜祥:《流域生态补偿:政府补偿与市场补偿比较与选择》,《山东农业大学学报》(社会科学版)2007年第4期;聂倩、匡小平:《完善我国流域生态补偿模式的政策思考》,《观察思考》2014年第10期。

② 高玫:《流域生态补偿模式比较与选择》,《江西社会科学》2013年第11期。

③ 张会萍、肖人瑞、罗媛月:《草原生态补奖对农户收入的影响——对新一轮草原生态补奖的政策效果评估》,《财政研究》2018年第12期。

④ 张会萍、王冬雪:《退牧还草生态补奖对农户行为影响及其政策效果评价研究评述——基于北方农牧交错带的视角》,《宁夏社会科学》2017年第S1期。

⑤ Loomis, J., P. Kent, L. Strange et al., "Measuring the Total Economic Value of Restoring Ecosystem Services in An Impaired River Basin: Results from A Contingent Valuation Survey", *Ecological Economics*, Vol. 33, No. 1, 2000, pp. 103 – 117.

⑥ 高辉、姚顺波:《基于NSE方法的生态补偿标准理论模型研究》,《河南社会科学》2014年第12期;周晨、丁晓辉、李国平等:《南水北调中线工程水源区生态补偿标准研究——以生态系统服务价值为视角》,《资源科学》2015年第4期。

⑦ 彭丽娟、李奇伟:《〈湖南省湘江流域生态补偿(水质水量奖罚)暂行办法〉实施评估研究》,《环境保护》2018年第24期。

设置合理性、水质监测工作落实情况、补偿资金测算情况等。郑云辰等[1]在探讨流域多元化生态补偿问题时，从生态效益、经济效益和社会效益三个方面提出了效益评估指标，但限于文章研究目的并非进行实际评估，因此，指标并未实际使用。

对于流域生态补偿效果评估，学界关注生态补偿对社会、经济、生态系统以及环境的影响作用。有些学者采用定性的田野调查等方法评估某些流域的生态补偿效益[2]，也有学者倾向于采用定量分析方法评估生态补偿政策的影响。如孟等[3]以驻马店和平顶山交界处的小红河流域为例，评估了生态补偿政策产生的影响。他们利用社会与经济发展、污染物排放与监控以及污染治理三个方面的相关指标构建生态补偿效果指数，进而利用该流域四个县从2008年到2015年的相关数据，观察生态补偿政策效果的变动趋势。不过，由于该研究仅对单一的效果变量进行前后变动情况的比较研究，未能排除非政策因素的影响，因此，研究结论有一定的局限性。还有学者[4]专门对生态补偿政策的社会效益实施评估，并且提供了分配公平性、决策正当性以及政策环境公平性三个方面的评估指标。袁

---

[1] 郑云辰、葛颜祥、接玉梅等：《流域多元化生态补偿分析框架：补偿主体视角》，《中国人口·资源与环境》2019年第7期。

[2] Jost, F. & I. Gentes, "Payment Schemes for Environmental Services: Challenges and Pitfalls with Respect to Effectiveness, Efficiency and Equity", in J. Pretzsch, D. Darr, H. Uibrig & D. Darr, eds., *Forests and Rural Development*, Springer Berlin Publishing, 2014, pp. 241 – 263.

[3] Meng Yu, Liu Meng, Guan Xinjian, Liu Wenkang, "Comprehensive Evaluation of Ecological Compensation Effect in the Xiaohong River Basin, China", *Environmental Science and Pollution Research*, Vol. 29, No. 8, 2019, pp. 7793 – 7803.

[4] Mcdermott, M., S. Mahanty, K. Schreckenberg, "Examining Equity: A Multidimensional Framework for Assessing Equity in Payments for Ecosystem Services", *Environment Science & Policy*, No. 33, 2013, pp. 416 – 427.

瑞娟、李凯琳[①]也评估了流域生态补偿的社会效益，不过作者采用的是意愿调查法，关注点在于流域居民对水质改善的支付意愿金额和影响因素。

（五）研究评价

从以上文献回顾可以看出，目前学界虽然相当关注跨区域公共事务协作治理，而且有大量如何影响和推进协作过程的相关研究，但是，跨区域协作治理的绩效评估问题仍然未能得到应有的关注，研究主要存在三个方面的问题。

首先，现有的跨区域协作绩效评估重点主要放在协作结果方面，对协作过程的关注严重不足，且仅有的对于协作过程的评估研究也主要是一些定性的分析或简单的前后比较。公共事务跨区域协作治理的绩效评估对于协作过程的忽视，导致跨区域协作治理绩效评估无法区别于一般性的公共服务质量评估，抹去了跨区域协作的特性。现有协作过程绩效测量中定性评估思路的盛行也意味着，今后协作过程的绩效监测需要加强指标设计与开发工作。

其次，当前跨区域协作指标在使用过程中仍然未能真正体现协作性。从文献来看，研究者在评估时通常关注协作中个体政府之间的绩效比较。但是，跨区域协作中的比较更适合在协作区之间进行比较，而非协作区内部组成单元之间的比较。基于这一点，研究者以一个协作区为分析对象时，利用指标进行的协作绩效评估不应将协作区再细分为一个个行政单元，并且分别进行协作绩效评估，否则将导致只见树木不见森林的问题。

最后，目前跨区域公共服务协作绩效评估仍然缺乏有效的理论分析框架的指导。学者们在开发测量指标时有一定的随意性，未能建构起更为合理的以协作为重心的指标体系。

---

① 袁瑞娟、李凯琳：《基于意愿调查评估法的东苕溪水质改善的社会效益评估》，《地理科学》2018年第7期。

基于此，本书以跨区域公共事务的协作治理绩效为研究对象，在相关区域协作治理绩效的理论基础上，选择适当的区域协作治理分析框架，进而提出跨区域公共事务协作治理绩效的通用评估框架。然后，分别以旅游、大气污染防治和流域治理三大跨区域公共事务协作治理领域为典型，利用区域协作治理绩效的通用评估框架，对协作治理绩效进行绩效测量和协作政策效果评估，并在评估基础上，提出绩效改进措施。

第一章　跨区域公共事务协作治理绩效的评估框架设计

跨区域公共事务协作治理绩效的评估框架，可以是一个整合的评估框架，它能够帮助我们将过程绩效监测指标与政策效果的评估点都识别出来，并用于对跨区域协作治理的绩效测量与协作政策效果评估。为了建构这样的总体绩效评估框架，需要基于区域协作治理绩效的理论基础，确定区域协作治理分析框架的选择标准，进而在诸多的协作治理分析框架中进行筛选，确定一个适当的协作治理分析框架，用以支撑跨区域公共事务协作治理绩效通用评估框架的设计。

第一节　跨区域公共事务协作治理绩效的理论基础

跨区域公共事务协作治理是一种狭义的跨域治理，关注行政区之间的协作治理问题。跨域治理理论包容庞杂，是为了解决跨区域公共事务协作治理问题而发展出的一套理论体系的总称。刘涛等认为跨域治理包括传统改革主义治理理论、公共选择理论和新区域主义理论三大经典理论[①]；陶希东则认为跨域治理包括全球治理理论、国际规制理论、新区域主义理论、区域间主义理论、大都市区的多中心治理理论和大都市区域主义理论。[②] 无论如何解读，跨域治理理论都强调区域性公共问题的解决无法依赖单一地方政府力量解决，必须通过区域内多个地方政府的协作以及非政府力量的参与，共同协商解决。不过，在解释跨区域公共事务协作治理的产生与过程时，人们通常采用资源依赖理论、新区域主义理论以及区域共生理论等，相比较之下，资源依赖理论和新区域主义理论更多地关注区域协作治理如何产生以及协作原则性的东西，而区域共生理论和跨域治理理论则相对更为全面，能够帮助我们理解区域协作治理的产生、过程以及演化。对于绩效生成的理解则可以依赖于政府绩效理论。据此，我们以区域共生理论和政府绩效理论为基础，构建跨区域公共事务协作治理绩效的理论框架。

一 区域共生理论

作为一个生物学的术语，共生描述的是生物物种之间基于生存需求而建立起的相互依存、相互作用、协同进化的物质联系。将其应用于社会科学领域时，共生可以被理解为基于共生单元之间资源交往关系而人为构建的被组织状态。作为分析框架的共生理论，是由共生要素、共生原理和共生模型等构成的理论体系。其中，共生三要素包括共生单元、共生模式和共生环境。共生单元是共生关系中的基本能量和资源交换单位，是形成共生体的主体。共生模式即

[①] 刘涛、韩轩、蒋辉：《跨域治理理论比较与启示》，《资源开发与市场》2011年第9期。

[②] 陶希东：《跨界区域治理理论视野下的青少年研究创新策略》，《当代青年研究》2009年第6期。

共生关系，是共生单元之间形成的相互联系、相互影响的关系，是共生关系主体之间的资源依赖关系。共生环境是"共生模式存在和发展的外生条件"，是"共生单元以外的所有因素的总和"。[①] 在区域共生中，区域共生单元主要指参与到区域共生关系中的各区域单元，包括各级政府、社会组织等，它们在特定的区域政治、经济与社会等环境条件下，相互之间基于资源交换需求建立起相互联结的共生关系。因此，区域共生就是区域单元与区域诸要素间的相互联系、影响、牵制和促进的基本状态。[②]

基于区域共生理论，区域共生关系形成的前提是决定区域单元内在性质的因素之间的相互兼容，具有内在联系，即符合"参质量兼容原理"。比如流域上下游的政府之间就会因为河流产生内在关联，上游污染直接影响下游水质和河水污染治理行为，这样，上下游之间就形成了共生主体之间相互表达的关系。区域共生关系产生的内在动因则是共生界面选择机制。共生界面是共生三要素相互作用的媒介，在区域共生系统中，共生界面表现为区域协作治理的政策、信息、技术与资金等，共生界面选择机制则决定了政策内容、信息类型与沟通方式、技术与资金数量等。共生系统的运作是一个共生新能量不断产生的增值过程，这一共生能量生成原理同样适用于区域共生中，比如旅游区域协作中，区域共生单元的旅游收益作为一种共生能量可以在共生过程中得以提升。最后，区域共生会遵循共生系统进化原理，实现共生系统从低级阶段向高级阶段的发展，即从偏利共生走向非对称共生，最终走向对称性互惠共生。[③]

[①] 刘志辉：《共生理论视域下政府与社会组织关系研究》，天津出版社传媒集团、天津人民出版社2017年版，第40页。

[②] 朱俊成：《基于多中心与区域共生的长三角地区协调发展研究》，《中国人口·资源与环境》2011年第3期。

[③] 李良贤：《基于共生理论的中小企业竞合成长研究》，经济管理出版社2011年版，第26页。

二 政府绩效理论

政府绩效理论的重心在于解释政府绩效是如何产生的。学界对于政府绩效理论的研究是从两个不同视角切入的：单一政府视角与跨政府视角。就单一政府视角来看，在公共管理学界的研究文献中，英格拉姆（Ingraham）和尼德勒（Kneedler）在2000年提出的政府绩效模型（government performance model）是集大成的研究成果。他们认为，政府绩效是管理活动与环境因素共同作用的结果。政治氛围、政策方向以及资源决定了政府管理质量，而政府的管理活动直接影响着政府绩效。其中，政府管理作为一个过程"黑箱"，被英格拉姆和尼德勒解构为管理亚系统（财务、人力资源、信息技术和资本）、系统整合（领导权、信息使用和资源配置）、结果导向管理三个模块。当然，作为一个开放系统，政府绩效模型也受到了类似于选民特征、社会经济条件等外部环境的影响。[1]

对政府绩效进行跨政府视角思考是政策执行研究者的观察偏好，因为执行研究中不可避免需要超出单一政府进行更大视角的问题探讨。相应的，政策执行研究者将政府绩效视为一个能够被上级官员操控的过程，在这一政府绩效产生的过程中，多个政府部门之间需要进行配合与协调。马兹马尼安（Mazmanian）和萨巴比尔（Sababier）在麦克法兰（McFarlane）和格鲁贝尔（Gruebel）的研

---

[1] Ingraham, Patricia W. & Amy E. Kneedler, "Dissecting the Black Box: Toward A Model and Measures of Government Management Performance", in Brudney, Jeffrey L., Laurence J. O'Toole, Jr., & Hal G. Rainey, eds., *Advancing Public Management: New Developments in Theory, Methods, and Practice*, Washington, D. C.: Georgetown University Press. 2000, pp. 235 – 252.

究基础上提出的执行成功模型（Implementation success model）是此类研究中最为完善且得到实证研究支持的。

在执行成功模型中，政府绩效是问题特性以及执行中的法定和非法定因素共同作用的结果。根据马兹马尼安和萨巴比尔的理解，可获得的解决问题的技术和问题本身的严重程度会对政策设计产生影响，进而影响政府绩效；同时，政策目标的清晰度、政策理论的合理性、财务资源的充足度以及执行机构决策规则的有效性、执行人员支持度等法定结构因素，均会受到问题特性的影响，并最终决定政府绩效；同样的，主要的非政策因素如社会经济条件等也受到问题特性的制约，并影响着政府绩效。[1]

就跨区域协作治理绩效而言，需要将上述两个绩效模型中对于绩效的理解结合起来，并且放置在跨区域协作方的政府之间。绩效可以理解为产出与影响等，而影响绩效生成的因素不但包括与影响跨区域协作政策框架相关的法定因素，协作各方交往、沟通、互动运作的资源与机制因素，也包括非政策因素。不过，考虑到两个理论模型都将关注点放在绩效生成方面，从而过多地将"外部大环境"考虑在内，导致对于绩效的理解向前延伸过多，因此，在将政府绩效理论应用于跨区域协作治理绩效研究时，需要压缩"环境"的范围，仅关注与协作治理密切相关的政策与非政策等环境因素。

三 适应跨区域协作治理绩效的理论调整

基于区域共生理论和政府绩效理论，可以在整合两者的基础上，实现理论调整用以分析跨区域协作治理绩效问题。

---

[1] Mazmanian, Daniel A. & Paul A. Sabatier, "A multivariate model of public policymaking", *American Journal of Political Science*, Vol. 24, No. 3, 1980, pp. 439–468.

首先，政府绩效理论的模型结合。在政府绩效理论中，政府绩效模型可适当扩展至跨区域协作中，即将管理活动中的管理亚系统扩展至不同的协作方，并将系统整合理解为不同协作方之间的整合（这一系统整合同样关注领导权、信息使用与资源配置）。这样协作方之间的管理活动就可以与执行成功模型中的执行法定结构结合起来。政府绩效模型中对协作管理活动产生影响的因素同样可以融合进执行成功模型，与影响执行的非法定因素结合起来。

其次，政府绩效理论的模型适应性转换。执行成功模型的关注点是执行活动绩效，而跨区域协作治理绩效的关注点是协作活动绩效。这样，两个直接影响执行的结构和非法定因素可以转换为区域协作的法定结构（包括协作政策与协作机制等）和协作影响因素（包括技术支持、媒体与上级支持等）。显然，影响协作活动的这两个方面即为协作过程，而政府绩效为协作结果。

最后，将区域共生理论与政府绩效理论相结合。共生单元即为各协作方，共生关系即为各协作方的协作关系，共生环境为政府绩效理论中的协作影响因素。各协作方由于"参质量兼容"而实现共生（协作），协作方之间的共生界面即为政府绩效理论中的协作法定结构，而协作法定结构是共生界面选择机制的运作结果。协作各方在共生能量生成原理中不断产生协作绩效，并且最终能够通过协作推动协作系统的不断改善，走向对称性互惠共生状态。

在此基础上，我们可以将调整后的跨区域公共事务协作治理绩效的理论框架进行汇总，绘制出跨区域公共事务协作治理绩效的理论调整框架（见图1—1）。

经过调整的理论仍然较为抽象，要设计跨区域公共事务协作治理绩效的评估框架，还必须选择合适的分析框架以便将问题具体化。可惜的是，当前学术界并不存在专门针对跨区域协作治理绩效的分析框架，我们需要在有关区域协作治理的分析框架中进行适应性的选择判断，然后根据区域协作治理绩效的评估需要进行分析补

44 跨区域公共事务的协作治理绩效研究

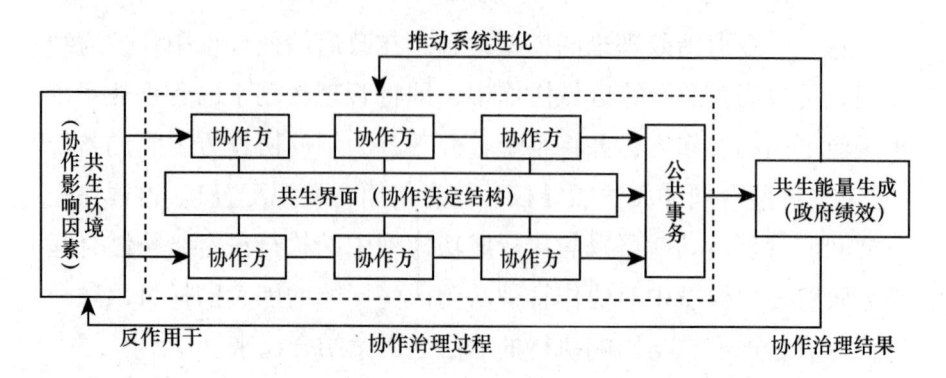

图1—1 跨区域公共事务协作治理绩效的理论调整

充、调整和设计。

基于调整后的理论，在协作治理分析框架选择时，应该将以下几点作为初始分析框架的筛选标准：首先，区域协作治理绩效包括协作过程与协作结果两个层面的绩效；其次，对协作方互动协作过程的理解应该关注协作影响因素和协作法定结构；最后，协作结果绩效包括产出以及直接和间接的影响。

第二节　跨区域公共事务协作治理的分析框架

西方学者在建构跨区域协作治理的分析框架时，采用了两种不同的研究路径。有些学者的分析视角相对具有截面、静态化特点，关注跨区域协作的整体特征或者构成要素。利奇（Leach）[①] 就基于对协作性公共管理过程中民主问题的关注，提出了评估协作民主的

---

① Leach, William D., "Collaborative Public Management and Democracy: Evidence from Western Watershed Partnerships", *Public Administration Review*, Vol. 66, No. Special Issue, 2006, pp. 100–110.

规范性分析框架，从民主的理想状态出发提炼出七大因素：包容性、代表性、非偏性、透明性、审议权、合法性以及授权，是典型的基于协作特征的分析框架。麦奎尔（McGuire）[1]则从区域协作治理的构成要素入手，认为协作性公共管理是由协作结构、协作管理技能以及协作公共管理的收益与成本构成的，进而从这三个要素入手进行分析与评估框架设计。

不过，跨区域协作治理本身是过程性的管理活动，仅从这一过程的特征或者要素角度入手进行分析框架设计，难免会面临特征概括与要素分解难题，出现观察视角限制导致的特征或要素把握缺失或不准确问题。因此，更多的学者实施的跨区域协作研究是从过程视角切入的，他们或者关注协作过程中的一个环节或几个环节，或者关注整个协作过程。总体来看从过程视角入手，就必须要探讨三个与过程环节相关的问题：跨区域协作治理为什么会发生？协作治理如何运作？协作治理产生了怎样的结果或影响？当然，西方学者不但设计了理解这些过程环节的分析框架，也提供了分析协作治理全过程的整合分析框架。

一 跨区域协作发生的分析框架

区域协作治理主要是发生在政府之间的自愿性、共享性横向合作行为。当然，地方政府间的协作同样可以是由更高层次政府推动或强加的协作。无论是否有上级政府的推动，对于其发生机理的解释都吸引着西方学者的注意力。当前学界对于协作发生的解释是多种多样的，不过，其研究途径无外乎关系型和非关系型两种。非关

---

[1] McGuire, Michael, "Collaborative Public Management: Assessing What We Know and How We Know it", *Public Administration Review*, Vol. 66, No. Special Issue, 2006, pp. 33–43.

系型研究途径为绝大多数研究者所采用，这种研究途径可以帮助研究者确定哪些政府想要（或者说可能会）参与到协作中来，但是，却相对忽视潜在参与者的特性，因而，无法帮助人们识别出导致政府确实参与协作的一系列条件。格伯（Gerber）等[1]另辟蹊径开发出了关系型研究途径，这一研究途径采用二元分析方法（dyadic approach）研究成对协作参与方之间的相互联结性，力图通过对将成对地方政府联结起来的变量进行分析，勾画出区域协作的二元现实图景，以帮助人们理解影响地方政府实际参与协作的条件[2]。

（一）非关系型分析框架

采用非关系型途径研究区域协作发生的学者，通常力图识别出一些能够推动一个地方政府参与到协作中去的条件。这些条件可能是参与方主观的相互依赖性[3]、组织管理与空间距离等[4]问题，也可能是在应急管理视角下关注问题的严重性程度[5]等。但是，学界通常认为，制度化集体行动框架（Institutional Collective Action

---

[1] Gerber, E. R., A. Henry & M. Lubell, "The Political Logic of Local Collaboration in Regional Planning in California", Paper 35 of the Conference Proceeding of Open SIUC, http：//opensiuc. lib. siu. edu/pnconfs_2010/35. 2010.

[2] Minkoff, Scott L., "From Competition to Cooperation: A Dyadic Approach to Interlocal Developmental Agreements", *American Politics Research*, Vol. 41, No. 2, 2013, pp. 261 – 297.

[3] Mazzalay, Victor, "Subnational Regionalisation in Argentina: The Effects of Subjective Inter-dependence and the Relationships between Actors on Inter-municipal Cooperation", *Bulletin of Latin American Research*, Vol. 30, No. 4, 2011, pp. 453 – 472.

[4] Bel, Germà & Mildred E. Warner, "Factors Explaining Inter-Municipal Cooperation in Service Delivery: A Meta-Regression Analysis", *Journal of Economic Policy Reform*, Vol. 19, No. 2, 2016, pp. 91 – 115.

[5] McGuire, Michael and Chris Silvia, "The Effect of Problem Severity, Managerial and Organizational Capacity, and Agency Structure on Intergovernmental Collaboration: Evidence from Local Emergency Management", *Public Administration Review*, Vol. 70, No. 2, 2010, pp. 279 – 288.

Framework）是理解当前跨区域协作治理的前提条件与动因的最有价值的分析框架。该框架识别出了三种整合地方决策过程的因素：一是权力集中化，即上级或第三方政府要承担起必要的责任，能够推动区域协作的产生；二是网络的嵌入，即协作各方需要借助于相互间的协议而不是正式的权力进行协作，从而保证协作中各方地位的对等性；三是相互约束的合同，即协作方需要通过合同实现相互认可的目标[①]。

针对该分析框架对正式协议的关注，学界的支持者相当多。而且，人们还尝试将协议建构得更为合理有效，以实现对区域协作中搭便车行为的控制。安德鲁（Andrew）等人[②]就在制度化集体行动框架基础上，凸显深植于地方协议中的跨区域协作控制机制，进而构造出了地方协议与合作框架。这一分析框架用3个指标检测政府协作控制机制的特征：是否有年度服务费计划，是否有财务报告体系，机构财务记录是否能提供给第三方进行审计。这3个评价要素紧紧围绕着财务要素展开，通过把握地方政府命脉实现对地方协作行为的控制。当然，协议的约束与控制作用并非只能通过财务条款来实现，陈（Chen）等[③]在研究跨界水资源治理问题时就发现，国际水资源治理过去关注订立国际条约或协议，目前则已经从"模糊

---

① 该分析模型是在许多研究者努力的基础上形成的，对于这一框架的更为详细的介绍与应用请参阅 Minkoff, Scott L., "From Competition to Cooperation: A Dyadic Approach to Inter-local Developmental Agreements", *American Politics Research*, Vol. 41, No. 3, 2013, pp. 261 – 297.

② Andrew, Simon A., Jesseca E. Short, Kyujin Jung and Sudha Arlikatti, "Inter-governmental Cooperation in the Provision of Public Safety: Monitoring Mechanisms Embedded in Inter-local Agreements", *Public Administration Review*, Vol. 65, No. 3, 2015, pp. 401 – 410.

③ Chen, Sulan, John C. Pernetta and Alfred M. Duda, "Towards a New Paradigm for Transboundary Water Governance: Implementing Regional Frameworks through Local Actions", *Ocean & Coastal Management*, Vol. 85, No. B, 2013, pp. 244 – 256.

的公约"走向了"行动导向的协议",更为强调在协议中明确具体行动方案并限定时间框架和资金支持,以通过协议的导向调整切实推进协议的执行。

制度化集体行动框架也相当重视上级或第三方政府所起到的推波助澜作用,认为权力集中化有助于带来跨区域的政府协作。不过,基于上级或第三方政府的推动而实现的政府协作活动毕竟带有一定非自愿色彩,因此,制度化集体行动框架在关注上级推动作用的同时,也强调网络嵌入作用,从而使得该分析框架能够符合汉密尔顿所界定的更高层次的协作即"政策或治理层面"合作的特点,极大地扩展了该分析框架的可适性。根据汉密尔顿的观点,在"政策或治理层面"的合作中,协作各方不仅允许许多非政府力量参与到公共服务的生产与提供中来,而且更为关注协作政策与治理规划的制定[①]。制度化集体行动框架就力图将上级的推动作用与合作网络中不同力量参与公共服务的提供与生产融合起来,上级政府推动所具有的权力集中化主要是为了保证协作能够发生与运行,网络中各方的平等互利则更着重于确保协作运行的顺畅性。

(二) 关系型分析框架

虽然格伯等最早采用关系途径研究区域协作的发生问题,但是,真正基于这一途径进行分析框架设计的是明可夫(Minkoff)。他利用二元分析法将成对的地方政府作为研究对象,进而分析地方政府间能够达成正式开发协议的条件(影响变量)。在他开发的协作发生分析框架中,正式开发协议被视为一个复杂的且相互联系的政策生产过程,影响成对地方政府实现协作的变量则是在政策竞争理论、交易成本理论和资源理论的基础上引导出来的,具体包括:双方政府发展政策竞争力的整体水平;双方辖区内部的人口、经济

---

① Hamilton, David K., *Governing Metropolitan Areas: Growth and Change in a Networked Age*, New York: Routledge Taylor & Francis Group, 2014, pp. 225, 228–229.

类型、收入、种族、党派构成以及发展政策方面的差异性；双方的财政资源、政府建立时间、政府雇员职业化程度等资源的整体数量以及非正式网络的向心性程度[①]。

显然，与非关系型分析框架不同的是，关系型分析框架关注的不是单个的地方政府，而是成对的地方政府。也就是说，非关系型分析框架中的地方政府是非特指的，可以是任何一个地方政府，研究者关注的是一个地方政府是否可能会参与到与其他地方政府的协作中去；而关系型分析框架中的地方政府则必然是一对对特定的地方政府，研究者的关注点是这些特定的成对地方政府之间出现协作的概率有多大。而且，相比较之下，非关系型分析框架更为关注地方政府外部条件或因素，而相对漠视作为参与主体的政府自身情况相比，关系型分析框架则更为关注成对参与者自身因素的情况。而且，从明可夫的研究过程和研究结果来看，在关系型分析框架中，成对地方政府自身因素是两个地方政府自身因素的整合加总，而非指单个地方政府的自身条件。这说明，关系型分析框架能够从更为细微的角度研究协作双方实施合作的决定性条件。

不过，需要注意的是，关系型分析框架与非关系型分析框架主要是一种研究视角的差异。非关系型分析框架下，也有学者关注了协作参与方的自身因素。比如通过对城市间在公共服务提供方面实施合作的实证研究文献的元回归分析，贝尔（Bel）和华纳[②]就发现，专业化管理水平更高、地理位置上联系更为密切且在提供公共服务时受到较多财务限制的城市更倾向于参加到政府协作中来。显

[①] Minkoff, Scott L., "From Competition to Cooperation: A Dyadic Approach to Interlocal Developmental Agreements", *American Politics Research*, Vol. 41, No. 2, 2013, pp. 261–297.

[②] Bel, Germà & Mildred E. Warner, "Factors Explaining Inter-Municipal Cooperation in Service Delivery: A Meta-Regression Analysis", *Journal of Economic Policy Reform*, Vol. 19, No. 2, 2016, pp. 91–115.

然，专业化管理水平与财务限制两个因素与明可夫的关系型分析模型内容就有重合，只是非关系型分析模型下，研究者对这些变量的测量都是以单个政府为主体实施的。

二 跨区域协作运行的分析框架

（一）协作过程分析框架

跨区域协作运行不仅是整个协作过程的一个环节，而且协作运行本身就是一个动态操作过程，是由不同的小环节构成的，每一个小环节又包括一系列的协作行动与协作产出。相应的，西方跨区域协作治理的运行分析模型关注的主要是协作过程中一个个小环节的展开与推进。在此方面，利英（Ring）和维恩（Ven）[①] 所提出的协作过程分析框架（A process framework of collaboration）是一个非常简洁清晰的运行分析框架。他们所构建的协作过程分析模型是典型的循环运作流程，包括三个相互连接的核心环节：谈判、承诺与实施。在谈判环节，行动者会通过正式的讨价还价或非正式的感知了解而相互作用与影响，并且伴随着谈判的进行，行动者之间开始形成一些共识，从而进入承诺阶段；在承诺阶段，行动者会签订正式协议或合同，形成各方合作的心理契约，并且拥有解决搭便车行为的能力，从而可以达成对未来行动的共同承诺；进入实施阶段，行动者通过互动来确保采取一致行动，实现共同承诺。在这一运行过程中，如果承诺能够以互惠方式实现，协作者就会扩大双方的承诺，否则，协作者会再次谈判或者降低承诺。

虽然这一框架清晰明了，但是它对于三个不同环节的描述都过

---

① Ring, Peter Smith and Andrew H. van de Ven, "Development Processes of Cooperative Inter-organizational Relationships", *Academy of Management Review*, Vol. 19, No. 1, 1994, pp. 90 – 118.

于笼统，无法关注到每一环节更为内在的东西，也未能就各环节在不同情境下出现的不同策略与行动展开更为详细的探讨。显然，在协作过程中，最为关键的问题是如何解决合作困境，避免合作中的搭便车行为以及不协作行为。然而，协作过程分析框架只是简单地指出协作者在承诺阶段已经拥有解决这一问题的能力，并未深入探讨在何种条件下如何拥有这种能力。

(二) 协作网络分析框架

对于协作过程中如何突破协作困境的研究，许多学者是以网络中的社会资本理论为基础展开的。由于社会资本可以根据其桥梁作用和结合作用而划分为桥梁资本（bridging capital）与结合资本（bonding capital），因此，基于这两种资本就可以构造出协作过程的网络分析框架。伯纳多（Berardo）[①]就在前人研究的基础上，将桥梁资本与结合资本组合进其双因素模型网络中，并且用星状结构和闭环结构展示区域协作过程中出现的不同协作状态。根据伯纳多的解释，结合资本通常意味着，参与者通过密切和重叠的关系相互协作，易于找到不协作者并实施惩罚，以减少失控行为的发生。在两个闭合结构的强结合模型中，组织在不止一个项目中与其他组织发生了重叠关系，这种在多个项目中的重叠参与关系是相对稳定的，有助于维持组织间的长期合作，避免不合作行为的发生。而在星状结构的弱结合资本模型中，多个组织虽然建立了联系，但仅限于一个项目，组织间的联系无法在其他项目下不断重复加强，因此社会资本产生的纽带关系相对较弱。桥梁资本网络主要用于解决多个主体协作中存在的相互独立缺少联系的碎片化情况。在桥梁资本网络条件下，协作的碎片化问题是通过具有创建联系的中心行动者发挥桥梁作用将网络的未连接部分衔接起来的。在星状结构的桥梁资本

[①] Berardo, R., "Bridging and Bonding Capital in Two-Mode Collaboration Networks", *Policy Studies Journal*, Vol. 42, No. 2, 2014, pp. 197–225.

模型中，核心组织通过同时参与多个项目或活动而具有了桥梁资本，从而可以将一个项目中获取的信息传播至其他项目中去。

显然，这一协作网络分析模型具有类型学的特有优势，能够促进我们对协作过程实现多维度的观察与思考，理解现实中某些协作网络进展顺利的原因，并且帮助我们对协作网络的运行态势作出预测。由于这一分析模型对跨区域协作的运行过程具有相当明显的解释作用，能够对利英和维恩所提出的协作过程分析框架起到良好的补充作用，因此，在理解协作运行过程时，将两个模型相结合将是不错的选择。

三 跨区域协作结果的分析框架

在进行跨区域协作的结果分析框架设计时，西方学者通常采用项目评估的常用思维模式，将项目执行与项目结果相关联，研究项目执行是否能够带来预期的结果。根据项目评估领域对结果的认知，它是一个多层次的概念，既包括运行过程结束时的直接产出和最终产出，也包括由产出进一步导致的直接和最终影响[1]。同时，协作结果经常被划分为社会结果与特定服务或政策领域的结果两种类别。因此，常见的结果分析框架在构建时既体现出结果的层次性，也关注结果的类别性。英尼斯（Innes）和布赫（Booher）[2]将不同层次的结果与结果的社会影响相结合，借助于政策分析的逻辑模型，对先后发生的社会结果进行解析，认为协作结果可以展现在

---

[1] Hatry, Harry P., *Performance Measurement: Getting Results* (Second Edition), Washington, D. C.: Urban Institute, 2006.

[2] Innes, Judith E. and David E. Booher, "Consensus Building and Complex Adaptive Systems: A Framework for Evaluating Collaborative Planning", *Journal of the American Planning Association*, Vol. 65, No. 4, 1999, pp. 412 – 423.

三个不同层面上：第一个层面是协作过程的直接结果，包括社会、智力和政治资本的形成、高质量协议达成以及创新战略的开发；第二个层面的影响包括新型伙伴关系、协作与联合行动、共同学习、协议执行、实践的变革以及视角的变化；第三个层面的影响则包括新型协作、新的对话方式、新机构等。从中可以看出，该结果分析模型并未关注特定的服务产生，而是将焦点放置于协作活动对组织能力以及协作网络建构与提升的影响方面。不过，任何协作都是基于某些公共服务或者公共事务的协作，因此，结果分析模型通常需要将社会影响与对特定服务或政策领域的影响结合起来的。在此方面，孔茨（Koontz）和托马斯（Thomas）[①]将多位学者对环境协作结果的分析与指标设计努力进行了整合，提出了环境区域协作的产出与结果指标体系。产出指标包括达成的协议、完成的修复或居住地改善项目、公共政策变化以及实施的教育与推广活动等；结果指标包括环境质量感知的变化、地表覆盖变化、生物多样性变化、环境变化的资源消耗水平。显然，他们提供的指标既包括政策的社会影响，也包括政策本身导致的环境影响。不过，由于文章关注的是结果指标的整合与提取，与英尼斯和布赫就协作的社会影响所进行的研究相比，更具有碎片化特点，并未提炼出清晰的结果分析框架。相比之下，尼尔逊（Nelson）等人[②]对于环境协作的研究很值得一提。他们首先基于政府间冲突的现实提供了一个竞争—协调—合作连续统一体的政策分类框架，在此基础上对环境政策进行分类，再分别探讨不同类型政府间协作政策的结果。最终他们发现，

---

① Koontz, Tomas M. and Craig W. Thomas, "What Do We Know and Need to Know About the Environmental Outcomes of Collaborative Management?", *Public Administration Review*, Vol. 66, No. 6, 2006, pp. 111 – 121.

② Nelson, Hal T., Adam Rose, Dan Wei, Thomas Peterson, Jeffrey Wennberg, "Intergovernmental Climate Change Mitigation Policies: Theory and Outcomes", *Journal of Public Policy*, Vol. 35, No. 1, 2015, pp. 97 – 136.

在不同类型区域协作政策下，降低温室效应（服务或政策领域影响）与部门就业情况变动（社会结果）存在着差异。

四　跨区域协作治理的综合分析框架

除了分别从区域协作的发生、运行和结果入手进行跨区域协作分析框架设计之外，不少学者还提出了跨区域协作的整合框架。这些整合框架在设计时通常采用历时性的过程视角，只是具体的组合策略有所区别。有些学者的过程拓展较为简单，从一般的因果关系入手，采用简单的三阶段因果分析思路进行模型设计；也有学者基于项目或政策评估的逻辑模型对跨区域协作分析框架进行复杂建构。

（一）三阶段分析框架

三阶段因果分析框架通常包括起因—过程—结果三个阶段。伍德（Wood）和格雷（Gray）[1]曾提炼出了一个三阶段整合分析框架。这个分析框架将起因、过程与结果三个阶段与资源依赖性、法团社会绩效/制度经济学、战略管理/社会生态、微观经济学、制度/协商秩序五个维度组成矩阵。不过，虽然他们的分析框架对前因与结果提供了较为丰富清晰的解释，过程阶段却仍然处于"黑箱"中。在伍德和格雷的研究基础上，汤姆森（Thomson）和佩里（Perry）[2]结合后来的研究成果，不但丰富了起因与结果变量，而且对过程"黑箱"进行了详细探讨。他们认为，起因阶段包括高度相互依赖性、资源需求与风险共担、资源稀缺、先前的协作努力、

---

[1] Wood, Donna and Barbara Gray, "Toward a Comprehensive Theory of Collaboration", *Journal of Applied Behavioral Science*, Vol. 27, No. 2, 1991, pp. 139–162.

[2] Thomson, Ann Marie and James L. Perry, "Collaboration Processes: Inside the Black Box", *Public Administration Review*, Vol. 66, No. Special Issue, 2006, pp. 20–32.

各参与方资源互补的形势和事件的复杂性;结果阶段则涉及实现预期目标、组织间的工具性交易转变为社会嵌入关系、新型价值伙伴关系提升资源平衡能力、采用自治型集体行动解决制度供给、承诺和监控难题。根据他们的理解,过程阶段包括五个前后关联的因素:治理、行政、组织自主权、相互性以及信任和互惠规则,这五大因素进而将过程解析为协作治理过程、协作行政过程、个体与集体利益整合过程、互惠关系构造过程以及社会资本规范构建过程。他们指出,治理意味着参与式决策、共享的权力安排以及关注解决问题,虽然协作中的治理作为一个过程并不是能够产生"联结性"的通用途径,治理过程中仍然会产生分歧,不过,分歧会在更大的协作框架下得以解决,并最终实现平衡。行政在协作中的关键作用是确保做好事情,为此,需要寻求正确的行政能力组合方式,寻求建构协作参与主体之间关系的社会资本。而且,在协作过程中扮演不同行政角色的参与者,都关注如何将协作过程中的个人利益与集体利益结合起来,从而触及自主权问题。由于协作中的自主权是自主—责任困境,因此,为了将个体利益与集体利益结合起来就要打造互利关系。作为第四个要素的相互性意味着协作各方在满足他人利益的同时未减少个人利益,它强调通过谈判从差异性中提炼一致意见,共同寻求共同点。信任与互利规则维度则是帮助协作参与方寻求共同点的基础。不过,目前研究者提供的起因—过程—结果模型的各具体要素之间的过程关联性并不明显,因果关系相对模糊。

(二)复杂分析框架

应当说,三阶段分析模型相对清晰地概括出了区域协作中的关键问题,但是,三阶段的划分过于粗暴,无法将复杂的区域协作管理问题的全貌细致地描绘出来,因此,学者们也尝试着基于政策评估的逻辑模型设计更为复杂的跨区域协作治理的分析框架。布莱森

(Bryson)等人[1]就从初始条件、过程、结构与治理、环境条件与限制、结果与责任性等方面力图捕捉跨部门协作的全貌，从而提出了用于理解跨部门协作治理的分析框架。根据他们的理解，初始条件涉及一般环境、部门失败以及直接的起因，这些初始条件会直接影响协作过程、结构与治理，也影响到结果与责任。过程涉及正式与非正式的协议缔结、领导权建立、合法性构造、信任培养和冲突管理规划。结构与治理则是整合了正式与非正式的协作成员、结构化构造（structural configuration）和治理结构的组成部分。过程与结构和治理相互影响，并且都受到权变因素和限制条件的影响，又同时影响着结果与责任性。显然，这一分析框架对跨区域协作的发展过程有着完整的把握，能够把多种因素、多个方面都包容进框架中，保证每一步骤的思考都能够避免简单粗暴。在初始条件方面，他们不但像其他研究者那样关注常见的起因变量，还关注到一般性环境和部门失败；在过程层面上，不但关注协作过程中的正式与非正式协议、领导、信任与冲突等动态环节，而且将静态的协作结构与治理纳入框架中，甚至也未忘记一些权变性因素的影响作用，从而将协作类型、权力失衡以及竞争性制度逻辑也考虑进来；最后，在结果层面上，他们不但考虑到了协作产生的不同层次的影响，也能够在责任角度进行思考，把政治与行政视角下的责任问题放进逻辑框架中。

不过，相比较而言，由艾默生、纳伯奇（Nabatchi）和巴洛夫（Balogh）[2]提出的协作治理综合分析框架影响更为广泛。与其他学

---

[1] Bryson, John M., Barbara C. Crosby, and Melissa Middleton Stone, "The Design and Implementation of Cross-Sector Collaborations: Propositions from the Literature", *Public Administration Review*, Vol. 66, No. Special Issue, 2006, pp. 44-55.

[2] Emerson, Kirk, Tina Nabatchi, Stephen Balogh, "An Integrative Framework for Collaborative Governance", *Journal of Public Administration Research and Theory*, Vol 22, No. 1, 2012, pp. 1-29.

者相比，他们选择的治理研究视角更为宽广，对协作治理的理解突破了不同公共机构间、不同层次政府之间以及公共、私人和社会领域之间的边界。在这一研究视角下，他们设计的分析框架具有更为广泛的包容性，强调公共政策制定中的跨界协作以及由协作所导致的行动。该框架的核心是协作治理体系（collaborative governance regime），这是一个由协作动力系统（collaboration dynamics）推动协作行动继而循环运转的体系。这一协作治理体系中的协作动力系统本身也是一个循环运作的小系统，它由三个相互影响作用的因素构成：原则化参与（principled engagement）、共享的激励（shared motivation）以及联合行动能力（capacity for joint action）。这三个动力因素的运作与影响导致协作行动，而协作行动的实施反过来也会对协作动力系统的运作进行修正与调适。在这个核心的协作治理体系外部，推动协作治理体系运转的是一些协作治理的环境推动力。由于这些环境推动力的驱动，协作治理体系中的协作动力系统开始运转，进而促使协作行动的发生。协作治理体系的运作又会对环境产生特定的影响，并且促使整个协作治理产生相应的变动与调整。显然，该框架不但突破了三阶段分析框架的粗线条限制，而且整体上的过程特色更为明显，整个分析路径的演进也更为清晰，同时又能够将不同框架所关注的核心问题容纳进来。因此，该框架有着极强的适用性和包容性，它不但能够涵盖多个相关的主题，而且研究者还可以根据研究的侧重点而对框架进行相应的取舍，以更好地适用于相关的研究。

为了将这一协作治理的分析框架用于指导协作绩效测量，艾默生等人还对框架中每一个要素进行了解释，从而形成了初步的操作化指标设计（表1—1）。[①] 不过，他们提供的指标可测量性不强，

---

① Cheung, Peter T. Y., "Toward Collaborative Governance between Hong Kong and Mainland China", *Urban Studies*, Vol. 52, No. 10, 2015, pp. 1915–1933.

表1—1　艾默生等提出的基于协作治理综合分析框架的分析要素

系统环境	协作治理体系					协作结果	适应性调整
	驱动力	协作动力系统			产出	影响	
		原则化参与	共享的激励	联合行动能力	协作行动		
*资源条件 *政策合法框架 *先前解决问题失败 *政治动力/权力关系 *网络联结性 *冲突水平/信任 *社会—经济/文化健康与多样性	*领导权 *结果激励 *相互依赖性 *不确定性	*发现 *界定 *审议 *决定	*相互信任 *相互理解 *内部合法性 *共同承诺	*过程/制度安排 *领导权 *知识 *资源	依赖于环境但可能包括： *强化支持 *实施政策、法律或规定 *调动资源 *安排人员 *执行允许 *建设清理 *采用新管理实践 *监督实施 *强化遵从	依赖于环境，但目标在于在系统环境下改善先前存在的条件	*系统环境变化 *协作治理 *体系改善 *协作动力改善 *系统改善

资料来源：Emerson, Kirk, Tina Nabatchi, Stephen Balogh, "An Integrative Framework for Collaborative Governance", *Journal of Public Administration Research and Theory*, Vol. 22, No. 1, 2012, pp. 1–29.

在测量过程中仍然需要进一步的调整与细化。后来，为了强化分析框架对协作绩效的测量意义，艾默生和纳巴奇专门就协作治理体系的生产力测量问题进行了研究，并且将绩效的三个层次（行动/产出、结果和调适）与三个分析对象（参与方、协作治理体系、目标）相结合构造出绩效矩阵，进而设计出了测量效率、功效、公平、效益、可持续性等的指标。[①]

第三节 跨区域公共事务协作治理绩效的评估框架

一 西方区域协作治理分析框架的可借鉴性

西方学者在开发区域协作的理论分析框架时，多采用实证分析方法对框架进行设计与验证，因此，框架本身的解释力是很强的，在现实的区域协作中有很大的应用空间。无论是关注过程中不同环节或不同要素的解构，还是力图对协作过程中前后各环节之间的关联性与顺承性进行总体的把握与分析，西方学者所构建的跨区域协作治理分析模型都能够帮助研究者对区域协作治理问题展开深入研究，也能够推动实践者对区域协作活动的理解。不过，在借鉴西方区域协作治理分析模型时仍然需要注意分析框架与研究目的和研究背景的匹配性。

首先，在利用分析框架实施跨区域公共服务协作绩效或质量评价时，区域协作分析框架与研究目的之间的匹配性问题是一个相当重要的问题。虽然目前的分析框架特别是综合分析框架主要

[①] Emerson, Kirk & Tina Nabatchi, "Evaluating the Productivity of Collaborative Governance Regimes: A Performance Matrix", *Public Performance & Management Review*, Vol. 38, No. 4, 2015, pp. 717–747.

是基于政策或项目评估的逻辑模型延伸出来的，但是，现有的区域协作治理分析框架关注的仍然是框架对于协作现象的描述作用，着重于框架的叙事功能，其主要开发目的在于帮助研究者理解区域协作治理的发生、演变与影响。比如综合性的协作治理分析框架就被用以理解和分析一个具体的可再生能源项目的发展过程[①]。因此，现有分析框架总体上都相对宏观，框架中提供的指标比较粗略、概括性强。运用现有分析框架对区域协作现象进行分析与理解是没有问题的，但是，如果要利用现有框架实现对区域公共事务协作治理绩效进行评估还需谨慎，这是因为现象解释与对现象测量是两个不同的概念，如果试图对跨区域公共事务协作治理绩效进行评估，还需要强化分析框架的可测量性。也就是说，必须先将分析框架细化，这样才能将框架中各因素用可测量的指标予以操作化。

其次，分析框架与研究背景之间的匹配性其实是一个选择问题。西方学者在设计协作分析框架时通常根据研究需要选用不同的研究视角或切入点，从而使得各框架的解释力受到这些视角或切入点的限定。这就意味着，我们在使用研究框架分析区域协作问题时，需要结合特定的情况进行选择。比如协作发生的分析框架类型之间的差异就暗示，当我们的研究目的是观察零散的地方政府是否会参与到既定的协作网络中去，那么选择非关系型分析框架就可以满足研究需求；如果需要分析特定地方政府之间是否能够产生协作，那么关系型分析框架则更为恰当。再比如，当我们需要借助综合分析框架研究区域协作整体过程时，如果能够获取的信息相对有限，可采用三阶段的简单分析框架，若要对协作进行更为深入的分

---

① Lebo, Franklin Barr, "Evaluating a Collaborative Governance Regime in Renewable Energy: Wind power and the Lake Erie Energy Development Corporation (LEEDCo)", *Environmental Development*, Vol. 32, No. 2019, 2019, pp. 1 – 15.

析，那就必须借助于复杂的过程分析模型。

最后，分析框架与研究背景的匹配绕不开其在中国背景下的应用问题。那么，西方的理论分析框架是否适用于中国的跨区域协作实践呢？答案是肯定的。西方学者提出的理论分析框架总体上都具有明显的理论概括性，框架各构成要素比较宏观，能够避免不同国家国情的限定性，具有普适性特点。当然，在具体应用这些框架时，也要注意两种情况。首先，要素层次比较多的分析框架，底层要素可能有一定的限定性，需要在使用时加以调整。比如协作治理综合分析框架的第一层和第二层要素相对宏观，使用中不存在普适性的难题，但是，从作者提供的第三层要素来看，个别要素不太符合中国国情，如系统环境下的"文化健康与多样性"就更适用于美国、加拿大这种移民较多的国家。其次，要素设计相对微观的分析框架其个别要素也可能会存在西方特色，需要在使用中加以调整。虽然绝大多数分析框架的主体分析要素并不具有国别的限定性，但是，仍然存在个别具有西方特色要素的分析框架，那些要素是基于西方国家的政治或行政以及社会现实提炼出来的，与我国国情有相当明显的出入。比如在协作发生的关系型分析框架下，双方辖区的党派差异性这一要素就明显带有美国特色，使用该框架研究中国实践时，需要删除此要素。

二 跨区域公共事务协作治理绩效的评估框架设计

跨区域公共事务协作治理绩效的评估框架设计其实就是对分析框架的操作化，这一操作化过程通常就是对分析框架的适应性调整的过程。为此，必须基于前面调整后的跨区域协作治理绩效理论和选择标准来筛选出适当的协作治理分析框架。根据调整后的理论可以确定，协作治理分析模型中的整合分析模型将环境、过程与结果等都包含在内，更为适合跨区域协作治理绩效的研究。而且，跨区域公共事务治理绩效的评估框架将用来指导后续的过程绩效测量与政策效果评估，作为指导评估框架设计的分析模型也需要具有整合性特点。在当前几个整合性分析模型中，艾默生等人的协作治理综合分析框架相对更为完善，而且这一模型能够将协作过程与协作结果、协作环境与协作影响等多个方面结合起来，符合经调整后的跨区域协作治理绩效的理论要求。同时，作者还基于这一框架提供了评价指标的参考建议，有助于指导具体的评估实践。更值得一提的是，学界对他们的分析框架非常推崇，认为该分析框架具有明显的"灵活性"[1]特征，能够较好地适用于不同的协作领域。莱博（Lebo）甚至认为，新泽西海岸风能项目最终被叫停[2]就是因为未能在风能项目推进时很好地使用"强大的"艾默生协作治理分析框架[3]。基于这一考虑，我们以此分析框架为基础，结合其他学者的研究成果以及现实中对中国跨区域协作的评估需要，进行跨区域公共事务协作治理绩效的评估框架设计。

（一）基于艾默生分析框架的绩效评估框架设计：评估维度调适

对协作治理分析框架进行操作化调适以构造评估框架的过程通常需要遵循一定的标准或原则。我们在调整艾默生等人的协作治理综合分析框架时，采用三个标准：一是注重绩效且同时关注协作过程和协作结果，二是强调数据可获得性，三是框架的可测量性。同

---

[1] Lebo, Franklin Barr, "Evaluating a Collaborative Governance Regime in Renewable Energy: Wind power and the Lake Erie Energy Development Corporation (LEEDCo)", *Environmental Development*, Vol. 32, No. 2019, 2019, pp. 1 – 15.

[2] Rahib, Saqib, "How N. J. Lost its Lead on Offshore Wind", https://www.eenews.net/stories/1060055777, 2017 – 1 – 9.

[3] Lebo, Franklin Barr, "Evaluating a Collaborative Governance Regime in Renewable Energy: Wind power and the Lake Erie Energy Development Corporation (LEEDCo)", *Environmental Development*, Vol. 32, No. 2019, 2019, pp. 1 – 15.

时，在评估框架内部指标的设置上，为了区别于一般的公共事务绩效评估，需要突出对政府间协作的关注，力图在评估框架中将政府协作活动与协作进展测量出来。

首先，基于评估框架需要重点关注协作过程与协作结果的标准，删除原有分析框架中的环境与驱动力方面的内容。协作过程开始前的协作环境与驱动力虽然对于理解公共服务协作的演变很重要，但只是对跨区域协作的铺垫，是协作开展的条件，协作绩效评估时无须纳入评估体系。

其次，为了保证绩效数据的可获取性，一些长期的协作影响内容也不适合保留在评估框架中。基于这一考虑，需要删除艾默生等的协作治理综合分析框架中适应性调整内容。结合第一项原则下对于协作过程和协作结果的考虑，最终在艾默生等人的协作治理综合分析框架中仅适合保留三项内容：协作治理体系中的协作动力系统、协作产出以及协作结果。当然，根据时间跨度的差异性，协作结果可以再划分为直接结果与间接结果两个不同层次。

最后，根据评估框架的可测量性要求，原有分析框架中的分析要素需要根据研究对象进行适当调整并操作化为可测量的指标。目前的分析框架下，有些内容在考核时存在相当明显的不可测量性。比如"原则基础上的参与"所关注的三个环节貌似清晰，但是，却难以在评估中得到充分展现。为此，张（Cheung）[①]在使用该协作治理综合分析框架研究香港与大陆的经济协作时，就将"原则化参与"下关注环节的指标调整为关注过程参与主体与协作机制的指标（见表1—2）。这一调整不但没有偏离该维度的核心内容，而且在指标测量时能够保证指标的可测量性。不过，在将"原则基础上的参与"划分为参与主体与参与机制之后，它就可以用来测

---

① Cheung, Peter TY, "Toward Collaborative Governance between Hong Kong and Mainland China", *Urban Studies*, Vol. 52, No. 10, 2015, pp. 1915 – 1933.

量参与主体间的相互影响以及参与原则或机制的确立。显然，主体关系以及参与机制等内容其实也可以被理解为协作能力，这样，就可以将其与协作动力体系下的联合行动能力合并在一起，统称为协作能力。

经过调整之后保留下来的几个维度为协作动力系统中的共享的激励与联合行动能力、协作产出以及协作影响。共享的激励关注的是协作各方之所以参与到协作中的一些动机方面的因素，可以转换称呼为协作动机；协作产出其实在原有分析框架中注重的是采取了联合的协作行动，也就是说它关注的其实是政策协议签订之后的协作行动的发生，因此可以被改称为协作行动。协作结果则可以包括直接结果和间接结果，其中直接结果用于评估协作行动的产出，而间接结果可以用来评估协作产出的影响。最终，基于协作治理的综合分析框架，我们可以将其操作化为包括协作动机、协作能力、协作行动与协作结果的区域协作绩效综合评估框架，其中的协作动机、协作能力与协作行动关注的是区域协作过程，涉及区域的共生界面和共生环境。

表1—2 张对艾默生等的协作治理综合分析框架的维度与要素调整

驱动力	协作治理体系			产出	协作结果
	协作动力系统			协作行动	
	原则化参与	共享的激励	联合行动能力		影响
*领导权 *结果性刺激 *相互依赖性 *不确定性	*利益相关者被均衡地代表 *建立制度机制	*相互信任/理解 *共同承诺	*制度安排 *知识	*实施政策、法律或规定 *为联合行动调派人力与资源 *监督实施 *强化遵从	*协议附加条款的增加

资料来源：Peter T. Y. Cheung, "Toward Collaborative Governance between Hong Kong and Mainland China", *Urban Studies*, Vol. 52, No. 10, 2015, pp. 1915–1933.

（二）基于艾默生分析框架的绩效评估框架设计：评估要素调适

正如前文所说，张在对艾默生等的协作治理综合分析框架进行删减调整的基础上，形成了一个简化的分析框架，在对协作治理案例的分析中表现了较强的解释能力，我们可以参考他的努力方向，对艾默生分析框架进行要素调适和细化，以保证在这一分析框架基础上得到的跨区域公共事务治理绩效的评估框架能够用于对三个公共事务领域的后续分析。

在协作动机之下，参考张的做法，主要测量协作方之间的"共同信任与理解""共同承诺"。政府之间无论是信任/理解还是承诺，都可以通过一些协作方之间的协作政策/文件和领导正式讲话等形式表达出来，因此，这两方面的测量都可以依赖于协作方之间的协作政策文件或领导讲话进行设计。同时，"信任与理解"通常可以从两个层面加以把握：一是信任与理解的基础，二是信任与理解的表现。就信任与理解的基础来看，需要关注的是协作各方对协作的重视程度，如果协作各方重视，就表明各方能够信任和理解。为此，可以用"各方在政策文件中是否承认协作的重要性"实现测量。就信任与理解的具体表现来看，协作各方的信任与理解既可以从形式上得到表现，也可以在内容上得到表现。相应的测量指标可以设计为：协作各方对区域的称呼是否统一（形式上）？协作各方的政策是否包含关于协作的共性内容（内容上）？"共同承诺"的测量相对容易，主要关注协作各方是否都通过官方渠道表达了对参与协作的正式承诺。

在协作能力之下，由于"原则化参与"与"联合行动能力"合并，张在两个维度下解构出的"制度安排"与"建立制度机制"可以适当调整为一个指标，该指标关注的是公共服务协作过程中的协作机制建立情况。至于利益相关者的参与情况，由于当前我国跨区域协作治理具有更为突出的上级主导特色，因此，协作各方的参与具有一定的被动性，他们在协作中的利益也更多的是通过上级对协作的布局实现的。而且，当利益相关者参与情况被视为一种协作能力时，上级政府的支持对于中国当前背景下的协作治理就具有重大意义。上级支持通常意味着协作资源配置能力和协作动员能力是否到位，因此，协作能力之下有关利益相关者参与情况可以重点关注上级的支持。这样，就可以通过协作制度安排、上级支持以及知识三个指标来测量公共服务的协作能力。具体测量时，"制度安排"作为一种协作能力，需要关注的是协作机制。协作机制在现实中可以包括常规协作机构的设立（硬机制）和定期的协作会议等沟通机制的建立（软机制）。"上级支持"作为一种协作能力首先表现为各协作方同级政府高层领导（省或市领导）的支持，同时，考虑到中国单一制下上级政府对协作开展的影响深刻，还应该将来自上一级政府的明确支持包含在内。协作能力中的"知识"既可以表现为无形的与协作相关的信息，也可以表现为有形的协作技能，因此，可以通过协作领域中的信息沟通与共享、协作技能的掌握来加以测量。

协作行动其实就是一个协作政策过程，它跟随着政策过程的节奏展开，可以包括政策制定与执行两个方面。但是，政策制定既包括初始政策形成，又包括政策调整。因此，协作行动可以分解为三个方面："协作政策形成""协作政策调整"以及"协作政策执行"。首先，在协作政策形成阶段，测量的关注点应该是初始协作政策本身，包括政策的制定以及政策所具有的相关特征。其中，协作政策制定不仅包括主体政策的颁布，还包括具体实施方案的出台。协作政策特征主要关注能够保证政策执行的一些特征：政策的实际操作性以及政策所具有的约束力。政策操作性指的是政策言词明确，有关政策执行细节规定清楚，责任分工细致；政策约束力既要考察正向约束力，也要考察负向约束力，因此，适于关注财政支持（正向约束力）与惩罚机制（负向约束力）。其次，协作政策调整是协作开始后根据情况进行的政策更新。与政策形成阶段类似，政策调整阶段也涉及两个方面：一是配套政策出台；二是配套政策调整方向，即政策的操作性和约束力是否得到增强。最后，在协作政策执行方面，应该关注执行资源准备、执行过程顺畅以及执行过程监控情况。具体在测量时，可以通过"协作资金拨付是否到位"测量执行资源准备情况；通过"协作数据的收集与报告"测量执行过程监控情况；执行过程的顺畅情况可以从正反两个方面进行测量：从正面关注"协作政策是否按照预期计划执行"，从反面监测"协作方之间是否有不协作行为"。

协作结果区分为直接结果与间接结果。如果说前面三个维度所关注的跨区域协作过程在不同公共事务领域有一定的共通性，那么，协作结果则明显受到公共事务领域的限定，不同公共事务领域下出现的协作结果肯定是有差异的。因此，跨区域公共事务协作治理评估框架在设定协作结果方面的评估指标时，更多的是一种方向性的引导，而非对各协作领域的具体评估指标的设计。根据这一考虑，可以对协作结果监测进行粗略的方向性设定。就直接结果来说，预期协作结果是政策设计的短期年度目标，一般在协作政策制定时会加以明确说明，可以通过年度预期目标实现程度或者预期协作结果的年度变化情况等进行测量；间接结果则是直接结果进一步导致的影响，或者说是协作的预期影响，它通常与跨区域公共事务的终极目标相关联，比如表现为流域协作中的水质改善或者旅游协作中的旅游收入提高等。

最终，我们在艾默生等人的协作治理综合分析框架基础上，参考张对这一分析框架的调整思路，并结合对跨区域公共事务协作治理绩效的理论思考，得到调整后的跨区域公共事务协作治理绩效的总体评估框架（表1—3）。

表 1—3　　　　跨区域公共事务协作治理绩效的总体评估框架

协作过程			协作结果	
协作动机	协作能力	协作行动	直接结果	间接结果
共同信任与理解 1. 信任与理解基础 *各方文件承认协作重要性 2. 信任与理解表现 *内容表现：各方文件包含协作的共性内容 *形式表现：区域称呼统一 共同承诺 各方都表达了官方的正式承诺	制度安排 1. 协作机制 *软机制：沟通机制的建立 *硬机制：设立常设协作机构 上级支持 1. 高层领导的支持 2. 上级政府的支持 知识 1. 无形知识 *协作信息的沟通与共享 2. 有形知识 *协作技能的掌握	协作政策形成 1. 协作政策与实施方案的制定 2. 政策操作性 3. 政策约束力 *惩罚机制 *财政支持 协作政策调整 1. 协作政策制定 2. 政策调整方向 协作政策执行 1. 执行资源准备 *资金拨付到位 2. 执行过程顺畅 *政策按照预期执行 *不协作行为 3. 执行过程监督 *收集与报告协作数据	1. 年度预期目标实现程度 2. 预期协作结果的年度变化情况	1. 预期影响

三　跨区域公共事务协作治理绩效的评估框架应用

在将跨区域公共事务协作治理绩效的总体评估框架应用于具体的区域公共事务协作时，必须根据具体公共事务特性以及评估需求进行调整和再设计。

（一）基于公共事务特性调整评估框架

不同公共事务领域在实施跨行政区的协作治理时，评估框架中的测量指标需要进行二次操作化的调整，以适应不同公共事务的特性。也就是说，在将协作评估框架应用于选定的旅游协作、大气污染防治以及流域水污染治理的评估时，仍然需要根据具体开展协作的公共事务特性进行指标操作化设计与赋值。就协作过程的三个方面来看，因为它们关注的是协作过程中共通性的内容，因此，指标是否调整更多地取决于有些指标在特定公共事务领域中是否仍然适用，是指标取舍的问题。而对于协作结果来说，评估框架的调整不是指标取舍问题，而是需要根据具体公共事务领域的特性，来确定具体的结果评估指标。相对而言，不同公共事务领域在协作过程方面的指标差异相对微小，而在协作结果方面的差异则相当明显。根据这一情况，我们可以将协作过程三个方面的指标称为通用指标，而将协作结果方面的指标称为专项指标。

（二）基于评估特性使用评估框架

在使用评估框架进行绩效测量与政策效果评估时，二者对评估框架中的指标选用是有区别的。协作过程中的绩效测量通常可以进行年度考核，而且在数据可以获得的情况下，可以将评估框架中的所有相关指标都加以测量，以便更完整地把握跨区域公共事务协作政策执行中趋向政策设计目标的进展情况（绩效）。但是，对于政策效果评估来说，该评估框架中只有间接结果即政策影响指标才有实施效果评估的价值。而且，根据这两种评估方法的特点，政策效果评估只能是针对单一政策或项目的评估，而绩效测量则可以进行跨项目或跨政策的横向比较。根据这种区别，在不同公共事务领域内使用绩效测量把握不同协作区的绩效时，可以采用评估框架中的指标对不同行政区绩效进行测量并实现横向绩效比较；但是，对于特定协作政策的效果评估，则只能选择相应公共事务领域中一些典型跨区域协作政策分别进行评估。

第二章　跨区域旅游协作治理的绩效

近 30 年以来，从京津冀地区最早成立京东旅游区，推动区域旅游协同发展，到粤港澳的跨境区域旅游联合促销，再到长三角城市群共同打造区域旅游一体化图景，区域旅游协作发展日益兴盛。近几年，更大规模的长江旅游推广联盟以及泛珠三角旅游大联盟，更是将我国旅游领域的协作治理推进到一个新的高度。在区域旅游协作日益深入发展的情况下，区域旅游协作治理绩效是否令人满意呢？

第一节　区域旅游协作治理绩效的评估框架

从实践中看，区域旅游协作政策通常以推进区域旅游一体化的形式出现，并对协作方在旅游领域的具体协作事项作出规定。一般来说，协作政策会要求拓展旅游协作领域，开发旅游协作线路，建立旅游信息共享平台，实现旅游服务对接等，并且最终实现旅游产业的发展。根据区域旅游协作治理的常规活动以及区域旅游协作政策的相关内容，我们可以对跨区域公共事务协作治理绩效的总体评估框架进行适应性的微调。

首先，在协作行动方面，由于旅游服务具有相当明显的市场化运作特点，政府间的旅游协作主要是一种服务协调与合作，协作过程中的资金投入更多的是一种市场行为，因此，执行资源准备方面的"资金投入到位"没有测量意义。同时，旅游协作政策通常关注旅游服务的对接等问题，区域旅游协作治理更多的是一种倡导性的协作文本，政策约束力并非各协作方所关注的事项，协作政策中一般不会呈现"协作约束力"下的惩罚机制与财政支持内容，因此，"协作约束力"也不具有测量价值。基于这两种情况，不宜保留"协作约束力"与"执行资源准备"两方面的指标。

其次，在协作直接结果方面，根据旅游协作的特点，协作方力图通过现代化、活跃的旅游协作，实现区域旅游服务的多样性和便利性。据此，旅游协作的直接结果可以采用四个指标进行测量，分别是：测量区域旅游多样性的"跨区域旅游精品线路的开拓"；测量区域旅游便利性的"区域旅游年卡办理"；测量区域旅游协作活跃度的"区域旅游合作交流场次"，即以区域身份参加旅游博览会、旅游节庆活动、旅游年会等的场次；测量区域旅游协作现代化水平的"旅游合作服务平台的建设情况"。

最后，在协作间接结果方面，由于旅游协作治理的最终目标在于推动旅游产业的发展，而旅游产业的常用测量指标是旅游人次与旅游收入，因此，我们可以采用这两个指标来测量间接结果，并且根据旅游产业统计口径，区分国内与国际旅游人次和旅游收入。

协作动机与协作能力方面的指标符合旅游协作特点，予以保留。经调整后的区域旅游协作治理绩效评估框架如表2—1所示。

表 2—1　　　　　　　区域旅游协作治理绩效的评估指标

协作过程			协作结果	
协作动机	协作能力	协作行动	直接结果	间接结果
共同信任与理解 1. 信任与理解基础 *各方承认实现旅游协作的重要性 2. 信任与理解表现 *内容表现：各方文件包含旅游协作的共性内容 *形式表现：区域称呼统一 共同承诺 各方都表达了官方的正式承诺	制度安排 1. 协作机制 *软机制：建立区域旅游协作沟通机制 *硬机制：设立区域旅游协作常设机构 上级支持 1. 政府高层领导的支持 2. 上级主管部门的支持 知识 1. 无形知识 *旅游协作信息共享 2. 有形知识 *旅游协作技能掌握	协作政策形成 1. 签订旅游合作协议和实施方案 2. 旅游合作协议的操作性 协作政策调整 1. 配套政策调整 2. 政策调整方向 协作政策执行 1. 执行过程顺畅 *政策按照预期执行 *不协作行为 2. 执行过程监督 *收集与报告协作数据	1. 多样性 *跨区域精品旅游线路拓展 2. 便利性 *区域旅游年卡 3. 活跃度 *举办旅游合作交流场次 4. 现代化 *区域旅游信息平台建设	1. 旅游收入增加 *入境旅游收入增加 *国内旅游收入增加 2. 旅游人次增多 *入境旅游人次增加 *国内旅游人次增加

第二节　区域旅游协作治理的绩效测量

一　绩效测量样本选择

我国各地基于旅游资源禀赋进行了多方位多层次的协作，形成了大小不等的协作区域。既包括省际的大型旅游协作区如泛珠三角旅游协作区、陕甘宁青新的西北旅游协作区、环渤海与北京周边的"9+10"区域旅游合作、辽吉黑鲁津旅游协作区、川云鄂三省五市旅游协作区以及最新签订旅游合作协议的中部六省旅游协作区等，也包括城市间的区域旅游协作区域，如两广九市、福建的厦漳泉龙、吐鲁番与克拉玛依的旅游协作等。同时，跨区域旅游协作治理存在着明显的区域交叉现象，一地参与多个不同旅游协作体系的现象非常突出。以长江沿线省市为例，既有国家旅游局近几年大力推动的由13个长江流域省市参与的长江旅游推广联盟，也有地方政府相互间实施协作的长三角区域的《苏浙皖沪旅游一体化合作框架协议》、长江中游的鄂渝长江三峡区域旅游合作轮值主席会和川渝黔签署的《"四川好玩、重庆好耍、贵州好爽"跨区域旅游营销合作的协议书》等。

在此背景下，绩效测量样本区域的选择必须根据一定的标准进行取舍。在进行样本取舍时，我们采用以下标准：

一是必须保证数据的可获取性。数据获取便利性是评估的基础，区域旅游协作的数据包括政策以及实施的相关数据，只有在能够获取相关政策与实施数据的情况下，评估才能有条件进行。

二是样本的相对代表性。由于各地在区域旅游协作中进行了多方位不同层次的合作，因此，有必要将不同类型的合作样本纳入。为此，需要考虑协作区域的地理方位、政府层次、合作主题等不同方面，以便基于这些标准选取更具代表性的样本。

三是能够与其他跨区域协作领域的绩效评价具有一定的关联性，从而能够帮助人们形成对我国跨区域协作绩效总体概貌的大致图像。也就是说，区域旅游样本的选择，需要关注那些相对典型的协作区，或者说关注那些在各个公共事务领域（比如经济发展）都有着相对成熟的协作实践的区域。

据此，可以选择以下区域作为旅游协作的绩效测量样本：代表跨省大范围旅游协作的陆界连片的西北旅游协作区、泛珠三角旅游协作和江河流域的长江旅游推广联盟；代表跨省小范围旅游协作的京津冀区域旅游协同发展（连片区域）和北京与陕西旅游合作

（非连片区域），以及省内跨市加跨境的厦漳泉金区域旅游联合体。对各样本的绩效测量均采用2018年数据，如果个别指标不适于评估单一年度数据，则根据情况收集相应数据进行测量。

二　协作动机的测量

（一）协作动机指标的量化与赋值

旅游协作方面的共同信任与理解着重测量协作各方在各自官方文件或网站上所体现出的协作诚意。"承认旅游协作重要性"通过各协作方官方网站在两方面的表现实现测量：一是各地文旅部门网站是否张贴了区域旅游合作协议；二是各地文旅部门网站是否有关于协作的相关报道。"旅游协作的共性内容"主要关注各地文旅部门官方网站上在被测年度内关于旅游协作的相关文件或报告是否存在共性内容，其判断标准为是否公布旅游协作年度会议的一些主题性内容或重申重点合作事项。"区域统一称呼"测量起来相对直接，主要观察各方在提及旅游协作时，是否采用同样的称谓指代该协作区域。

不过，现实中协作参与方不一定会采取同样行动，可能会出现一个旅游协作区域中各协作方在共同信任与理解的3个指标下行动有所差异的情况，因此，在测量中这3个指标并不能简单地用"是""否"加以测量，需要进行等级化处理。为此，我们将3个指标的测量等级确定为0—3四个等级：0表示任何一方均未表达信任与理解；1表示至少一方表达了信任与理解；2表示超过一半的协作方表达了信任与理解；3表示所有协作参与方都表达了信任与理解。承认协作重要性指标在测量时每项内容均根据这一标准区分为四个等级，最后加总求均值。

用于测量"共同承诺"的指标关注协作方表达的"官方正式

承诺"。在具体测量时,可以通过对各地文旅部门在年度报告或领导发言中是否公开表示要执行合作协议以及年度政府工作报告中是否公开表示要执行合作加以判断。在此指标之下,各地的行为表现也是有差异的,同样需要避免简单的"是"或"否"的评判。我们也将其设定为 0—3 四个等级:0 代表各地都没有明确表示要执行相关旅游合作协议;1 至 3 则分别表示不到一半、超过一半和所有协作方旅游年度报告或领导发言中或政府工作报告中明确表示要执行相关旅游合作协议。

(二) 协作重要性的测量

在西北旅游协作区中,五个省文化与旅游厅网站上均未提供西北旅游协作区的正式协作协议,这种情况的发生估计与该协作区已经运作近 30 年有关。陕西省文旅厅[①]、甘肃省文旅厅[②]、宁夏文旅厅[③]和新疆文旅厅[④]网站上可以查到有关 2018 年西北旅游协作区的相关会议信息和文化旅游推广活动,青海省文旅厅网站仅提供了 2019 年以来的信息,其中还涉及一些有关西北旅游协作区的会议情况[⑤]。结合两方面表现,西北旅游协作区的得分经折算为 1.5 分。

---

① 陕西省文化和旅游厅:《陕西省文化和旅游厅与西藏自治区旅游发展厅签署合作协议》,http://whhlyt. shaanxi. gov. cn/Article/Content1? id = 5160,2018 年 12 月 1 日。

② 甘肃省文化和旅游厅:《第 29 届西北旅游协作区会议召开 西北五省区携手推进旅游业高质量发展》,http://wlt. gansu. gov. cn/gswlyw/4842. jhtml,2018 年 10 月 19 日。

③ 朱立杨:《文化盛会拉开帷幕》,http://whhlyt. nx. gov. cn/content_t. jsp? id = 29020,2018 年 1 月 25 日。

④ 新疆维吾尔自治区文化和旅游厅:《2018 中国西北旅游营销大会暨旅游装备展在银川举行》,http://wlt. xinjiang. gov. cn/wlt/gzdt/201804/4ef9ec276a07489d86a-89344a58a11b1. shtml,2018 年 4 月 19 日。

⑤ 赵兰:《2019 中国西北旅游营销大会圆满落幕——1200 多家业态单位共享青海文旅盛事》,http://whlyt. qinghai. gov. cn/xwdt/gzdt/1033. html,2019 年 4 月 17 日。

长江旅游推广联盟的 13 个成员省份的文旅厅官方网站上均未提供有关该联盟的协议文件。2018 年没有召开联盟会议,也未有以长江旅游推广联盟名义进行的大型旅游推广活动,一些联盟成员的文旅厅网站上仅提供了一些联盟成员的地方政府间分散协作的案例报道。比如江苏省文旅厅官方网站有吴中、德江两地旅游协作的交流信息[1],浙江省文旅厅网站有温州与阿克苏拜城县旅游协作信息[2],贵州省文旅厅网站有铜仁和苏州的旅游合作信息[3],浙江省文旅厅网站有安庆市与云南楚雄州签订旅游合作协议的信息[4]等。基于这一情况,该旅游推广联盟此指标的得分经折算为 0.5 分。

泛珠三角旅游协作是泛珠三角区域合作"9+2"的一个重要分支协作项目。内地 9 个省份均未公布完整的旅游合作协议,香港[5]和澳门[6]则全文公布了相关协议。虽然 2018 年泛珠区域合作行政首长联席会议照常召开,但是未召开旅游协作年会。相应的,在各成员省份的网站上,2018 年未出现有关区域旅游协作会议的相关信

---

[1] 江苏省文化和旅游厅:《"深化协作交流 携手共谋发展"2018 年苏州吴中·德江东西部协作交流会召开》,http://wlt.jiangsu.gov.cn/art/2018/12/17/art_73168_8127188.html,2018 年 12 月 17 日。

[2] 浙江省文化和旅游厅:《温州与阿克苏拜城县签订旅游协作协议》,http://ct.zj.gov.cn/NewsInfo.aspx?CID=47669,2018 年 11 月 14 日。

[3] 贵州省文化和旅游厅:《深化东西部协作,共谋旅游业发展》,http://whhly.guizhou.gov.cn/wlzx/szdt/201810/t20181025_2339066.html,2018 年 1 月 22 日。

[4] 安徽省文化和旅游厅:《安庆市与云南楚雄州签订旅游合作协议》,https://ct.ah.gov.cn/html/article/181211101310.html,2018 年 12 月 11 日。

[5] 香港旅游局:《泛珠三角区域深化旅游合作协议》,http://www.tourism.gov.hk/resources/sc_chi/paperreport_doc/misc/2011-09-22/7th_PPRD_Forum_Agreement_sc.pdf,2011 年 9 月 11 日。

[6] 澳门旅游局:《泛珠三角区域合作框架协议》,https://www.economia.gov.mo/public/data/eetr/pprd_9_2_t/attach/d4bf63847ee2539e3952e06c1cdba23c/tc/20130821A_tc.pdf?ts=1462442012791,2004 年 6 月 3 日。

息，只有广西①和四川②政府网站提供了与区域旅游相关的信息。基于这一情况，该协作区域此项评分折合为 0.5 分。

京津冀旅游协同发展开始于 2012 年。三地文旅部门网站上均未提供正式合作协议，但是，河北省文旅厅官方网站报道了京津冀三地签订相关旅游合作备忘录的信息③，北京市文旅局网站报道了 2018 年京津冀旅游协同发展交流活动情况④，天津市文旅局网站报道了京津冀景区推广与交流活动⑤。根据这一情况，该协作网络在承认旅游协作重要性方面的得分折合为 1.5 分。

2008 年北京市与陕西省借奥运旅游契机，签订了《北京市与陕西省旅游合作协议》，该协议仍然可以在北京市文旅局网站上获得⑥。同时，2018 年京陕合作拓展至京沪陕，北京⑦与陕西省⑧文旅部门网站上都对这一新的合作进行了报道。根据两地表现，此项指标下该协作区域可赋值 3 分。

---

① 广西壮族自治区人民政府：《广西深化泛珠三角区域合作 做好旅游大文章》，http：//www.gxzf.gov.cn/mlgx/gxjj/fzsjqyhz/20180125-677633.shtml，2018 年 1 月 25 日。
② 四川省人民政府：《深化区域旅游合作 泛珠三角区域旅游大联盟成立》，http：//www.sc.gov.cn/10462/10749/10750/2017/9/26/10434567.shtml，2017 年 9 月 26 日。
③ 河北省文化和旅游厅：《京津冀三地签署旅游信用协同监管合作备忘录》，http：//www.hebeitour.gov.cn/Home/ArticleDetail？id=7951，2018 年 9 月 1 日。
④ 北京市文化和旅游局：《2018 京津冀冬季旅游体验活动正式启动》，http：//whlyj.beijing.gov.cn/xwzx/xwyl/447327.htm，2018 年 12 月 6 日。
⑤ 天津市文化和旅游局：《京津冀研学游师生参观北疆博物院》，http：//whgbys.tj.gov.cn/pages/detail.html#？id=d1466690a8f742fd868a76aa96056f63，2018 年 8 月 6 日。
⑥ 北京市文化和旅游局：《北京市与陕西省旅游合作协议》，http：//www.bjta.gov.cn/wngzzt/bjlyjqyhz/qyhzzywj/341289.htm，2011 年 10 月 15 日。
⑦ 北京市文化和旅游局：《京沪陕三地首建国内入境游省际合作机制》，http：//whlyj.beijing.gov.cn/xwzx/xwyl/401028.htm，2018 年 7 月 21 日。
⑧ 陕西省文化和旅游厅：《北京、上海、陕西三地联动，为中国入境旅游发展推波助澜》，http：//www.sxtour.com/html/xwDetail.html？id=552，2018 年 7 月 13 日。

厦漳泉三地的合作由来已久，后来伴随两岸互动增强，旅游区域协作的视野也将金门包容进来，并于2012年形成了厦漳泉金区域旅游联合体。四地旅游部门官方网站上均没有相关的合作协议。该联合体在2018年未举行大型旅游推广活动，在三地官方网站上①只可以查到小范围的厦漳泉同城化中的区域旅游协作信息。鉴于这一情况，该联合体在承认协作重要性方面的得分折合为1分。

（三）协作共性内容的测量

虽然2018年西北旅游协作区召开了第29届年会，并签订了《"丝绸之路 神奇西北"2018—2019冬春季旅游联合推广协议》，启动西北地区的"暖冬旅游季"，但是，仅新疆、甘肃旅游厅官方网站提供了有关年会的报道②，因此，该旅游协作区得分为1分。北京市与陕西省旅游合作关系在2008年确定之后，后续合作相对比较松散。2018年区域协作网络拓展至包括上海，而且双方文旅部门官方网站上均报道了这一信息③，因此，此项指标得分为3分。

---

① 厦门市文化和旅游局：《第十五届海峡旅游博览会在厦门国际会展中心正式开幕》，http://wlj.xm.gov.cn/gzdt/rdyw/201904/t20190422_2245590.htm，2019年4月22日；漳州市文化和旅游局：《2018年厦漳泉青年骨干导游专题培训班今日在漳开班》，http://wlj.zhangzhou.gov.cn/cms/siteresource/article.shtml?id=60449728200810000&siteId=530418360928080000，2018年12月3日；曾世彬：《"海丝泉州"亮相漳州厦门》，http://qztour.quanzhou.gov.cn/xwdt/bjdt/201811/t20181127_795473.htm，2018年11月27日。

② 新疆维吾尔自治区文化和旅游厅：《2018中国西北旅游营销大会暨旅游装备展在银川举行》，http://wlt.xinjiang.gov.cn/wlt/gzdt/201804/4ef9ec276a07489d86a-89344a58a11b1.shtml，2018年4月19日；甘肃省文化和旅游厅：《第29届西北旅游协作区会议召开 西北五省区携手推进旅游业高质量发展》，http://wlt.gansu.gov.cn/gswlyw/4842.jhtml，2018年10月19日。

③ 北京市文化和旅游局：《京沪陕三地首建国内入境游省际合作机制》，http://whlyj.beijing.gov.cn/xwzx/xwyl/401028.htm，2018年7月21日；陕西省文化和旅游厅：《北京、上海、陕西三地联动，为中国入境旅游发展推波助澜》，http://www.sxtour.com/html/xwDetail.html?id=552，2018年7月13日。

2018年京津冀旅游协同发展的重要工作是签订了京津冀旅游信用协同监管合作备忘录，但此项内容仅可在北京市文旅局[①]网站上看到，因此，京津冀旅游协同发展该项得分为1分。

长江旅游推广联盟在2018年没有举行区域性的大型活动，因此，无法确定共性内容标准，仅各地文旅部门发布了一些地方性政策[②]或采取了小范围的旅游合作活动[③]。据评价标准，该联盟此项指标得分为0分。泛珠三角区域2018年虽然召开了协作年会，但未提及旅游协作，旅游协作行政首长联席会议也未召开。同时，2018年也没有举办区域旅游的大型活动。据此，得分为0分。

厦漳泉金区域旅游联合体自成立以来，基本上每年都会实施客源地推介活动。2018年厦漳泉金区域旅游联合体将区域范围扩大，联合三明、龙岩一起在河南和江苏举行了"清新福建　山海闽西南"旅游联合推介会，但是这一重大活动作为区域旅游联合体的共性内容仅可以在厦门[④]、泉州[⑤]旅游部门网站上查询到。因此，该项指标厦漳泉金区域旅游联合体得分为2分。

[①] 北京市文化和旅游局：《北京市旅游行业信用监管平台上线暨京津冀地区旅游信用协同监管合作备忘录签署仪式在京举办》，http://whlyj.beijing.gov.cn/zwgk/xwzx/gzdt/201808/t20180829_1791513.html，2018年8月29日。

[②] 中国经济网：《关于印发〈建设长江国际黄金旅游核心区　推进旅游服务业提速升级工作方案〉的通知》，http://www.ce.cn/culture/gd/201807/30/t20180730_29886213.shtml，2018年7月30日。

[③] 贵州省文化和旅游厅：《深化东西部协作，共谋旅游业发展》，http://whhly.guizhou.gov.cn/wlzx/szdt/201810/t20181025_2339066.html，2018年1月22日。

[④] 张诗颖：《"清新福建　山海闽西南"联合推介团将走进河南、江苏》，http://travel.xm.gov.cn/lyxw/lyxw/201810/t20181011_2134870.htm，2018年10月11日。

[⑤] 周斯明：《"清新福建　山海闽西南"联合推介走进河南江苏》，http://qztour.quanzhou.gov.cn/xwdt/bjdt/201810/t20181019_770349.htm，2018年10月19日

（四）区域统一称呼的测量

对于区域的称呼，西北旅游协作区内各成员省份没有任何异议。由于京津冀三地实力差距较大，阶梯分布明显，三地对于地方排名先后未出现任何异议，均以京津冀区域旅游协同发展称呼该区域协作网络。类似的，对于区域协作的称呼，北京市与陕西省旅游合作双方未出现不同表达方式，称谓统一。据此，该指标下三大旅游协作区得分均为3分。

在长江流域，各类的跨区域旅游协作相当多，但是，各类旅游协作更多的是小范围的，真正涉及整个流域的协作则是长江旅游推广联盟。虽然有些省份根本未提及这一联盟，但是，仍然有7个省市的旅游局网站明确认可了这一称呼，得分为2分。在泛珠三角旅游协作区中，绝大多数省份对该协作是认可的，基本上都将其称为泛珠三角旅游合作。唯一的例外是广东省，在该省的省政府以及旅游局网站上均查不到任何有关泛珠三角或者泛珠三角旅游合作的相关信息。据此，该项指标的分值为2分。厦漳泉金区域旅游联合体在称呼方面也是一致的，但只有厦门和泉州两个地方政府提及这一联合体，得分同样为2分。

（五）共同承诺的测量

在西北旅游协作区内，2018年第29届西北旅游协作区会议的主题是开发淡季旅游产品，整合区域内冬春季旅游产品。据此，针对该协作区共同承诺方面的绩效测量，主要关注各省是否适当回应这一主题。在此方面，新疆文旅厅专门举办"冬游新疆"中国西北冰雪旅游节，给出了官方正式承诺①。冬春季旅游推广的相关内容出现在甘肃省网站上，但仅是就甘肃自身如何到客源省开拓市场的

---

① 姚刚：《第十三届新疆冬博会精彩纷呈 冰雪资源"热"呈现》，http://zw.xinjiangtour.gov.cn/info/1022/55949.htm，2018年12月5日。

讨论，抛开了西北旅游协作区[①]。宁夏、陕西与青海无相关内容。总体上看，西北旅游协作区中能够表达官方承诺的参与方未达到一半，得分为1分。

长江旅游推广联盟和泛珠三角旅游协作在2018年均未召开相关的工作会或者举行旅游推广活动，无法据此判断协作成员的共同承诺情况。同时，根据这两协作区内各省2018年的政府工作报告，也未有任何一省在安排当年旅游业发展任务时，关注到相关的区域协作。据此，这两个旅游协作区域的得分均为0分。

京津冀区域旅游协同发展在2018年未召开工作会布置旅游协作任务，不过，北京市市长、天津市市长和河北省省长在2018年政府工作报告中安排当年重点任务时，提出要推进京津冀协调发展，作出了官方承诺。据此，该项得分为3分。另外，北京市与陕西省旅游合作中，陕西省政府工作报告在确定2018年重点工作时，明确指出要加强京陕战略合作，作出了官方正式承诺，北京方面未对该项旅游协作作出承诺，因此，该协作区此项指标得分为1分。

在旅游同城化建设过程中，2018年厦漳泉实行了旅游资源联合营销、旅游市场联合监管和旅游投诉与突发事件联动处理、联合培养跨区域的导游队伍，而且，厦漳泉旅游同城化2018年度工作会议也于2018年3月在厦门召开。但是，从各地推进区域旅游协作的承诺来看，厦门的承诺最为明显，不但关注厦漳泉金区域发展联合体的协作[②]，而且非常关注两门旅游合作[③]，漳州关注的是厦漳

[①] 甘肃省文化和旅游厅：《甘肃推出冬春季十大主题旅游产品》，http://wlt.gansu.gov.cn/mtjj/4912.jhtml，2018年12月17日。

[②] 厦门市文化和旅游局：《2018厦门旅游营销年正式启动 今年招徕游客力争达到8500万人次》，http://wlj.xm.gov.cn/zwgk/tjxx/201907/t20190722_2318800.htm，2018年3月8日。

[③] 付锦凝：《2018年厦门市旅游工作呈现六大亮点》，http://travel.xm.gov.cn/lyxw/lyxw/201901/t20190118_2210678.htm，2019年1月18日。

泉三个地区的合作①，泉州关注的则是自身的旅游发展②，金门没有联合体的相关内容，而是更为关注与厦门的旅游合作③。总体来看，厦漳泉金旅游联合体在共同承诺方面得分为1分。

表2—2　　　　　　　　　协作动机测量结果

旅游协作区	共同信任与理解			共同承诺
	协作重要性（0—3）	协作共性内容（0—3）	区域统一称呼（0—3）	官方正式承诺（0—3）
西北旅游协作区	1.5	1	3	1
长江旅游推广联盟	0.5	0	2	0
泛珠三角旅游协作	0.5	0	2	0
京津冀旅游协同发展	1.5	1	3	3
北京市与陕西省旅游合作	3	3	3	1
厦漳泉金区域旅游联合体	1	2	2	1

三　协作能力的测量

（一）协作能力指标的量化与赋值

跨区域旅游协作能力的测量不同于协作动机。测量协作动机需要考察各方参与者的具体行为表现，而协作能力的测量则可以将协作网络视为一个整体，通过协作各方构建的协作框架以及协作会议等整体情况加以测量。

---

① 漳州市文化和旅游局：《2018年厦漳泉青年骨干导游专题培训班今日在漳开班》，http://wlj.zhangzhou.gov.cn/cms/siteresource/article.shtml? id=60449728200810000&siteId=530418360928080000，2018年12月3日。
② 曾世彬：《"海丝泉州"亮相漳州厦门》，http://qztour.quanzhou.gov.cn/ly-sw/lyyx/yxdt/201811/t20181129_796317.htm，2018年11月27日。
③ 金门旅游局：《金厦泳渡》，https://kinmen.travel/zh-cn/event-calendar/details/1960，2018年5月18日。

"制度安排"主要测量沟通机制与常设机构的设立。在区域旅游协作中,各方参与者的沟通机制可以区分为随机沟通与固定沟通两种方式。随机沟通一般没有固定的沟通时间和沟通方式,每次沟通都是临时起意;固定沟通通常采用行政首脑联席会议制度或碰头会形式,定期举行以实现各方意见的沟通。在测量时,由于固定沟通方式更有利于实现沟通常态化,通常至少每年一次,能够确保协作能力达到一定水平,因此,赋值为2分;随机沟通方式虽然不能定期举行,但是,除成立时的沟通外至少还有一次沟通,赋值为1分;如果除成立时的沟通外无任何其他沟通,赋值为0分。"常设机构的设立"可以直观地实现测量,一般体现为旅游部门内部有专门办公室和人员负责区域旅游合作。对此可以采用"是"或"否"进行测量,相应编码为1和0。考虑到许多协作区并未公布正式旅游合作协议,测量时需通过官方网站以及其他正式网站所反映的信息加以判断。

"上级支持"的测量涉及同级政府高层领导的支持以及上级主管部门的支持。两个方面都可以根据同级政府以及上级主管部门相关领导是否参加区域协作会议实现测量,不过上级主管部门的明确支持有时也可以通过上级文件表现出来。在具体测量时,"同级政府高层领导支持"主要看区域旅游协作的重要会议上同级政府领导是否出席,对此采用二分类进行测量,有为"1"。"上级主管部门的支持"则通过两个方面实现测量:一是上级主管部门是否参与区域旅游协作的重要会议;二是上级文件是否明确提及相应的区域协作,并且提供具体措施推进这种旅游协作。赋值时,两个方面均无相应内容记为0分,有一项记1分,有两项记2分。

协作能力中的"知识"主要体现为协作各方所掌握的信息与协作技能。首先,"协作信息共享"可以是旅游的展会信息、合作方的旅游景点信息、旅游接待能力信息等在不同协作方之间的共享;"协作技能"则涉及旅游协作中的资源动员与组织技术、应急事件处理技术等。相对而言，协作信息共享与协作技能都难以实现测量。因为政府间的协作与个人间的协作不同，无法对参与方进行直接的信息与技术水平衡量。基于这种情况，需要借助于替代指标实现测量。评估中，"协作信息共享"可以通过协作各方是否掌握其他参与方的旅游展会、景点等信息实现替代测量，而且，这一信息可以借助于各地文旅局网站是否有其他参与方旅游信息加以把握。由于在协作网络中，各参与方的行为表现不一定相同，我们采用协作动机的赋分方式，将各地政府在信息共享方面的表现区分为四种情况进行等级赋分：0表示任何一方均未提供其他参与方的相关信息；1表示至少一方提供其他参与方的相关信息；2表示超过一半的协作方提供其他参与方的相关信息；3表示所有协作方都提供其他参与方的相关信息。其次，在测量"协作技能掌握情况"时，政府间的旅游协作更多的是通过签订协议为旅游协作创造条件、搭建平台以及处理应急事件等活动来实现的。虽然应急事件处理技能可以通过协作过程中应急事件的处理情况实现测量，但是，我们很难界定特定旅游应急事件的处理是否与某个协作网络有关，因此，协作技能的测量可以重点关注旅游协作区的资源动员与组织技术。现实中，要实际测量出各协作方掌握的技术水平也是不可能的，需要通过技术水平显现出的行为结果来实现间接测量。一般来说，如果一个协作区域具有高超的资源动员与组织技术，那么，此区域旅游协作的知名度就会提升，从而受到高层与民间的关注，因此，可以通过高层关注与民间关注来实现对资源动员与组织技术的替代测量。具体操作化之后，包括两个指标：一是上级旅游管理部门是否报道了相关旅游区域的信息；二是大众传媒是否报道了相关旅游区域的信息。赋值时根据情况从0至2进行赋值：0分为两个途径均无相关报道，1分为一个途径有相关报道，2分为两个途径都有相关报道。

（二）制度安排的测量

在协作沟通机制方面，西北旅游协作区采用轮值省区会议制度进行沟通。自成立以来，该协作区每年都举办轮值会议，第29届轮值会于2018年10月在青海省海东市召开。长江旅游推广联盟自成立后通过联盟大会进行重要议题的商讨，通过设立在湖北的联盟秘书处实现日常沟通与联系，并在2018年举行了一些大型活动[1]。厦漳泉金区域旅游联合体自成立以来每年定期到客源地举行推介会，这种营销模式同时也是一种特殊的沟通机制，能够确保各方信息交流。北京与陕西旅游合作通过两地文旅厅（局）长每年一次的联席会实现沟通协调。京津冀旅游协同发展同样通过联席会议进行沟通协调，每年举行工作会议。泛珠三角的区域合作采取最高行政首长会议制度、政府秘书长协调制度和政府部门协调制度，其中行政首长联席会议每年11月举行一次年会，年会在承办方省会城市或香港、澳门举办[2]。因所有协作区都拥有固定沟通机制，所以得分均为2分。

建立旅游协作常设机构方面，西北旅游协作区常设机构为协作区秘书处，并设立了区域研究机构（西北旅游文化研究院）[3]；泛珠三角区域旅游协作区的常设机构为行政首长联席会议下设的泛珠三角区域合作行政首长联席会议秘书处[4]；长江旅游推广联盟秘书

---

[1] 中华人民共和国文化和旅游部：《"美丽中国"推广活动在波士顿获点赞》，https://www.mct.gov.cn/whzx/whyw/201810/t20181022_835482.htm，2018年10月22日。

[2] 泛珠三角合作信息网：《泛珠三角区域合作行政首长联席会议制度》，http://www.pprd.org.cn/fzgk/hzjz/201610/t20161008_55482.htm，2016年10月8日。

[3] 百度百科：《中国西北旅游协作区》，https://baike.baidu.com/item/中国西北旅游协作区/23167290?fr=aladdin，2018年11月26日。

[4] 泛珠三角合作信息网：《泛珠三角区域合作行政首长联席会议秘书处工作制度》，http://www.pprd.org.cn/fzgk/hzjz/201610/t20161008_55485.htm，2016年10月8日。

处设立在湖北省，具体负责日常联络和协调工作①；京津冀旅游协同发展则通过大北京区域旅游协调中心协调旅游工作②。因此，以上四个协作区此项得分均为1分。厦漳泉金区域旅游联合体并未设立常设机构用于正式的沟通与协调，此项得分为0分。北京与陕西旅游合作虽在协议文件中规定，要明确负责旅游协作的负责人和主管部门以负责联席会事宜及其他沟通协调工作③，但是实践中并未设立专门的常设机构，因此得分为0分。

（三）上级支持的测量

西北旅游协作区、厦漳泉金区域旅游联合体、北京与陕西旅游合作年会的参加者是各省区旅游部门以及旅游企业，同级政府高层领导以及上级主管部门的高层领导均未出席，上级旅游主管部门的文件中也未关注相应旅游区域。因此，三个协作区在上级支持的两个指标得分均为0分。

京津冀旅游协同发展的许多会议都有国家文旅部相关领导出席，但2018年该协作区并未召开年会。不过，国家文旅部对该区域旅游协同发展的重视程度相当高，发布很多该区域的相关信息，文件中也经常提及该协作区域。④ 因此，同级政府高层领导支持为

---

① 郑青：《长江旅游推广联盟成立 13个省市组成秘书处设在湖北》，http://hb.sina.com.cn/news/qy/2015-05-20/detail-icczmvup2001511.shtml，2015年5月20日。

② 王琳琳：《京津冀旅游协同发展持续推进 动力十足》，《北京日报》2018年6月29日第L版。

③ 人民网：《北京市与陕西省旅游合作协议》，http://travel.people.com.cn/GB/41636/41637/117091/6941363.html，2008年2月29日。

④ 中华人民共和国中央人民政府：《国务院关于印发"十三五"旅游业发展规划的通知》，http://www.gov.cn/zhengce/content/2016-12/26/content_5152993.htm，2017年4月6日；中华人民共和国文化和旅游部：《2018中国旅游产业博览会将于11月9日至11日在津举办》，https://www.mct.gov.cn/whzx/qgwhxxlb/tj/201810/t20181024_835547.htm，2018年10月24日。

0分，上级主管部门领导支持为1分。长江旅游推广联盟在2018年未举办推广活动。在上级部门文件方面，《国务院关于印发"十三五"旅游业发展规划的通知》中明确提到了长江中游旅游城市群。因此，同级政府高层领导支持为0分，上级主管部门支持为1分。在泛珠三角区域旅游协作中，2018年行政首长联席会议参与方仅包括各方行政首长。① 国家旅游局对泛珠三角旅游协作相当重视，国务院批准的《泛珠三角区域深化合作共同宣言（2015—2025年）》对该区域的旅游合作提出了工作要求。因此，两个指标得分均为1分。

（四）知识的测量

在协作信息共享方面，西北旅游协作区中的宁夏文旅厅、新疆文旅厅以及甘肃省文旅厅官网上提供了其他省相关景点和展会、宣传活动的信息报道②。青海省和陕西省文旅厅官网上没有对其他四省的景点介绍。由于超过一半的省份实现了协作信息共享，该区此项指标得2分。协作技能掌握方面，中央政府网站转发了新华社有关西北五省区开展"暖冬旅游季"活动的报道③，且该协作区域的年度活动信息在各大媒体均有报道④，因此，协作技能得分2分。

---

① 索有为：《2018年泛珠三角区域合作行政首长联席会议在广州举行》，http://www.gd.chinanews.com/2018/2018-09-05/2/399034.shtml，2018年9月5日。

② 宁夏回族自治区文化和旅游厅：《西北旅游经济迅猛增长 自驾游火爆7月至9月为出游高峰》，http://whhlyt.nx.gov.cn/plus/view.php?aid=23495，2018年9月12日；新疆维吾尔自治区文化和旅游厅：《第八届敦煌行·丝绸之路国际旅游节在甘肃嘉峪关市隆重开幕》，http://zw.xinjiangtour.gov.cn/info/1027/54975.htm，2018年6月26日；南如卓玛：《中国国庆长假期游"西热"趋势明显》，http://wlt.gansu.gov.cn/gswlyw/4832.jhtml，2018年10月8日。

③ 赵雅芳：《西北五省区携手开幕词"暖冬旅游季"》，http://www.gov.cn/xinwen/2018-10/18/content_5332137.htm，2018年10月18日。

④ 许璇：《西北各省区旅游部门联合推广冬春季旅游资源》，http://qh.people.com.cn/n2/2018/1018/c378418-32173859.html，2018年10月18日。

厦漳泉金区域旅游联合体中，只有厦门文旅局网站在"两岸旅游"板块下有两岸旅游信息以及双向旅游线路介绍的相关内容，因此，协作信息共享得1分。厦漳泉金区域旅游联合体的年度活动信息在福建省文旅厅①以及各大媒体均有报道。不过，值得注意的是，往年的报道关注点是厦漳泉金区域旅游联合体，2018年的关注点则不包括金门，要么是厦漳泉②，要么是厦漳泉龙③。因此协作技能得分为2分。

长江旅游推广联盟中，江苏省文旅厅报道了在泰州举办的泰州—重庆长江黄金游轮首航仪式④；浙江省旅游厅宣传了安徽等其他省份的景点⑤；四川省文旅厅报道了在成都举办的云南旅游推介会，列举了云南景点并附网络链接⑥；云南省文旅厅报道了湖南红色旅游情况⑦；贵州省文旅厅介绍了重庆奉节旅游推介会情况⑧等。另外，各地官网还通过设置特定板块进行信息共享。四川的"八

---

① 福建省旅游发展委员会：《泉州联手厦漳金共拓西南旅游市场》，http://www.fjta.com/news/detail/3796，2017年6月9日。

② 人民网：《厦漳泉紧密合作 共同打造闽南金三角旅游品牌》，http://fj.people.com.cn/n2/2018/0821/c181466-31956063.html，2018年8月21日。

③ 吴君宁：《厦漳泉龙紧密合作 打造旅游品牌开展旅游营销》，http://fj.sina.com.cn/news/s/2018-08-21/detail-ihhxaafz6550318.shtml，2018年8月21日。

④ 江苏省文化和旅游厅：《"水韵江苏"长江黄金游轮首航仪式在泰州举行》，http://wlt.jiangsu.gov.cn/art/2018/3/14/art_73168_8141167.html，2018年3月14日。

⑤ 浙江省旅游厅：《2018黄山旅游节暨安徽国际旅行商大会开幕》，http://ct.zj.gov.cn/NewsInfo.aspx?CID=22822.2018年11月19日。

⑥ 四川省文化和旅游厅：《云南旅游推介会在成都举行》，http://wlt.sc.gov.cn/104/141/145/201806/MIT320727.shtml，2018年6月12日。

⑦ 云南省旅游厅：《湖南韶山：红色文化引领开放崛起》，http://www.ynta.gov.cn/Item/40380.aspx，2018年11月22日。

⑧ 单岚：《重庆奉节旅游推介进贵阳 邀您去"有诗有橙的远方"》，http://whhly.guizhou.gov.cn/xwzx/zwyw/201903/t20190322_6777889.html，2018年5月10日。

面来风"板块最为典型,里面提供了一些来自联盟内部成员省份的旅游景点信息。另外,云南、上海、江西、浙江等也通过特定板块如区域合作、融合发展、旅游快报等报道了其他参与方的相关旅游信息,青海和西藏暂无对其他省份景点信息的介绍。由于超过一半的省份提供了参与伙伴的信息,因此,该区域协作信息共享得分为2分。在协作技能掌握方面,文化和旅游部报道了长江旅游推广联盟2018年推介宣传活动[1],新华网肯定了长江旅游推广联盟对重庆旅游发展的推动作用[2]。因此,该区域协作技能得分为2分。

北京与陕西旅游合作协议中规定双方都要在旅游部门网站上提供到对方旅游局的链接,这一协议双方均已做到。但是,陕西提供的北京旅游局链接是放在下拉菜单中,不像北京通过图标方式展示。另外,双方均未提供更多的协作方信息。因此,协作信息共享得分为1分。在协作技能掌握方面,2018年北京与陕西旅游合作范围拓展为京沪陕,并且首创国内入境旅游的省际合作,有关此项合作事宜在文化和旅游部[3]及中国青年网[4]等大型网站上也有相关报道,因此协作技能得2分。

京津冀旅游协同发展中,北京提供了京津冀冬季旅游体验活动

---

[1] 中华人民共和国文化和旅游部:《"美丽中国"推广活动在波士顿获点赞》,https://www.mct.gov.cn/whzx/whyw/201810/t20181022_835482.htm,2018年10月22日。

[2] 新华网:《跨区域发展结新果 推进四川旅游高质量发展》,http://www.sc.xinhuanet.com/2018-08/23/c_1123312055.htm,2018年8月23日。

[3] 中华人民共和国文化和旅游部:《京沪陕三地首建国内入境游省际合作机制》,https://www.mct.gov.cn/whzx/qgwhxxlb/bj/201807/t20180724_833936.htm,2018年7月24日。

[4] 阎梦圆:《北京、上海、陕西中国入境旅游枢纽全球发布会在西安举行》,http://df.youth.cn/yczq/201807/t20180723_11676751.htm,2018年7月23日。

的报道①，河北省文旅厅专门开辟网页对京津冀景点进行报道②。因此，协作信息共享得分为 2 分。在协作技能掌握方面，中国文化和旅游部有对京津冀旅游协同情况的说明③，人民网④等媒体也报道了京津冀旅游活动。因此，协作技能掌握赋分为 2 分。

　　泛珠三角旅游协作区中，四川、云南、贵州分别通过官方网站的"八面来风""区域合作""他山之石"板块提供了一些其他参与者的旅游活动信息。比如，四川省文旅厅报道了在成都举办的云南旅游推介会，列举云南著名景点并提供网络链接⑤，云南省文旅厅报道了湖南红色旅游情况⑥。香港旅游发展委员会官网直接开设了泛珠三角区域板块，里面包含了各成员省份的旅游信息介绍。另外，广西文旅厅官网也有对其他省份旅游信息的相关介绍和报道⑦。据此，该区域协作信息共享指标得分为 2 分。旅游协作技能掌握方面，2018 年泛珠三角区域合作行政首长联席会议上议定了打造黄金

---

　　① 北京市文化和旅游局：《2018 京津冀冬季旅游体验活动正式启动》，http：//whlyj. beijing. gov. cn/zwgk/xwzx/gzdt/201812/t20181206_1792352. html，2018 年 12 月 6 日。

　　② 河北省旅游发展委员会、河北省旅游政务网：《京津冀协同　旅游先行》，http：//zhuanti. hebnews. cn/node_150604. htm。

　　③ 中华人民共和国文化和旅游部：《文化和旅游部关于政协十三届全国委员会第一次会议 1107 号（文化宣传类 083 号）提案答复的函》，文旅产函〔2018〕544 号，2018 年 7 月 31 日。

　　④ 人民网：《京津冀联动："旅游 + 科普"新模式盘活三地旅游资源》，http：//travel. people. com. cn/n1/2018/0702/c41570 - 30104138. html，2018 年 7 月 2 日。

　　⑤ 四川省文化和旅游厅：《云南旅游推介会在成都举行》，http：//wlt. sc. gov. cn/104/141/145/201806/MIT320727. shtml，2018 年 6 月 12 日。

　　⑥ 云南省旅游厅：《湖南韶山：红色文化引领开放崛起》，http：//www. ynta. gov. cn/Item/40380. aspx，2018 年 11 月 22 日。

　　⑦ 广西壮族自治区文化和旅游厅：《"七彩云南"旅游推介会在南宁举行》，http：//wlt. gxzf. gov. cn/zwdt/gzdt/20181016 - 661138. shtml，2018 年 10 月 16 日。

旅游带以及共同优化休闲旅游环境的年度重点工作,《云南日报》[①]等对相关合作信息进行了报道。因此,协作技能掌握赋分为2分。

表2—3　　　　　　　　协作能力的测量结果

旅游协作区	制度安排 协作沟通机制 (0—2)	制度安排 协作常设机构 (0, 1)	上级支持 协作方政府高层领导的支持 (0, 1)	上级支持 上级主管部门的支持 (0—2)	知识 协作信息共享 (0—3)	知识 协作技能掌握 (0—2)
西北旅游协作区	2	1	0	0	2	2
长江旅游推广联盟	2	1	0	1	2	2
泛珠三角旅游协作	2	1	1	1	2	2
京津冀旅游协同发展	2	1	0	1	2	2
北京与陕西旅游合作	2	0	0	0	1	2
厦漳泉金区域旅游联合体	2	0	0	0	1	2

四　协作行动的测量

(一) 协作行动指标的量化与赋值

协作行动完全围绕协作政策展开。在协作政策形成阶段,需要

[①] 陈晓波:《2018年泛珠三角区域合作行政首长联席会议在广州举行》,《云南日报》2018年9月7日第1版。

测量"合作协议和实施方案制定"与"协议的可操作性"。区域旅游合作协议通常是在区域协作关系确立时签订的。但是，也有一些区域最初的协作并非专门针对旅游，因此，旅游合作协议可能是在成立后的某个时间点签订。不管合作协议具体签订时间是否与旅游协作开始时间相一致，只要在测量时有正式方案均赋值为1分，否则为0分。"合作协议的操作性"一般根据协议中是否规定了具体协作方式（如旅游市场联合执法、旅游产品联合推广等）进行测量。赋值时"是"为1，"否"为0。

协作政策调整可以根据评估年度内合作协议是否进行了补充、调整实现测量。判断"协议调整"的标准是与区域旅游协议相关的具体内容在评估年度内是否进行了调整，涉及一些补充性政策如导游联合培训政策、推广协作政策、联合执法政策等的出台。"协议调整方向"主要测量新协议是否更有可操作性，即一些协作方式等是否提供了更为具体详细的规定、提供了具体行动方案。这两个指标的赋值均采用"是"和"否"进行测量。

在协作政策执行下，"信息收集与报告"主要测量参与方是否提供了区域旅游协作带来的旅游发展数据。这些信息报告可以是独立报告，也可以是旅游年度报告中的部分内容。测量时区分为三种情况：任何参与方均未报告相关信息记0分，不到一半记1分，超过一半记2分。"协议制定与运行时间间隔"主要测量协议制定后是否立即执行，立即执行得分为1，否则为0。"不协作行为"可以体现为两种情况：一是参与方自身行为展现出不协作性；二是外界观察到区域协作方之间的不协作行为。为了实现对这两个方面的量化打分，参与方自身行为展现的不协作性可以测量各参与方是否提供到其他参与方的网站链接，而外界观察到区域协作方之间的不协作性则可以通过媒体相关报道来判断是否出现不协作行为。赋值时采用反向记分，未出现不协作行为记为1分，有不协作行为记为0分。两个指标分别计分，最后加总求均值。如果出现部分政府有网站链接，则根据有网站链接的政府比例进行折算。

（二）协议与实施方案制定的测量

在旅游协作成立时或过后不久，各旅游协作区均签订了相关的协议书、章程、宣言等，且协议内容都相当具体，具有明显操作性，因此两项指标得分均为1分。只是在政策或实施方案出台的时间上，泛珠三角旅游协作区的协作政策——《泛珠三角区域旅游合作指导性意见》是在第三届泛珠大会上签订的，晚于协作网络形成时间。

（三）协作政策调整的测量

西北旅游协作区每年的年会上都基于一定的主题发布合作宣言或特定领域的合作协议书。2018年西北旅游协作区召开了第29届年会，并签订了《"丝绸之路 神奇西北"2018—2019冬春季旅游联合推广协议》，启动西北地区的"暖冬旅游季"。该协议详细规定了如何加强区域旅游资源整合，明确提出了几个冬春季旅游的整合线路。[①] 因此，西北旅游协作区在协议调整与调整方向两个指标下均为1分。北京与陕西旅游协作在2018年该区域将合作进行了拓展，与上海一起建立了国内首个入境游省际合作机制，并签署了《北京、上海、陕西中国入境旅游枢纽合作备忘录》，约定要共同打造入境旅游产品和线路，并且联合开展境外的宣传与营销。[②] 相关措施清晰有操作性，两项指标得分均为1分。

泛珠三角区域旅游协作、长江旅游推广联盟、厦漳泉金区域旅

[①] 光明网：《西北五省区携手开启西北地区"暖冬旅游季"》，http://travel.gmw.cn/2018-10/22/content_31796852.htm，2018年10月22日。

[②] 赵婷婷：《京沪陕三地首建国内入境游省际合作机制设专项资金》，http://finance.china.com.cn/industry/20180722/4706225.shtml，2018年7月22日。

游联合体 2018 年虽然开展了一些联合推介活动①，但是，2018 年并未通过补充政策来调整区域旅游联合体的初始协议。据此，两项政策调整的指标得分均为 0 分。京津冀三地之间旅游互动频繁，不过，由于旅游协同发展第七次工作会议制定的《京津冀旅游协同发展工作要点（2018—2020 年）（征求意见稿）》是跨年度的政策规划，因此，2018 年该区域也未出台新的政策，政策调整方面的指标得分同样均为 0 分。

（四）协作政策执行的测量

1. 旅游信息收集与报告。在西北旅游协作区内，西北旅游网（http：//www.xibeily.com）会定期发布《西北地区每周旅游舆情参考》，报告协作区域内各地旅游信息。不过，此旅游舆情参考已经于 2018 年 6 月停办。② 在各省区中，新疆多次提及西北旅游协作区对旅游业发展的推动作用，并在文旅厅官网报告了整个西北旅游协作区的旅游数据。③ 泛珠三角合作信息网站（http：//www.pprd.org.cn）即时发布了旅游合作领域的相关发展信息，同时提供了 2018 年四个旅游业发展指标下泛珠内地几个省份的年度数据④。京津冀旅游协同发展中，天津政务网上专门设置了京津冀一体化板块，北京政府网上设置了京津冀协同发展板块，河北专门设立了河

---

① 周斯明：《"清新福建　山海闽西南"联合推介走进河南江苏》，http：//qztour.quanzhou.gov.cn/xwdt/bjdt/201810/t20181019_770349.htm，2018 年 10 月 19 日；张诗颖：《"清新福建　山海闽西南"联合推介团将走进河南、江苏》，http：//travel.xm.gov.cn/lyxw/lyxw/201810/t20181011_2134870.htm，2018 年 10 月 11 日。

② 西北旅游网：《西北地区每周旅游舆情参考》，http：//www.xibeily.com/portal.php？mod＝view&aid＝23754，2018 年 5 月 28 日。

③ 杨妙：《西北旅游业跨入万亿产业新时代》，http：//zw.xinjiangtour.gov.cn/info/1027/54777.htm，2018 年 5 月 29 日。

④ 请参阅该网站"泛珠合作数据中心"板块下"旅游"领域：http：//data.pprd.org.cn/？c＝index&m＝m1&index＝fvisitor

北省京津冀协同发展网。在这些板块或网站上，各省都报道了京津冀协同发展的相关信息，而且，旅游协同发展信息的报告很多都涉及三省。据此，以上协作区在区域旅游信息收集与报告方面得分均为1分。

厦漳泉金区域旅游联合体、北京与陕西旅游合作、长江旅游推广联盟各省（市）均在文旅厅（局）官网上提供本地旅游信息。但是，总体来看，各地均只关注自身旅游数据的发布，未提供区域整体数据。因此，三个协作区信息报告得分均为0分。

2. 协作政策按照预期执行。各协作区的协议制定与实行时间一致，均未出现运行时间间隔。

3. 不协作行为。京津冀旅游协同发展以及北京与陕西旅游协作中，各地都提供到其他协作参与方的链接或者相关旅游信息的介绍，三方合作态度积极，媒体上也未出现不合作的负面报道，因此，两个区域不合作行为指标得分均为1分。西北旅游协作区内，除青海省文旅厅官方网站上没有甘肃和宁夏旅游局的链接外，其他几个地方都有到各参与方的相关链接；各大媒体未出现各省不积极合作的相关报道。据此，西北旅游协作区在不协作行为方面得分折算为0.9分。长江旅游推广联盟中，青海省文旅厅官方网站上只有五个联盟成员的链接，浙江、安徽、重庆文旅部门网站未提供到其他参与方的链接；各大媒体未出现各协作方不积极合作的报道。该联盟不协作行为折算后得分为0.88分。泛珠三角旅游协作网络中，海南、广西、云南和澳门旅游部门无其他参与方的相关链接，香港旅游局虽然没有提供到各方的链接，却有各方旅游信息推介的板块；媒体中未出现该协作网络不积极合作的负面报道。该区域不合作行为得分折算为0.82分。厦漳泉金区域旅游联合体中，厦门和泉州要么提供了到其他地方的网站链接，要么有其他参与方景点介绍与链接，但是，漳州与金门旅游局网站上只有本地旅游资讯，没有提供到其他参与方的链接。另外，媒体上未出现参与方不合作的负面报道。最终，该联合体的得分折合为 0.75 分。

表 2—4　　　　　　　　　协作行动的测量结果

旅游协作区	协作政策形成		协作政策调整		协作政策执行		
	政策制定 (0, 1)	政策操作性 (0, 1)	政策调整 (0, 1)	政策调整方向 (0, 1)	信息与数据报告 (0, 2)	协议制定与运行时间间隔 (0, 1)	不协作行为 (0—1)
西北旅游协作区	1	1	1	1	1	1	0.9
长江旅游推广联盟	1	1	0	0	0	1	0.88
泛珠三角旅游协作	1	1	0	0	1	1	0.82
京津冀旅游协同发展	1	1	0	0	1	1	1
北京市与陕西省旅游合作	1	1	1	1	0	1	1
厦漳泉金区域旅游联合体	1	1	0	0	0	1	0.75

五　协作结果的测量

（一）协作结果指标的量化与赋值

在协作直接结果层面，各项指标的测量均适合以区域为整体，而且协作结果相对比较明确，可测量性较强。旅游线路拓展考核是否开辟新的旅游线路，旅游年卡考核旅游协作区是否有旅游年卡。两个指标均采取二分变量计分，"有"为 1，"无"为 0。旅游合作交流场次直接测量协作区域在考核年度内所举办的年度会议、推介会等的次数。区域旅游信息平台建设通过三种信息平台实现测量：网站、微博/微信公众号以及杂志。计分区间为0—3，根据平台数量赋值：无相关平台为0，有一种计1分，有两种计2分，有三种计3分。协作间接结果主要测量国际与国内旅游收入、国际与国内游客人次的变化情况。

（二）旅游线路拓展的测量

在旅游线路拓展方面，厦漳泉金在2018年联合三明、龙岩进行旅游客源地推广过程中，基于"山、海"旅游资源整合六地旅游产品，推出了一些新的旅游线路[1]。西北旅游协作区以"丝绸之路"为主题，推出了一系列旅游线路[2]。长江旅游推广联盟集合长江地理特色与其文化地位，推出"四季长江，一路风光"游轮之旅[3]。泛珠三角旅游协作协议实施后，湖南省根据珠三角游客特质，量身定制了四条新的旅游线路[4]。京津冀旅游协同发展联合体结合冬奥会热点，推出冰雪旅游线路[5]。京陕旅游协作区将协作范围拓展至京、沪、陕，打造面向不同市场的三省市中国入境旅游枢纽旅

---

[1] 周斯明：《"清新福建 山海闽西南"联合推介走进河南江苏》，http://qz-tour.quanzhou.gov.cn/xwdt/bjdt/201810/t20181019_770349.htm，2018年10月19日；张诗颖：《"清新福建 山海闽西南"联合推介团将走进河南、江苏》，http://travel.xm.gov.cn/lyxw/lyxw/201810/t20181011_2134870.htm，2018年10月11日。

[2] 葛修远：《西北旅游协作区联合推广冬季旅游》，http://news.cnr.cn/native/city/20181018/t20181018_524388580.shtml，2018年10月18日。

[3] 江西省文化和旅游厅：《文旅融合，推动长江旅游带繁荣发展》，http://dct.jiangxi.gov.cn/art/2018/10/8/art_14513_418635.html，2018年10月8日。

[4] 湖南省旅游发展委员会：《锦绣潇湘广州邀客 乘1小时高铁畅游"休闲湘南"》，http://lfw.hunan.gov.cn/xxgk_71423/gzdt/lykx/201810/t20181025_5148551.html，2018年10月25日。

[5] 北京市文化和旅游局：《2018京津冀冬季旅游体验活动正式启动》，http://whlyj.beijing.gov.cn/xwzx/xwyl/447327.htm，2018年12月6日。

游新产品和线路①。根据以上情况，几个旅游协作区在旅游线路拓展方面的得分均为1分。

（三）区域旅游年卡的测量

京津冀地区为推动区域旅游发展推出了京津冀旅游一卡通——京津冀名胜文化休闲旅游年卡。长江旅游推广联盟中的四个中游城市武汉、长沙、南昌、合肥联合推出了"长江中游城市群旅游年卡"。厦漳泉金区域旅游联合体中发行了"闽南旅游一卡通"等类型的旅游年卡、市民卡。珠三角发行了适用于小珠三角地区九市的亲子旅游通票。西北旅游协作区、北京与陕西旅游协作区没有发行相应的旅游年卡。因此，除西北旅游协作区和京陕旅游合作为0分外，其他几个协作区均为1分。

（四）旅游合作交流场次的测量

旅游合作交流场次方面，厦漳泉金区域旅游联合体在2018年10月只在江苏徐州、连云港和河南郑州举办了3次客源地推广活动②。西北旅游协作区在2018年的合作交流很活跃，举办了三场大型活动：4月举办了中国西北旅游营销大会③；10月在青海海东市召开第29届西北旅游协作区会议，会上启动了"丝绸之路·神奇西北"2018—2019冬春季旅游联合推广活动④；11月联合开展

---

① 李卫：《北京、上海、陕西共同签署合作备忘录建立入境旅游合作机制》，http://news.sina.com.cn/c/2018 - 07 - 20/doc-ihfnsvzc1883875.shtml，2018年7月20日。

② 付锦凝：《2018年厦门旅游工作呈现六大亮点》，http://lfw.fujian.gov.cn/zwgk/lydt/sxdt/sm_32984/201901/t20190118_4747660.htm，2019年1月18日。

③ 央广网：《中国西北旅游营销大会开宁夏旅游营销新模式》，http://travel.cnr.cn/list/20180421/t20180421_524206875.shtml，2018年4月21日。

④ 赵雅芳：《西北五省区携手开启"暖冬旅游季"》，http://www.xinhuanet.com/city/2018 -10/19/c_129975069.htm，2018年10月19日。

2019年合作项目调研活动①。长江旅游推广联盟在2018年举行了6场合作交流：6月开展了上海·宁波文化旅游推介会②；9月云南赴湖北武汉和安徽合肥推广云南旅游③；12月水韵江苏旅游推介会在苏州、长沙、贵州举行④。泛珠三角区域旅游协作在2018年9月召开泛三角区域合作行政首长联席会议，将打造以精品旅游线路为特征的黄金旅游带作为泛珠合作的年度重点工作⑤。北京与陕西2018年7月联合上海在西安签署了《北京、上海、陕西中国入境旅游枢纽合作备忘录》⑥。京津冀旅游协同发展区域在2018年没有旅游交流合作活动。

（五）区域旅游信息平台建设的测量

西北旅游协作区拥有专门的网站——西北旅游网（www.xibeily.com），且各成员省份官网都提供了到该网站的链接，网站信息更新也非常及时；同时，该协作区还专门开通了西北旅游协作区

---

① 网易：《西北旅游协作区开展2019年合作项目调研》，http://dy.163.com/v2/article/detail/E0IKRELP0530W6E5.html，2018年11月14日。

② 洪坚鹏：《上海宁波在琼推介旅游 展示两地最新最热旅游资源》，http://www.hi.chinanews.com/hnnew/2018-06-23/465354.html，2018年6月23日。

③ 李思凡：《云南赴长江经济带主要城市推介旅游》，《昆明日报》2018年9月14日第A03版。

④ 凤凰网：《"水韵江苏"苏中苏北旅游专题推介会在苏州隆重举行》，http://js.ifeng.com/a/20180914/6882622_0.shtml，2018年9月14日；新浪网：《"水韵江苏"旅游推介会走进长沙》，http://travel.sina.com.cn/domestic/news/2018-12-28/detail-ihqfskcn2114086.shtml，2018年12月28日；中国党刊网：《"水韵江苏"旅游推介会走进贵州》，http://www.dkcpc.cn/shehui/201812/t20181225_339360.shtml，2018年12月25日。

⑤ 胡彦殊：《2018年泛珠三角区域合作行政首长联席会议在广州举行》，《四川日报》2018年9月6日第A01版。

⑥ 蔡馨逸：《北京、上海、陕西建立入境旅游合作机制》，http://www.xinhuanet.com/politics/2018-07/19/c_1123151278.htm，2018年7月20日。

微博、微信，创办了《西北旅游》全媒体杂志。因此，该协作区信息平台建设得分为3分。

泛珠三角区域建立了泛珠三角合作信息网（www. pprd. org. cn），同时开通了"泛珠发布"微信公众号。泛珠三角区域旅游协作是泛珠三角区域全方位合作中的一个领域，因此，旅游信息平台融入区域合作的大平台之内。泛珠三角合作信息网和"泛珠发布"微信公众号所传播的信息包括旅游方面的区域合作信息。相应的，该区域信息平台建设指标得分为2分。

长江旅游推广联盟、北京与陕西旅游合作区域以及厦漳泉金区域旅游联合体均未建设信息平台或开通微博、微信以及发行刊物。京津冀旅游协同发展中的三方政府虽然都在相关的政府官方网页发布区域旅游的相关信息，但是并未建立专门的区域旅游合作网站或者开通微博或微信公众号，因此，这几个协作区域得分均为0分。

（六）游客人次与旅游收入变化情况的测量

协作间接结果的测量将2018年作为评估年度，各指标下的协作结果变动情况均以2016—2017年均值数据作为参照值。游客人次和旅游收入变化情况测量2018年入境过夜游客与国内游客人次、国际和国内旅游收入相比于2016年和2017年均值的增加情况，国内数据分别来源于2017年至2019年各省市统计年鉴，国际数据来源于2019年《中国统计年鉴》。

根据表2—5，西北旅游协作区五省2018年入境游客人次比前两年增长48.10%；国内游客人次比前两年上升36.41%；国际旅游收入增长34.36%；国内旅游收入增长48.11%。

表 2—5　　　　西北旅游协作区游客人次与旅游收入数量变化

指标	年份	陕西	甘肃	青海	宁夏	新疆	总计	变化（%）
入境游客人次	2018	437.14	10.01	6.92	8.82	99.30	562.19	48.10
	2017	383.74	7.88	7.02	6.53	77.41	482.58	
	2016	212.17	7.02	4.67	1.80	50.94	276.60	
国内游客人次	2018	62600	30190.9	4197.5	/	15025	112013.4	36.41
	2017	51900.62	23897.3	3477.1	/	10491	89766.02	
	2016	44600	19089	2869.9	/	7901	74459.9	
国际旅游收入	2018	3126.66	28.30	36.13	55.87	946.37	4193.33	34.36
	2017	2704.40	20.86	38.29	37.63	810.81	3611.99	
	2016	2000.22	14.18	38.76	20.84	555.89	2629.89	
国内旅游收入	2018	5788.75	2058.3	464	/	2497	10808.05	48.11
	2017	4360.26	1578.7	379	/	1752	8069.96	
	2016	3658.92	1219.2	307	/	1340	6525.12	

注：旅游人次单位为万人次，国际旅游收入单位为百万美元，国内旅游收入单位为亿元人民币。宁夏国内旅游数据缺失。

根据表 2—6，长江旅游推广联盟 13 省 2018 年入境游客人次比前两年增长 12.94%；国内游客人次比前两年增长 14.01%；国际旅游收入比前两年增长 13.77%；国内旅游收入比前两年增长 20.82%。

根据表 2—7，泛珠三角旅游协作区中，考虑到港澳为境外区域，不计入测量中。该区域 2018 年入境游客人次比前两年增长 5.30%；国内游客比 2016 年增长 30.51%；国际旅游收入比前两年下降 1.32%；国内旅游收入比前两年增长 25.68%。

根据表 2—8，京津冀 2018 年入境游客比前两年下降 2.54%；国内游客比增长 20.71%；国际旅游收入比前两年下降 21.96%；国内旅游收入增长 27.09%。北京与陕西协作区 2018 年入境游客比前两年增长 9.41%；国内游客增长 21.18%；国际旅游收入增长 13.41%；国内旅游收入增长 27.30%。

表2—6 长江旅游推广联盟游客与旅游收入数量变化

指标	年	沪	浙	苏	皖	赣	湘	渝	川	贵	云	藏	青	鄂
入境游客	2018	742.0	456.8	400.9	370.8	191.8	365.1	280.0	369.8	146.6	706.1	47.6	7.0	405.1
	2017	719.3	589.1	370.1	351.1	174.7	322.3	224.9	336.2	126.8	667.7	34.4	7.0	368.1
	2016	690.4	525.6	329.8	313.4	164.8	240.8	180.9	308.8	110.2	600.4	32.2	4.7	337.6
汇总		2018: 4489.6　　2017: 4291.7　　2016: 3658.7　　变化: 12.94%												
国内游客	2018	33976.9	68386	81422.8	72147.2	68550.4	74935.5	/	70000	96712	68142	3321.1	4197.5	72254.0
	2017	31845.3	62868	74287.3	62627.0	57253.5	66611.9	53841.7	66900	74291	56672	2527.1	3477.1	63499.9
	2016	29621	57300	67780.0	52241.2	46913.4	56307.0	45086.1	63000	53038	42500	2283.8	2869.9	56930.8
汇总		2018: 714045.4　　2017: 676701.8　　2016: 575871.2　　变化: 14.01%												
国际收入	2018	7261.39	2959.79	4648.36	3187.57	745.38	1520.41	2189.89	1511.65	317.63	4418.00	247.09	36.13	2379.69
	2017	6898.65	3586.44	4194.72	2880.78	629.92	1295.37	1947.59	1446.54	283.27	3550.33	197.51	38.29	2104.74
	2016	6419.20	3127.59	3803.62	2542.36	584.54	1004.57	1686.82	1581.68	252.71	3074.77	194.39	38.76	1872.39
汇总		2018: 31422.98　　2017: 29054.15　　2016: 26183.40　　变化: 13.77%												
国内收入	2018	4477.15	9834	12851.30	7030.0	8095.8	8225.12	/	10012.7	5011.94	8696.97	471.86	464	6186.88
	2017	4025.13	8764	11307.51	6002.4	6435.1	7085.16	7097.91	8825.4	7097.91	6682.58	365.91	379	5372.79
	2016	3443.93	7600	9952.47	4763.6	4954.5	4640.73	9449.58	7600.52	9449.58	4536.54	317.53	307	4764.18
汇总		2018: 81357.72　　2017: 72342.89　　2016: 62330.58　　变化: 20.82%												

注：旅游人次单位为万人次，国际旅游收入单位为百万美元，国内旅游收入单位为亿元人民币，重庆国内旅游收入数据部分缺失。

第二章 跨区域旅游协作治理的绩效　103

表2—7　泛珠三角旅游协作区（除港澳外）游客与旅游收入数量变化

指标	年份	闽	赣	湘	粤	桂	琼	川	云	贵	总计	变化（%）
入境游客人次	2018	513.55	191.78	365.08	3748.06	562.33	126.36	369.82	706.08	39.69	6622.75	5.30
	2017	691.74	174.69	322.28	3654.50	512.44	111.95	336.17	667.69	32.40	6503.86	
	2016	611.48	164.83	240.81	3518.38	482.52	74.89	308.79	600.38	72.29	6074.37	
国内游客人次	2018	45138.93	68550.4	74935.45	45252.79	67767	7501.04	70000	68142	96712	543999.61	30.51
	2017	37534.00	57253.5	66611.90	40739.76	51812	6633.07	66900	56672	74291	458447.23	
	2016	30864.30	46913.4	56306.98	36200.09	40419	5948.70	63000	42500	53038	375190.47	
国际旅游收入	2018	2828.21	745.38	1520.41	20511.80	2777.73	770.52	1511.65	4418.00	317.63	35401.33	-1.32
	2017	7588.03	629.92	1295.37	19663.30	2395.63	681.02	1446.54	3550.33	283.27	37533.41	
	2016	6625.69	584.54	1004.57	18577.13	2164.27	349.89	1581.68	3074.77	252.71	34215.25	
国内旅游收入	2018	6032.95	8095.8	8225.12	12253.30	7436.1	898.14	10012.7	8696.97	5011.94	66663.02	25.68
	2017	4570.77	6435.1	7085.16	10667.14	5418.61	766.77	8825.4	6682.58	7097.91	57549.44	
	2016	3495.21	4954.5	4640.73	9200.24	4047.65	610.27	7600.5	4536.54	9449.58	48535.22	

注：旅游人次单位为万人次，国际旅游收入单位为百万美元，国内旅游收入单位为亿元人民币。

表2—8　　　　京津冀旅游协同发展与京陕旅游协作区的
游客和旅游收入数量变化

指标	年份	北京	天津	河北	陕西	京津冀总计	变化(%)	京陕总计	变化(%)
入境游客人次	2018	400.41	58.96	98.86	437.14	558.23	-2.54	837.55	9.41
	2017	392.56	79.21	91.01	383.74	562.78		776.30	
	2016	416.53	82.43	83.79	338.20	582.75		754.73	
国内游客人次	2018	30693.2	22651	68000	62600	121344.2	20.71	93293.20	21.18
	2017	29353.6	20769	57000	51900.62	107122.6		81254.22	
	2016	28115.0	18811	47000	44600	93926		72715	
国际旅游收入	2018	5516.39	1109.85	646.67	3126.66	7272.91	-21.96	8643.05	13.41
	2017	5129.81	3751.47	578.69	2704.40	9459.97		7834.21	
	2016	5070.00	3556.87	552.41	2338.55	9179.28		7408.55	
国内旅游收入	2018	5556.2	3840.89	7580.2	5788.75	16977.29	27.09	11344.95	27.30
	2017	5122.4	3292.13	6089.6	4360.26	14504.13		9482.66	
	2016	4683.0	2919.06	4610.1	3658.92	12212.16		8341.92	

注：旅游人次单位为万人次，国际旅游收入单位为万美元，国内旅游收入单位为亿元人民币。

根据表2—9，厦漳泉金区域旅游发展同盟内的金门属于境外，在此不予测量。根据2017年至2019年《福建省统计年鉴》数据，厦漳泉三地2018年入境游客人次比前两年增长20.21%；国际旅游收入增长26.63%。根据2019年泉州和漳州统计年鉴、2018年厦门统计公报数据，2018年国内游客人次增长22.99%；国内旅游收入增长38.61%。

表2—9　　　　　　厦漳泉金区域旅游发展同盟（除金门外）
游客与旅游收入数量变化

指标	年份	厦门	漳州	泉州	总计	变化（%）
入境游客人次	2018	359.5810	70.3945	178.0388	608.0143	20.21
	2017	326.0269	61.0788	145.2592	532.3649	
	2016	292.7156	55.4700	130.9964	479.182	
国内游客人次	2018	8469.89	3881.96	6481.48	18833.33	22.99
	2017	7444.20	3207.86	5329.23	15981.29	
	2016	6412.35	2605.08	5626.78	14644.21	
国际旅游收入	2018	389671	57202	178411	625284	26.63
	2017	334758	50195	135166	520119	
	2016	323321	31468	112640	467429	
国内旅游收入	2018	1141.38	483.37	971.62	2596.37	38.61
	2017	951.09	355.86	752.55	2059.5	
	2016	788.33	276.74	621.64	1686.71	

注：旅游人次单位为万人次，国际旅游收入单位为万美元，国内旅游收入单位为亿元人民币。

表2—10　　　　　　　　协作结果的测量结果

旅游协作区	协作直接结果				协作间接结果			
	旅游线路拓展（0,1）	区域旅游年卡（0,1）	旅游交流场次	信息平台建设（0,3）	国内游客人次变化	国际游客人次变化	国内旅游收入变化	国际旅游收入变化
西北旅游协作区	1	0	3	3	36.41%	48.10%	48.11%	34.36%
长江旅游推广联盟	1	1	6	0	14.01%	12.94%	20.82%	13.77%
泛珠三角旅游协作	1	1	1	2	30.51%	5.30%	25.68%	-1.32%
京津冀旅游协同发展	1	1	0	0	20.71%	-2.54%	27.09%	-21.96%

续表

旅游协作区	协作直接结果				协作间接结果			
	旅游线路拓展(0, 1)	区域旅游年卡(0, 1)	旅游交流场次	信息平台建设(0, 3)	国内游客人次变化	国际游客人次变化	国内旅游收入变化	国际旅游收入变化
北京市与陕西省旅游合作	1	0	1	0	21.18%	9.41%	27.30%	13.41%
厦漳泉金区域旅游联合体	1	1	3	0	22.99%	20.21%	38.61%	26.63%

六　区域旅游协作治理的整体绩效情况

（一）分项指标下的协作绩效比较

在旅游协作动机方面，各旅游协作区在"共同信任与理解"指标下的绩效表现总体好于"共同承诺"指标。四个三级指标中，各协作区"区域统一称呼"指标的绩效表现最好，"官方正式承诺"指标的绩效表现最差。这种结果的出现与指标所测量的区域协作深入化程度有明显关联。"共同信任与理解"测量相对比较表层的协作，相关指标无须与其他工作事项比较，也不会挤占其他工作事项的资源与空间。"官方正式承诺"测量更为深层的内容，需要通过部门领导的报告或讲话正式表达出来。而领导的正式表态通常会涉及地方政府不同任务或工作的重要性排序，进而影响到不同工作事项的资源配置。因此，"官方正式承诺"的绩效结果也就明显低于"共同信任与理解"指标。

在旅游协作能力方面，各旅游协作区在"协作沟通机制建立"与"协作技能掌握"方面均得到满分，而"上级领导支持"下的两个指标绩效表现差异相当显著。"建立协作沟通机制"是协作治理的基础条件，各旅游协作区成立后必须要建立起相应的沟通机制，否则就无法实现真正的协作。"旅游协作技能掌握"方面的高绩效则说明，各旅游协作区都有相当强的社会动员能力与对上级政府的影响能力。同时，在经济主导的社会大背景下，旅游协作带来的收益直观且收效相对较快，地方愿意投入大量人力与物力，近年来上级政府对下级旅游协作的关注度也相对较高。不过，目前"上级领导支持"更多地体现为上级采纳下级报送的信息与数据，并且在上级政府官网上予以报道。至于上级领导是否能够出席协作区年度会议，则取决于协作区是否由上级政府推动形成。"上级领导支持"方面得分高的3个协作区都与中央推动有关，且这几个协作区都是近几年中央关注的焦点协作区。

在旅游协作行动方面，"协作政策形成"指标的绩效表现最为突出，各旅游协作区都通过签订正式协议或章程等来实现旅游协作。另外，旅游协作区在协议制定后通常都会直接执行，政策制定与政策执行之间均无运行时间间隔。当然，协议制定与执行无时间间隔并不意味着各行动方均会积极执行政策，因此，在不协作行为方面各方表现仍有差强人意之处。3个二级指标之间，"协作政策调整"指标的绩效表现比"政策形成"与"政策执行"差。2018年只有西北旅游协作区和京陕旅游协作区对协作政策进行了调整。究其原因，与初始政策制定相比，政策调整是延伸与扩展既有政策，它要求协作方能够拥有一定的协作经验、新的协作契机和社会影响力、更高深的协作技能，如果区域旅游协作网络建构时间不长或网络各方关系松散，协作政策调整的可能性就相对较小。另外，在"协作信息与数据报告"方面，各协作区的表现也不尽如人意，说明各地方政府仍然具有明显的自利性特征，并不关心旅游协作区的整体发展。

在协作直接结果方面，"旅游线路拓展"和"旅游合作交流场次"指标表现最好,"信息平台建设"指标表现最不理想。这一结果表明,目前旅游协作区的主要合作方式仍然是以召开碰头会以及参加旅游推介方式为主,高技术含量的信息平台建设明显欠缺。然而,只有高技术含量的深度旅游合作才有助于推动区域旅游协作向纵深发展。在间接结果方面,国内旅游结果明显好于国际旅游结果,说明我国民众生活品质提升迅速,旅游成为生活的一个重要组成部分。同时,除京津冀地区外,几个协作区域在"国际游客人次"指标下的绩效表现都不错,这说明国际游客在旅游目的地选择上更为多样化,入境地点选择也更多元。

(二) 比例转换后的综合绩效比较

为了更为直观地判断各旅游协作区的总体绩效情况并进行横向比较,可以对六大旅游协作区的绩效评估结果进行归一化处理和加总。在进行归一化处理时,各指标得分表达为相对于指标满分值的百分比。不过,比例转换过程中需要注意两种情况:一是以等级进行赋分的指标得分区间相对清晰,可以将最高等级视为100%,最低等级视为0,进而对指标得分进行比例转换;二是以实际行动或结果数据进行评估的指标得分区间具有开放性,在比例转换时需要先将几个区域得分的最高值与最低值视同得分区间的上限(100%)和下限(0),然后再根据各协作区域的分值进行比例转换。在归一化处理后,继续对比例转换后的各项指标数值进行加总,以计算综合得分,最终得到几个区域的综合排名。考虑到协作过程与协作结果均是跨区域协作治理的重要构成要素,很难简单地对其进行重要性区分,因此,分值转换之后的结果汇总可以采用等权重法进行处理。首先,在二级指标下对各指标进行加总并求出均值,此均值即为二级指标得分;其次,再在一级指标下加总求均值;最后,通过对各一级指标进行加总求均值,可以得到综合得分。根据这一转换步骤,得到表2—11的结果。

表 2—11 　　旅游协作区域绩效测量结果的比转换值与综合得分

旅游协作区	协作动机		协作能力			协作行动			协作结果		综合得分
	共同信任与理解	共同承诺	制度安排	上级支持	知识	政策制定	政策调整	政策执行	直接结果	间接结果	
西北	0.61	0.33	1	0	0.84	1	1	0.65	0.63	1	0.695
	0.47			0.61			0.88			0.82		
长江	0.28	0	1	0.25	0.84	1	0	0.48	0.75	0.23	0.455
	0.14			0.70			0.49			0.49		
泛珠三角	0.28	0	1	0.75	0.84	1	0	0.64	0.71	0.37	0.520
	0.14			0.85			0.55			0.54		
京津冀	0.61	1	1	0.25	0.84	1	0	0.67	0.5	0.14	0.598
	0.81			0.70			0.56			0.32		
京陕	1	0.33	0.5	0	0.67	1	1	0.5	0.29	0.35	0.553
	0.67			0.39			0.83			0.32		
厦漳泉金	0.56	0.33	0.5	0	0.67	1	0	0.46	0.63	0.59	0.485
	0.45			0.39			0.49			0.61		

从表 2—11 可以看出，四个绩效维度下各旅游协作区的表现存在明显差异。在旅游协作动机方面，京津冀旅游协同发展、北京与陕西旅游协作的绩效表现要明显好于另外几个区域；在旅游协作能力方面，长江旅游推广联盟、泛珠三角旅游协作区与京津冀旅游协同发展比其他区域更有优势；在旅游协作行动方面，西北旅游协作区和北京与陕西旅游协作的绩效表现好于其他区域；在旅游协作结果方面，西北旅游协作区的绩效表现最佳，而京津冀旅游协同发展与京陕旅游协作区绩效表现较差。总体来看，西北旅游协作区与厦漳泉金旅游联合体各方面的绩效表现最为均衡，长江旅游推广联盟、泛珠三角旅游协作、京津冀旅游协同发展以及北京与陕西旅游协作均存在明显的绩效"短板"。

根据几大旅游协作区的综合绩效得分可以看出，各旅游协作区的表现相互间差异不大，只有西北旅游协作区和京津冀旅游协同发展的得分达到及格线以上。几大旅游协作区基本形成了三个梯队：第一梯队为西北旅游协作区；第二梯队为京津冀、泛珠三角以及京陕旅游协作区；第三梯队为厦漳泉金旅游协同发展以及长江旅游推广联盟。三大梯队的分布揭示出跨区域旅游协作绩效在一定程度上受制于一些规律性的因素的影响。

首先，与省内小范围旅游协作相比，跨省大范围旅游协作有助于提升旅游协作绩效。地理范围大小在相当大程度上约束着跨区域旅游协作绩效，大范围的旅游协作相对会好于小范围的协作。前两个梯队的几大旅游协作区均是跨省成片或非成片区域，处于第三梯队的厦漳泉金旅游协同发展则是省内连片小区域。显然，大范围连片区域不但能够保证地理邻近的参与单元能够基于地理位置的便利性加强协作，而且，旅游资源明显更好也更为丰富，更有可能实现互补和双赢或多赢。

其次，桥梁资本的累积以及旅游资源禀赋的丰富度同样有助于提升旅游协作绩效。前两个梯队中，京津冀旅游协同发展、泛珠三角旅游协作以及长江旅游推广联盟都是以传统的京津冀、珠三角和长三角为基础衍生出来的旅游协作区。这三个区域中的城市均不同程度地参与到多个不同合作网络中，比如北京与多个不同的省份形成了十几个旅游协作网络。显然，参与多个区域活动且需要保证活动相对一致性的组织，在协作网络中培养了桥梁资本，因此更有可能参与到区域协作中来。同时，就三大区域的衍生范围来看，京津冀的衍生范围最小，与原有的协作网络重叠性最强，得分也最高；长江旅游推广联盟在长三角基础上的衍生采用直线衍生方式，扩展距离最长，相互间的联系性弱化明显，绩效表现受到的不利影响最大；泛珠三角旅游协作区在珠三角基础上的衍生基本采用半圆辐射方式，相互间的关联性虽被弱化，但绩效表现优于长江旅游推广联盟的直线扩展衍生方式。

前两个梯队中最特殊的是北京与陕西之间的空间不联结跨省旅游协作。两省之间的旅游协作绩效表现较好主要与资源禀赋有关。两地都是旅游资源大省，在世界上均享有巨大声誉，与其他地区相比优势相当明显，两者之间的强强结合是协作绩效的重要保障。

最后，结合资本的作用也不容小觑。西北旅游协作区开展旅游协作的时间已经长达 30 年，相互间的磨合时间长，累积出较多的合作经验，形成结合资本资源，这些结合资本反过来推动着旅游协作的进一步发展。

第三节 区域旅游协作政策的效果评估：长三角

区域旅游协作政策的效果评估就是对协作间接结果的评价。协作间接结果主要涉及旅游产业指标方面的变化，如旅游收入与旅游人数等。由于政策效果评估必须针对具体的区域旅游协作政策，无法像绩效测量那样进行横向的绩效比较，因此，需要选择一些典型的政策实施效果评估。我们在此对跨省的长三角以及跨市的厦漳泉旅游协作政策实施效果评估。

一 长三角旅游协作政策发展

长三角区域旅游协作大致划分为两个阶段：基础阶段与深化阶段。2003—2010 年是长三角区域旅游协作的基础阶段。在此期间长三角区域旅游协作的对象仅限于江苏、上海、浙江的部分城市。2003 年召开了第一次"长三角旅游城市 15 + 1 高峰论坛"后，每一年都会由主要旅游城市召开一次"长三角旅游城市高峰论坛"，并且每次会议上都提出新的工作重心。2004 年提出要深化无障碍旅游区建设；2006年关注建立区域旅游产品开发、宣传促销、信息发布、目的地环境营造等联动机制；2007年提出要共同打造世界级旅游目的地的目标；2009年和2010年的工作重点则是抓住世博会契机，构建和传播长三角区域旅游城市新形象。总体来看，这一阶段的区域旅游协作辐射范围较小，协作程度较低，区域旅游协作更多的只是一个空泛口号，没有建立规范的协作机制。

2011年至今是长三角区域旅游协作的深化阶段。2011年5月，长三角四省市签订了《苏浙皖沪旅游一体化合作框架协议》，正式把安徽纳入合作范围。此后，各省市高层每年定期举行一次"长三角旅游合作联席会议"，并推出一系列新措施和新目标力求将合作框架的内容落实到实践中去。2012年的联席会议发布了《长三角房车旅游发展大纲》；2015年提出要建设整体品牌形象；2016年工作重点是努力推动长三角建设成为世界级旅游目的地。与基础阶段不同的是，深化阶段的政策得到了具体落实。自2011年长三角四省市签订合作协议后，推出了许多合作项目。比如开展了长三角城市群"世博主题"体验之旅、"茶香文化"体验之旅、"心醉夜色"体验之旅、"岁月余味"体验之旅等合作项目，出版了《非常旅行》等旅游项目研发案例书籍，还推出多条旅游精品线路，区域旅游协作得到飞跃发展。

从长三角旅游协作政策发展历程可以看出，2011年对于长三角的旅游发展意义重大。在2011年以前，长三角的合作对象仅限于江苏、上海、浙江的部分城市，"长三角旅游城市高峰论坛"参会的也仅限于十几个城市，缺乏体系性与系统性，合作内容相对空泛，各城市间的旅游业发展各自为政的情况比较多。2011年安徽正式加入长三角区域旅游协作阵营，长三角的合作对象扩展为江苏、上海、浙江、安徽的所有城市。而且，每年召开一次的高层领导"长三角地区旅游合作联席会议"是省级协作会议，协作范围更广，协作机制逐渐完善，区域旅游协作由原来的口号宣传转为实质性合作。

那么，长三角的旅游协作进展是否带来了旅游产业的发展呢？为了回答这一问题，我们将以长三角四省市的旅游数据为基础，就《苏浙皖沪旅游一体化合作框架协议》对长三角旅游产业发展的影响进行评价，从而判定长三角区域旅游协作政策的实施效果。

二 区域旅游产业发展的影响因素

（一）政策环境因素

近年来，政策制度环境对旅游产业的影响作用逐渐受到人们的关注。而在政策环境因素中，区域旅游政策与假期政策是比较重要的两个影响因素。区域旅游政策对旅游产业有着非常重要的影响。区域内各主体在政策指导下实现旅游共建，可以做到资源共享、市场联通、共同开发等，这对于整个区域的旅游产业发展都是有利的，影响力甚至可以辐射到协作区域之外。作为一项重要的区域旅游协作政策，长三角的《苏浙皖沪旅游一体化合作框架协议》目标非常清晰，强调推动区域旅游产业的协同发展。假期政策的调整主要会对旅客出行意愿及客源市场产生影响。1999年以来，我国实施的"黄金周"假期政策导致旅游产业发展呈上升趋势，大大促进了旅游业发展，进而提升了经济发展水平。前几年国家对法定假期政策进行调整，取消"五一"黄金周，增设端午、清明等传统节日假期，还有调整带薪休假政策，各地陆续实施"2.5天小长假政策"，这些都会对旅游产业起到重要影响。杨小溪的研究就证明，假期效应是推动山东旅游业快速发展的重要因素，能够显著推动旅游业发展[1]。长三角各省市的旅游统计信息同样显示，每年黄金周期间都

---

[1] 杨小溪：《山东省旅游业"假期效应"的实证研究》，《现代经济信息》2013年第21期。

是长三角旅游经济快速增长期，黄金周对旅游产业具有重大拉动作用。

（二）社会经济因素

社会经济因素对旅游产业的影响无疑是重中之重。宏观经济环境、居民人均GDP、交通条件、居民平均消费水平、第三产业比例等都是影响旅游产业发展的重要社会经济因素。其中，宏观经济环境、交通条件以及居民收入消费水平是最为关键的影响因素。由于一个区域的游客来源不局限于本区域内，人们在讨论社会经济因素对区域旅游产业的影响时，关注的是全国社会经济因素。

首先是宏观经济环境的影响。典型的宏观经济环境因素比如金融危机会影响国际旅游，即影响入境游客人数与国际旅游收入，同时也会影响居民出境游；另外，也会影响国内旅游，因为国家在金融危机期间会进行宏观经济的调整和相关行业产业的调整[1]，出台一系列有利于国内旅游政策拉动内需。在2008年金融危机来袭时，长三角四省市的入境游客人数及国际旅游收入明显下降，入境旅游产业受到很大的冲击。

其次是交通条件的影响。交通对旅游产业发展来说是个非常重要的因子，它可以从各个层面影响旅游产业。一是旅游收入，交通费用可以增加区域内旅游收入；二是旅游客源，交通条件直接影响游客对旅游地的选择，左右游客的出行意愿；三是旅游可持续发展，交通条件是区域旅游竞争力的直接体现，交通基础设施对旅游发展起到间接促进作用、协同其他行业的发展并产生集聚效应[2]。如高速铁路的建设直接影响着旅游产业发展的广度及深度。高铁

---

[1] 王镜：《国际金融危机对地市旅游政策调整的启迪——以洛阳市为例》，《西南民族大学学报》（人文社科版）2010年第4期。

[2] 李如友、黄常州：《中国交通基础设施对区域旅游发展的影响研究——基于门槛回归模型的证据》，《旅游科学》2015年第2期。

不但可以给沿线城市带来许多好处（提高旅游收入、增加旅游人次、优化旅游产业结构），同时也可以帮助塑造城市品牌形象、提高游客体验舒适度[①]。我国交通条件不断改善，长三角已形成发达的海陆空交通运输网络，2016年更是成立了"中国（长三角）高铁旅游联盟"，开启"快旅慢游"时代，高铁经济的前途不可估量。

最后是居民收入与消费水平的影响。居民收入水平会直接影响到游客出行意愿以及出行能力。居民收入高、消费水平高，出行意愿强，旅游花费高，可以提升旅游收入，促进旅游产业的发展；居民收入低、消费水平低，旅游市场低迷，旅游收入下降，旅游产业发展也会受阻。

（三）自然文化因素

自然文化因素决定着各地的旅游资源质量，并间接影响该地区的旅游客源。气候变化、自然文化遗产的数量、突发事件、重大节庆活动都是比较重要的自然文化影响因素。

一是气候变化的影响。旅游业对自然资源、气候条件比较敏感，气候变化会显著影响旅游资源、旅游市场、旅游产品、旅游服务体系和旅游社会经济效益等[②]。比如随着温室效应加剧，很多城市的旅游资源随之发生改变，滨海城市的沙滩海湾受损。严重的雾霾天气也会对旅游产业产生负面影响，造成旅游交通障碍、旅游产品质量下降甚至受损，影响游客身体健康等。长三角气温舒适宜人，降水充沛，独特的江南水乡等景色对游客的吸引力较强。

---

① 张岳军、张宁：《高速铁路对沿线城市旅游的影响效应与作用机制研究》，《铁道运输与经济》2013年第9期。

② 钟林生、唐承财、成升魁：《全球气候变化对中国旅游业的影响及应对策略探讨》，《中国软科学》2011年第2期。

二是自然文化遗产数量的影响。一般来说，自然文化遗产数量增加会促进旅游产业发展。自然文化遗产规模与对游客吸引力成正比，同时自然文化遗产的开发与保护也会促进基础设施的完善[①]。长三角区域内的世界自然、文化遗产有黄山风景名胜区、苏州古典园林、京杭大运河、杭州西湖等，此外还有世界非物质文化遗产昆曲、南京云锦织造技艺等，这些在一定程度上增强长三角的吸引力。

三是突发事件的影响。突发事件包括人为与非人为两类。人为突发事件涉及事故灾难、公共卫生事件、社会安全事件、经济安全事件、政治事件，非人为突发事件主要是自然灾害等[②]。突发事件对社会经济、社会安全、社会发展的物质基础都会产生负面影响，从而影响到旅游业发展。典型的公共卫生事件如非典和新冠肺炎都会极大影响旅游业发展，不仅造成入境游客人数及国内游客人数急剧下降，导致旅游外汇收入及国内收入下降，而且对相关产业如餐饮业、服务业也产生了连带影响。

四是重大活动的影响。世博会、奥运会、G20 峰会等重大活动的举办对整个国家旅游环境和旅游业的发展都具有促进作用，能够为旅游产业提供巨大商机，推动城市基础设施完善，促进酒店业、餐饮业、零售业等发展。2010 年世博会的举办极大地推动了长三角区域旅游业发展，不仅为旅游产业提供了巨大的客源市场，还带动周边区域甚至是全国旅游业的发展[③]。

[①] 熊海峰、祁吟墨：《基于共生理论的文化和旅游融合发展策略研究——以大运河文化带建设为例》，《同济大学学报》（社会科学版）2020 年第 1 期。

[②] 王兆峰、刘红：《突发事件对旅游产业发展的影响研究》，《财经理论与实践》2012 年第 1 期。

[③] 王利鑫、张元标、王祥超：《上海世博会对周边城市旅游辐射效应研究》，《地理与地理信息科学》2011 年第 3 期。

三 数据与方法

（一）研究变量与数据

1. 自变量：政策变量。在使用断续时间序列分析法对政策效果进行评估时，需要设置两个政策虚拟变量：政策短期影响与政策长期影响。针对政策虚拟变量，我们以《苏浙皖沪旅游一体化合作框架协议》签订的2011年作为时间节点，政策实施前均赋值为0。考虑到合作框架协议是在2011年5月签订，当年政策效果无法显示出来，因此，2011年归入政策前。对于政策后的赋值，在政策短期影响变量下2012—2018年均赋值为1，在政策长期影响变量下的2012—2018年依次赋值为1—7。

2. 因变量：旅游产业发展水平。对于旅游产业发展水平的衡量指标，王兆峰[1]建议通过旅游资源潜力、旅游市场潜力、旅游开发效益、社会经济支撑条件、开发支撑条件5个因素测量旅游产业发展水平，具体指标包括游客人次数、旅游收入、旅行社数量、商业餐饮设施等。张广海[2]和丁红梅[3]等则把国内外旅游人次、国内外旅游收入、旅行社数量、星级饭店数及其营业收入、旅游院校数、A级风景区数等指标作为评价旅游产业的标准。可以看出，游客人数及旅游收入是学界公认的评价旅游产业发展的指标。考虑到数据收集的难易度与完整性，我们仅选取长三角四省市的国内游客

---

[1] 王兆峰：《区域旅游产业发展潜力评价指标体系构建研究》，《华东经济管理》2008年第10期。

[2] 张广海、刘真真、李盈昌：《中国沿海省份旅游产业发展水平综合评价及时空格局演变》，《地域研究与开发》2013年第4期。

[3] 丁红梅：《旅游产业与区域经济发展耦合协调度实证分析——以黄山市为例》，《商业经济与管理》2013年第7期。

人数、入境游客人数、国内旅游收入、国际旅游收入作为政策效果评价指标。

3. 控制变量。影响旅游产业发展的因素有政策、社会经济条件以及自然文化因素。其中，政策因素是本章研究的自变量，而自然文化因素的数据获取以及表达方式上有一定的特殊性，多数情况下无法与本章的研究相契合。比如一个地方的气候变化需要较长时间演化才会有数据变化，而自然遗产在年度间通常也不会出现数据变化，通常适合用于区域间的比较研究，不适合单一地区的影响评估，在此只考虑文化因素。众所周知，2010年5月至10月世博会在上海举行，在对协作政策对上海市旅游产业发展的效果进行评估时，我们增设世博会虚拟变量，并且将2010年赋值为1，其他年份赋值为0。

在研究中，控制变量主要选择社会经济条件因素，并且基于数据的可获得性选择10个国家层面的社会经济指标进行测量。之所以选择全国性数据是因为长三角的游客来自全国各地，游客所在地区的社会经济条件决定了游客是否能够到长三角旅游。这10个控制变量包括4个交通条件因素（民用载客汽车拥有量、私人载客汽车拥有量、汽车驾驶员人数和旅客周转量）、5个收入消费水平因素（城镇居民家庭人均可支配收入、农村居民家庭人均纯收入、居民消费水平、居民消费水平指数和居民消费价格指数）以及1个宏观经济环境因素（货币和准货币M2供应量）。

旅游产业发展的数据来源主要是安徽省统计局、江苏省统计局、浙江省文化与旅游厅、上海市的统计年鉴和各地国民经济与社会发展统计公报等。根据各网站上统计数据，各指标最新数据截至2018年，2000年之前的数据统计缺失值较多，因此选取2001—2018年的游客人数和旅游收入数据进行分析，各省旅游数据均来自2002—2019年各省统计年鉴。控制变量即国家社会经济综合指标来源于国家统计局网站的年度数据。

(二) 数据处理

本书借助线性回归分析法将政策虚拟变量、控制变量以及因变量之间的关系进行处理，分析导致政策实施前后效果差异的因素是否为政策因素。为了保证断续时间序列分析的实施，需要对数据进行降维处理。降维主要采用主成分法，当无法采用主成分法时，通过无量纲化处理进行降维。

降维处理结果可知，国家社会经济综合指标适合进行主成分分析（KMO 值为 0.760，Bartlett 的球形度检验的 sig 值为 0.000）。通过方差最大正交旋转法得到 2 个因子，共解释了 92.923% 的数据信息，说明公因子能够反映原指标绝大部分信息量。各因素载荷都大于 0.5，说明各成分中原始数据指标相关性较强。民用载客汽车拥有量、私人载客汽车拥有量、汽车驾驶员人数、居民消费水平、城镇居民家庭人均可支配收入、农村居民家庭人均纯收入、货币和准货币（M2）供应量、旅客周转量归入第一个主成分，方差贡献率为 77.273%，可以命名为交通民生因子；居民消费水平指数、居民消费价格指数归入第二主成分，方差贡献率为 15.651%，可以命名为消费指数因子。

通过对自变量进行降维处理发现，上海、安徽、浙江三省市的 4 个旅游产业发展指标都适合做因子分析，并且各自提取出一个旅游因子，3 个公因子的方差累积贡献率都非常理想（分别为 92.209，99.618 和 82.990）。江苏省的数据处理与前三省市相比较为特殊。在对旅游数据进行主成分分析时 KMO 值等于 0.5，说明变量间的相关性太低，因此，放弃通过因子分析法，转而对它们进行无量纲化处理然后通过简单加总的方法进行降维，基于这种方法得到一个江苏旅游产业发展变量。

四　政策效果的评估结果

（一）政策前后旅游产业发展比较

表2—12是长三角旅游协作政策实施前后三省一市的旅游数据比较结果。从表中可以看出，旅游协作政策实施后，除江苏在入境游客人数方面出现下滑外，三省一市在四个旅游指标下的绩效表现均得到提升。通过进一步的独立样本T检验发现，政策前后差值均具有统计显著性，说明政策实施后长三角地区的旅游产业总体上得到了显著发展。江苏的入境游客人数负向变动情况也具有显著性，考虑到其国际旅游收入反而正向显著增加，可以认为，政策实施后入境游客在江苏的消费力显著提升。那么，旅游产业的这些发展是否源于协作政策呢？

表2—12　　　　　政策前后长三角旅游数据比较

旅游指标	上海 政策后-政策前差值	T值	安徽 政策后-政策前差值	T值	江苏 政策后-政策前差值	T值	浙江 政策后-政策前差值	T值
入境游客人数	2.837	3.791**	3.526	8.703***	-2.17571	-4.501**	4.993	4.620***
国际旅游收入	2210.426	3.531**	1867.772	8.194***	3398.171	10.474***	4232.376	7.023***
国内游客人数	1.687	7.451***	3.894	6.262***	4.137	7.487***	3.572	7.585***
国内旅游收入	1878.992	6.331***	3766.612	5.797***	6758.354	7.388***	4785.839	8.156***

注：*、**和***分别代表的显著性水平为0.05、0.01和0.001。

(二) 断续时间序列分析结果

对上海、江苏、安徽、浙江的独立样本 T 检验结果看似能够提供政策有效性的初步印象，但是，T 检验过程并不能将政策实施期间干扰因素的影响排除出去。为了确定政策是否确实导致了相应政策效果，可以采用断续时间序列分析法实施进一步分析。

在对安徽省、江苏省与浙江省数据进行回归模拟时，由于模拟方程未通过 D. W. 值检验，因此，后续研究中针对三省的回归分析采用变量的一阶差分数据。最终，长三角旅游协作政策效果的断续时间序列分析结果汇入表 2—13。从表中可以看出，四个模拟方程的拟合优度均达到 0.9 以上，表明方程解释性很强。同时，几个方程的 F 值都达到显著性要求。

表 2—13　　　　　　　断续时间序列分析结果

变量	上海 标准化系数（标准误）	t	安徽 标准化系数（标准误）	t	浙江 标准化系数（标准误）	t	江苏 标准化系数（标准误）	t
常量	(0.099)	3.454**	(0.119)	-11.114***	(0.188)	2.594*	(0.116)	0.041
政策短期影响	0.052 (0.289)	0.366	0.167 (0.266)	1.267	-0.076 (0.133)	-1.175	0.191 (0.161)	1.546
政策长期影响	0.624 (0.095)	3.877**	0.535 (0.063)	6.456***	-0.470 (0.173)	-2.106	-0.407 (0.048)	-4.164**
交通民生因子	1.442 (0.141)	10.235***	0.285 (0.630)	2.617*	0.196 (0.046)	4.218**	0.652 (0.609)	4.894***
消费指数因子	0.210 (0.059)	3.563**	0.154 (0.527)	2.065	1.309 (0.146)	8.991***	0.314 (0.059)	3.278**
世博会虚拟变量	-0.034 (0.265)	-0.493						

续表

变量	上海 标准化系数（标准误）	t	安徽 标准化系数（标准误）	t	浙江 标准化系数（标准误）	t	江苏 标准化系数（标准误）	t
R方	0.983		0.980		0.995		0.963	
调整R方	0.974		0.971		0.991		0.947	
标准误	0.161		0.170		0.094		0.150	
Durbin-Watson	2.011		2.031		2.114		2.047	
F	105.657***		110.422***		260.359***		58.693***	

注：*、**和***分别代表的显著性水平为0.05、0.01和0.001。

根据回归分析结果可以看出，长三角旅游协作政策在短期内并未对任何省份产生显著影响，政策效果是逐渐显现出来的。而且，在不同省份之间，政策效果显著不同。从长期来看，上海、安徽受到了政策的显著正影响，而江苏受到政策的显著负影响。这意味着，上海和安徽是长三角旅游协作政策的长期受益者，且安徽受益最大，而江苏则因为协作政策实施导致旅游产业发展显著受损。

在控制变量方面，两个国家社会经济发展因子对四省旅游产业发展产生了显著正影响，而且影响作用非常突出。不过，消费指数因子未能对安徽省旅游产业的发展产生显著影响。世博会变量对上海旅游产业发展的解释力同样不显著。

五 评估结果讨论

通过对上海、江苏、浙江、安徽2001—2018年的旅游数据进行分析发现,《苏浙皖沪旅游一体化框架协议》的实施对4个省市产生的政策影响差异明显。

区域旅游协作政策虽然短期内未能明显影响上海旅游产业发展,但是长期来看却能够对上海旅游产业发展产生正向影响。出现这一政策评估结果可能是因为,在长三角4个省份中上海的旅游基础最为雄厚,旅游优势更为突出,旅游业发展也更为稳定。在区域旅游协作政策下,上海可以更容易地吸收其他三省的旅游客源,长期来看会扩大上海旅游业的发展机遇。

安徽旅游产业受到区域旅游协作政策的长期显著正影响。其原因可能是:安徽省2011年正式加入长三角旅游合作阵营后,旅游产业不再是单打独斗,可以得到各项优惠政策的扶持,与其他省市共享旅游客源与旅游市场;安徽省高度重视旅游业的发展,努力把安徽打造为旅游强省;安徽省政策执行比较到位,对景区、旅游线路、基础设施的建设投入较大。

区域旅游协作政策对江苏旅游产业发展具有长期负影响。江苏出现这种结果的原因可能与旅游资源比较集中的苏南地区地理位置有关。苏南紧邻上海与皖南两个旅游集中区,处于中间的苏南,从上海可以通过一日游游览苏南,到了苏南又必然会再去皖南,因此,苏南就成为旅游的中间过渡带,游客穿梭快速但消费主要集中在上海与安徽。另外,入境旅游业在江苏发展不如国内旅游,可能是因为近几年江苏省的旅游工作重心向国内旅游倾斜的原因,更多发展乡村旅游与建设旅游风情小镇。

对于浙江来说,政策长期影响与短期影响都不显著,这可能是因为浙江省长期以来旅游资源稳定地吸引着游客。同时,与上海相比,浙江旅游基础不够强劲,对外输出或分摊客源的实力也不够强大。在此条件下,政策实施前后,浙江省的旅游业发展变化程度不显著,政策并不能对其产生显著影响。

第四节 区域旅游协作政策的效果评估：厦漳泉

一 厦漳泉旅游协作政策演化历程

厦漳泉旅游协作经历了地方摸索、省级推动两个阶段。最初的协作主要是地方政府间的探索性实践。2004年7月30日，三市共同签署《厦泉漳城市联盟宣言》，提出要共同制定厦泉漳地区旅游发展规划，开展区域旅游协作，共同建设"无障碍"旅游区，打造厦泉漳旅游经济强区。第二年，厦泉漳签订《闽南金三角城市旅游联盟协议》，达成了旅行社互相监督、重整旅游资源、轮流召开年会等旅游合作协议。到了2006年，厦泉漳又联合龙岩共同建设厦门、泉州、漳州、龙岩无障碍旅游经济合作区，共同组织四市旅游线路，联合发布信息，统一旅游宣传促销，推进旅游市场开放。后来的三年间，几个城市一直致力于推进无障碍旅游经济区的建设，并且积极建立风景名胜区联盟，推进重点风景名胜资源的旅游宣传与推介。但是，总体来看，在这一阶段，三地旅游协作明显口号多于行动，相互协商确定的政策并未得到切实执行。

从2011年开始，厦漳泉旅游协作进入省级推动阶段。在这一阶段，福建省政府积极推动厦漳泉同城化的实现。2011年1月，《福建省国民经济和社会发展第十二个五年规划纲要》确立了厦漳泉大都市区同城化建设在福建省的战略地位。在厦漳泉同城化背景下，厦漳泉旅游同城化发展成为大势所趋。2011年8月19日发布的《加快推进厦漳泉大都市区同城化工作方案》提出，整合厦漳泉大都市区内旅游资源，联合打造精品旅游线路，加强旅游基础设施建设，推动旅游信息共享，发展跨区旅游营销网络，推行旅游景区通票制度和"一卡通",构建一体化旅游服务体系。[①] 在此基础上,2011年9月8日三地签订了《厦漳泉大都市区同城化合作框架协议》,明确了厦漳泉大都市区同城化发展的目标,并在2012年迈出实质性步伐。2011年12月2日,厦漳泉旅游同城化第一次工作会议召开并通过了《厦漳泉大都市区旅游同城化的工作方案》,意味着厦漳泉旅游同城化在前期扎实工作的基础上,迈出了实质性步伐,厦门、漳州和泉州三市联手推动旅游同城化建设正式启动。

二 数据与方法

(一) 变量选择和数据收集

一个地区接待游客的人数和旅游收入水平,是衡量该地区旅游业发展情况的重要量化指标,因此,本书选择国内游客人次、入境游客人次、国内旅游收入、国际旅游收入作为因变量。鉴于在数据收集过程中漳州市相关旅游数据缺失严重,因此仅分析厦漳泉旅游同城化政策对厦门和泉州旅游产业发展的影响。我们主要选取厦门和泉州两地国内游客人数、入境游客人数、国内旅游收入、国际旅游收入的年度数据进行分析。由于通过统计年鉴可以获得的厦门、泉州旅游历史数据最早为2000年,因此,本书使用厦门、泉州两地2000—2018年相关旅游数据实施政策效果评估。厦门市2000—2018年度旅游数据全部来自厦门市统计局网站的2001—2019年《厦门经济特区年鉴》;泉州市2000—2008年旅游数据来源为泉州市旅游政务网,2009—2018年旅游数据查自泉州市统计信息网上的2010—2019年《泉州市统计年鉴》。

在控制变量方面,根据长三角旅游协作政策评估的研究可知,

[①] 李变花:《"厦漳泉"同城化发展飞地经济的模式分析》,《特区经济》2012年第11期。

影响旅游产业发展的控制因素包括社会经济条件以及自然文化因素。同样的，在研究中，控制变量主要选择了8个国家层面的社会经济指标来测量社会经济条件。这8个控制变量包括4个交通条件因素（民用载客汽车拥有量、私人载客汽车拥有量、汽车驾驶员人数、旅客周转量）、3个收入消费水平因素（城镇居民家庭人均可支配收入、农村居民家庭人均纯收入、居民消费水平）以及1个宏观经济环境因素（货币和准货币M2供应量）。国家社会经济综合指标来源于国家统计局网站上的年度数据。在自然文化因素方面，鉴于自然因素的研究可行性不大，在此只考虑文化因素的影响。由于2017年9月金砖五国在厦门会晤。因此，我们增设金砖会晤虚拟变量，并且将2017年赋值为1，其他年份赋值为0。

自变量为政策变量，基于断续时间序列分析的要求，我们设立了两个虚拟变量：政策长期影响和政策短期影响。由于厦漳泉旅游协作政策开始时间为2011年年底，统一以2012年为时间切点。对于政策长期影响变量，2012年以前均赋值为0，2012年开始至2018年分别赋值为1—7；对于政策短期影响变量，2012年以前同样赋值为0，2012年开始均赋值为1。

（二）评估方法选择

与长三角旅游协作政策效果评估一样，我们首先对旅游数据进行政策前后的比较，然后采用断续时间序列分析进行政策效果评估。为了实施断续时间序列分析，采用主成分分析法对厦门和泉州的旅游产业发展指标以及国家社会经济指标进行降维处理。

对国家社会经济综合指标进行的降维处理结果显示，KMO值为0.854，Bartlett的球形度检验的sig值为0.000，说明国家社会经济综合指标适于进行主成分分析。通过降维得到1个因子，共解释了97.264%的数据信息。各因素载荷都大于0.8，说明各成分中的原始数据指标相关性较强。

通过对因变量进行降维处理发现，厦门市和泉州市的6个旅游产业发展指标都适合做因子分析（KMO 值均在 0.6 以上，且球形检验显著性值均为 0.000），并且各自提取出一个旅游因子，因子的方差累积贡献率都达到94%以上。同时，为了对旅游产业不同方面进行分析，我们也分别对4个旅游指标中的国内旅游情况、入境旅游情况下各两个指标进行了降维处理（KMO 值均在 0.6 以上且球形检验显著性值均为 0.000），均得到一个公因子，各因子的方差累积贡献率均达到97%以上。

三 政策效果的评估结果

（一）政策前后旅游产业发展情况比较

表2—14 是协作政策实施前后厦门与泉州两地的旅游数据比较结果。从表中可以看出，协作政策实施后，两地在四个旅游指标下的绩效数据均高于政策前。而且，独立样本 T 检验结果显示，政策前后差值具有统计显著性，说明政策实施后两地的旅游产业得到了显著发展。那么，旅游产业的这些发展是否是协作政策导致的呢？

表2—14　　　　厦门、泉州政策实施前后旅游数据比较

旅游指标	厦门 政策前（标准差）	厦门 政策后（标准差）	政策后-政策前差值	T值	泉州 政策前（标准差）	泉州 政策后（标准差）	政策后-政策前差值	T值
国内游客人次	1594.781 (563.083)	5439.257 (2044.012)	3844.476	4.860**	1726.418 (912.223)	5220.714 (859.519)	3494.296	8.095***
入境游客人次	91.211 (30.219)	279.394 (108.742)	188.183	4.470**	103.271 (47.723)	230.041 (56.230)	126.771	5.133***

续表

旅游指标	厦门					泉州				
	政策前（标准差）	政策后（标准差）	政策后-政策前差值	T值		政策前（标准差）	政策后（标准差）	政策后-政策前差值	T值	
国内旅游收入	154.434 (42.112)	652.659 (312.316)	498.225	4.196**		187.088 (115.115)	660.540 (173.250)	473.452	7.006***	
国际旅游收入	4.839 (1.652)	20.664 (12.194)	15.825	3.414*		6.238 (3.430)	16.543 (2.281)	10.305	6.987***	

注：*、** 和 *** 分别代表的显著性水平为 0.05、0.01 和 0.001。

（二）断续时间序列分析结果

对厦门、泉州的旅游产业发展指标进行独立样本 T 检验后发现，两个城市有些旅游指标在政策实施前后具有显著的差异。这种差异是否与政策相关？

1. 政策对旅游产业发展的总体影响

将四个旅游产业发展指标提取的旅游产业发展因子与政策因素变量、控制变量进行回归模拟分析，得到的断续时间序列分析结果汇入表 2—15，以展示政策对旅游产业发展产生的总体影响。从表中可以看出，针对厦门和泉州两个城市的旅游产业发展的政策影响模拟结果都具有很强的解释力，均达到 95% 以上，且两个模型的显著性均为 0.000。

回归结果显示，政策对厦门和泉州的旅游产业都产生了显著影响，不过，影响的方向正好相反。对于厦门来说，旅游一体化政策对于旅游业发展短期来看产生了负面影响，但长期来看却具有显著促进作用；对于泉州来说，政策短期内产生了积极影响，但长期来看，却不利于泉州旅游业的总体发展。也就是说，政策实施后，短期内厦门和泉州之间存在着旅游发展趋向均衡的态势，但是，长期来看，厦门对游客和旅游收入的虹吸效应显现。

在控制变量方面，社会经济因子对于两个城市均发挥了显著正影响，说明社会经济条件的发展确实能够显著推动地方旅游产业的发展。金砖会晤对泉州产生了显著影响，但却是负向的，即游客人流与旅游收入确实会因为金砖会议被分流。可惜的是，金砖会晤虽然能够对厦门产生正向影响，但这种影响并不显著。

表 2—15　　政策对厦门和泉州旅游产业发展总体影响的断结时间序列分析结果

	厦门		泉州	
	标准化系数（B）	t	标准化系数（B）	t
常量	(−.324)	−3.876**	(.054)	.527
政策短期影响	−.234 (−.467)	−3.023**	.210 (.419)	2.223*
政策长期影响	.766 (.322)	7.949***	−.287 (−.120)	−2.440*
社会经济因子	.435 (.435)	4.185***	1.094 (1.094)	8.623***
金砖会晤	.024 (.322)	.576	0.124 (−.527)	−2.483*
调整 R2	.978		.968	
SEE	.14716930		.17955346	
D.W.	1.857		1.944	
F	192.975***		128.576***	

注：*、** 和 *** 分别代表的显著性水平为 0.05、0.01 和 0.001。

2. 政策对各分项旅游产业发展结果的影响

为了更清晰地判断政策到底对旅游产业的哪一方面产生了影

响，分别对国内旅游发展因子、入境旅游发展因子和政策变量、控制变量的关系进行回归模拟处理，断续时间序列分析的结果见表2—16。根据分析结果可知，几个回归方程的解释力均达到90%以上，说明回归方程能够解释旅游产业发展90%以上的变化情况。同时，几个回归模型的F值均达到显著水平。

回归分析结果显示，政策对厦门的国内和入境旅游发展均产生了显著影响，但是，仅对泉州的入境旅游发展产生了显著影响。从政策对两市旅游产业发展的影响方向来看，长期和短期两个维度下两市受到的政策影响还是不一样的。政策对厦门国内和入境旅游的发展短期内均产生了负向影响，而长期来看则能够发挥显著正影响；对于泉州来说，政策对入境旅游的影响短期内能够发挥显著的正向推动作用，但是，长期来看，却显著不利于入境旅游发展。将政策的这些结果与前述的政策对旅游发展的总体影响相对照，可以发现，政策对厦门的影响是相对稳定的，但是，对于泉州来说政策效果主要体现在入境旅游发展方面。

社会经济因子对两市的国内和入境旅游都产生了显著正影响，说明国家总体的社会经济发展能够普遍推动国内旅游与入境旅游，各地都能够在这一社会经济发展中受益。金砖会晤对厦门的影响是正向的，但却不具有显著性。泉州国内旅游和入境旅游均受金砖会晤的显著负影响。

表2—16　　政策对厦门、泉州的国内和入境旅游发展影响的断续时间序列分析结果

	国内旅游发展				入境旅游发展			
	厦门		泉州		厦门		泉州	
	标准化系数	t	标准化系数	t	标准化系数	t	标准化系数	t
常量	−5.007***		−.400		−2.375*		1.270	

续表

	国内旅游发展				入境旅游发展			
	厦门		泉州		厦门		泉州	
	标准化系数	t	标准化系数	t	标准化系数	t	标准化系数	t
政策短期影响	-.183	-2.763*	.048	.674	-.311	-2.997**	.510	3.337**
政策长期影响	.758	9.207***	.020	.230	.767	5.937***	-.857	-4.504***
社会经济因子	.404	4.542***	.962	10.064***	.489	3.505**	1.260	6.141***
金砖会晤	.020	.557	-.084	-2.226*	.029	.519	-.194	-2.395*
调整 R2	.984		.982		.961		.916	
SEE	.12576960		.13526161		.19742014		.29052704	
D.W.	1.866		1.879		2.108		1.854	
F	265.431***		229.045***		105.795***		47.102***	

注：*、**和***分别代表的显著性水平为0.05、0.01和0.001。

四 评估结果讨论

基于对厦门、泉州的旅游数据的研究发现，厦漳泉旅游同城化政策能够对两市的旅游发展产生显著影响，但是，影响方向存在显著差异：政策对厦门旅游业发展在短期内产生了显著负影响，长期来看则产生了显著正影响；政策对泉州旅游业发展的显著影响主要表现在入境旅游方面，短期来看能够显著促进入境旅游，但是长期来看却明显不利于入境旅游。

值得思考的是，在厦漳泉旅游同城化的合作中，泉州处于弱势地位。这种情况是如何造成的呢？对此可以从旅游产业定位以及客源市场争夺两个方面加以解释。

1. 旅游产业定位冲突

厦漳泉旅游资源与产品十分丰富，但是，目前在旅游同城化合作过程中没有完整的旅游发展规划，导致旅游发展定位不清，旅游产业定位存在冲突。厦门和泉州因地域相邻、文化相通、人缘相通，旅游资源无论是地域空间还是风俗人情都较为一致，都有滨海、森林、生态农业等自然资源和闽南文化、侨台文化等人文旅游资源，由此导致两地吸引的旅游客源市场差异较小。同时，厦门、泉州在旅游产业定位、旅游产品开发等方面的冲突在所难免。以滨海旅游业发展定位为例，厦门2002年11月制定的《厦门市加快海湾型城市建设实施纲要》要求，到2010年基本建成海湾型城市框架，基于这一城市定位，厦门主要开发海滨度假旅游产品[①]；泉州同样以海湾旅游为旅游发展总体定位的核心，将海湾旅游作为高档旅游产品进行开发。在两地均以"海"为旅游业发展定位的招牌时，厦门作为旅游合作的牵头城市，凭借其突出的旅游城市形象、区域中心地位、四通八达的旅游交通线路优势，以及作为闽南、赣南、湘南的东向出海口的绝对优势，对泉州形成了"屏蔽效应"[②]。在这种影响下，泉州不是独立的旅游目的地，而是成为游客心中的"旅游过境地"，游客在厦门逗留的时间明显长于泉州。

2. 客源市场争夺激烈

厦漳泉三市在客源市场上没有差别，较强的空间集中性导致三市在客源市场上产生了激烈争夺[③]。在厦漳泉旅游同城化中，厦门作为区域旅游集散中心和区域旅游发展的龙头城市，具有交通、港口和政策先行先试的发展优势。泉州虽然拥有多样性的旅游资源、丰富的人文景观，但是，没有类似于鼓浪屿那样能够产生客源集聚效应的知名旅游景区，无法借助于知名景区的带动辐射功能集聚客

---

① 陈心华：《厦门建设海湾型城市 实现全面小康》，《厦门日报》2002年11月26日第A01版。

② 邓秀勤、郑伟民：《基于海西的厦漳泉大都市区旅游同城化研究》，《泉州师范学院学报》2012年第6期。

③ 李艺玲：《同城化视角下的厦漳泉旅游合作研究》，《福建论坛》2014年第7期。

源。而且，泉州整体旅游形象不够鲜明，城市总体知名度不高，缺乏对普通旅游者具有强烈吸引力的产品。无论是国内客源市场还是海外客源市场，泉州大部分客源仍集中在距离较近的范围内，客源市场狭小。从国内客源市场来看，泉州游客的主体来自福建省省内，周边游客占泉州游客总额的80%左右[①]；从境外客源市场来看，泉州接待的入境游客中主要为港澳台同胞，外国人及华侨仅仅占了很少一部分。而厦门是国内外著名旅游城市、口岸城市，旅游城市形象、品牌突出，地理位置优越，旅游交通线路四通八达，不仅吸引了众多国内游客，而且吸引了大批海外游客前来观光旅游、购物度假。因此，厦门接待的入境游客中，外国人和华侨比例明显超过泉州。

---

① 洪秋艳：《基于流体动力学的厦漳泉城市旅游联盟探讨》，《黎明职业大学学报》2014年第2期。

第三章 跨区域大气污染协作治理的绩效

随着我国大气污染形势日益严峻，大气污染防治成为政府的重要工作，而空气在区域间的流动性又必然推动着大气污染防治走向跨区域协作治理。为了解决大气污染日益严重的问题，从2012年开始，在中央政府的要求和引导下，以长三角、京津冀、珠三角等为代表的地区政府间开始着手在大气污染防治领域展开深度合作。2013年，中央政府出台了《大气污染防治行动计划》，推动"三区十群"走向区域大气污染的协作治理。

第一节 区域大气污染协作治理绩效的评估框架

与旅游服务不同，大气污染治理与地方经济发展存在着一定的矛盾性，因此，通常需要借助于中央政府或上级政府的积极推动来促成。大气污染防治的这一特点导致我国地方政府在此领域的区域协作还处于相对低级阶段，协作政策通常都以上级文件形式下发。

在将通用评估框架适用于大气污染防治协作时，协作过程指标的适用性高于协作结果。这是因为，区域大气污染协作协议通常条款设计细致，目标清晰，行动方案也细致合理。基于此，通用评估框架中的协作过程指标基本可以直接沿用，协作结果部分的指标则需要根据政策进行更为精细的设计。直接结果可以设计为污染防治相关活动的产出与结果，主要包括固定污染源治理的煤炭消费量以及清洁生产情况，移动污染源治理的公共交通工具使用情况（绿色出行）。间接结果则可以设计为空气质量改善情况，主要考察 $PM_{2.5}$ 和 PM_{10} 浓度下降情况。

在协作动机方面，大气污染防治领域的跨区域协作具有明显被动性。在上级推动的条件下，下级的共同信任与理解更多地表现为对上级安排的认可，并通过政府文件承认相关协作的重要性，这构成了协作动机中共同信任与理解的基础。共同信任和理解的行为表现一方面表现为相关各方都能关注同一协作要求（内容表现），另一方面表现为对区域的统一称呼（形式表现）。因此，就原有框架中几个动机指标来看，它们能够勾勒出协作动机中信任、理解与承诺的核心要素，同样适于考核大气污染防治的各地方政府协作动机。

在协作能力方面，由于大气污染协作是在上级推动下形成的，在制度安排上是否能够建立固定协作沟通机构（硬机制）和常规沟通机制（软机制）也相当重要，因此，可以保留这方面的测量指标。上级支持下的两个指标同样没有问题。但是，知识下的指标需要根据大气污染协作情况进行适当调整。作为协作能力的知识在大气污染防治领域中首先表现为有关污染治理的知识与信息，即无形知识，评估中可以通过大气污染监测数据的共享与沟通实现测量；同时，它还可以表现为大气污染协作技能的掌握（有形知识），主要关注一般情况下的资源动员与组织技术（具体包括大气污染防治中的空气质量研判等协作行动等），以及突发情况下应急事件协作处理能力。

在协作行动方面，评估框架中三个方面的指标都相对适用。不过，结合大气污染防治协作的特殊性，有些指标需要进行微调。首先要细化大气污染协作政策的操作性与约束力指标。政策操作性可以通过政策中是否包括污染控制方法、联合执法具体要求、重污染天气应急机制几项内容加以判断。政策约束力除了保留原有评估框架的财政支持和惩罚机制指标外，考虑到当前大气污染防治从上到下采取压力式管控方式，从而使得协作政策具有执行上级号令的特点，还需增加是否有年度目标、责任分工是否清晰两个指标。其次，在协作政策执行方面，总体评估框架中有关政策是否按照预期执行可以通过实现联防联控情况进行测量，其他指标保持不变。

最终形成的区域大气污染防治协作治理绩效的评估指标体系如表3—1所示。

表3—1　　　区域大气污染防治协作绩效的评估框架

协作过程			协作结果	
协作动机	协作能力	协作行动	直接结果	间接结果
共同信任与理解 1. 信任与理解基础 *各方承认实现大气污染协作治理的重要性 2. 信任与理解表现 *内容表现：各方文件包含大气污染协作治理的共性内容 *形式表现：区域称呼统一 共同承诺 在大气污染协作治理方面各方都表达了官方正式承诺	制度安排 1. 协作机制 *软机制：建立协作沟通机制 *硬机制：建立协作常设机构 上级支持 1. 政府高层领导的支持 2. 上级主管部门的支持 知识 1. 无形知识 *大气污染监测信息沟通与共享 2. 有形知识 *大气污染防治协作技能的掌握 **资源动员与组织技能 **应急事件协作处理技能	协作政策形成 1. 协作政策与实施方案的制定 2. 协作政策的操作性 *污染源控制方法 *联合执法具体要求 *重污染天气应急机制 3. 协作政策的约束力 *年度目标 *责任分工 *惩罚机制 *财政支持 协作政策调整 1. 配套政策制定 2. 政策调整方向 协作政策执行 1. 执行资源准备 *资金拨付到位 2. 执行过程顺畅 *实现联防联控 *不协作行为 3. 执行过程监督 *收集与报告协作数据	1. 固定污染源控制 *煤炭消费量下降 *清洁生产：单位GDP能耗 2. 移动污染源控制 *绿色出行：公交客运量与常住人口比值	1. 空气质量改善 *PM_{10}浓度下降 *$PM_{2.5}$浓度下降

第二节 区域大气污染防治协作的绩效测量

一 绩效测量样本选择

2013年中央政府出台的《大气污染防治行动计划》具有相当突出的推动区域协作治理发展的效应，并且提及重点关注"三区十群"，即京津冀、长三角、珠三角区域以及辽宁中部、山东、武汉及其周边、长株潭、成渝、海峡西岸、山西中北部、陕西关中、甘宁、乌鲁木齐城市群等。十群中有许多仅限于一个省份中的部分城市，而跨城市的政策通常是由省级政府出台且面向全省的大气污染防治工作，这就导致一个省内部分城市间的大气污染协作无法找到对应政策，或者说政策及相关数据的获取相对困难。即使有些城市跨两个省份以上，仍然无法找到相关的对应协作政策（如成渝城市群）。结合污染严重程度以及政策和数据的可获取程度，我们选择三区以及山东城市群、海峡西岸（福建）城市群实施大气污染防治的绩效测量。

2013年9月17日，环境保护部等6部门联合印发《京津冀及周边地区落实大气污染防治行动计划实施细则》，京津冀及周边地区的大气污染防治协作机制也同时成立。2015年，河南也加入这一协作区域。基于这一情况，山东城市群适于被合并进京津冀及周边地区，其政策不具有独立性，与京津冀区域一起被中央环保部视为一体，并由中央统一下达相关政策规定。因此，京津冀及周边地区同时包括了《大气污染行动计划》中重点关注的一区两群，是我国目前最大的一个大气污染防治协作区域。长三角包括上海、江苏、浙江、安徽4个省市，2013年年底该区域4个省级政府一同研究起草了《长三角区域落实大气污染防治行动计划实施细则》，2014年1月成立长三角区域大气污染防治协作机制，同年4月原则上通过了《实施细则》。珠三角虽然仅涉及广东的广州、深圳、珠海、东莞、佛山、中山、江门、肇庆、惠州9个城市，但是，早在2010年广东省人民政府就出台了《珠江三角洲环境保护一体化规划（2009—2020年）》，推动区域内环境保护的一体化和可持续发展进程。同年，广东省环保厅联合发改委等五部门共同发文《广东省珠江三角洲清洁空气行动计划》。2013年又先后出台了《广东省珠江三角洲地区大气污染防治"十二五"规划2013年度实施方案》和《广东省珠江三角洲清洁空气行动计划——第二阶段（2013—2015年）空气质量持续改善实施方案》。海峡西岸城市群所涵盖的城市为福建省内的福州市、厦门市、莆田市、三明市、泉州市、漳州市、南平市、龙岩市、宁德市、平潭综合实验区，共9个地级及以上城市、1个正厅级实验区。2014年福建省人民政府发布《福建省大气污染防治行动计划实施细则》，同时，由省环保厅每年与各设区市人民政府签订大气污染防治目标责任书，推进大气污染防治的纵向协作机制顺畅运行。

除个别指标外，对各样本的绩效测量同样采用2018年数据。

二　协作动机的测量

（一）协作动机指标的量化与赋值

由于大气污染协作治理主要是上级政府促成的，而且采取了行政命令手段积极推动实施，因此，该协作领域的共同信任与理解着重测量协作各方表现出的合作诚意，主要以各地方政府年度工作报告以及网站信息为支撑实现测量。"承认大气污染防治协作重要性"可以通过三个指标实现测量：一是各地环保部门网站是否张贴相关合作协议；二是各地环保部门网站是否提供区域协作的相关信息；三是政府工作报告是否在下一年度工作安排中提及合作协议的相关内容。"大气污染协作的共性内容"主要测量各地在相关年度内官方网站上提供的大气污染协作的相关文件或报告是否具有共性内容，测量时主要关注相关文件或报告（环保部门年度报告、政府工作报告）是否公布了大气污染协作的一些年度主题性内容或是否重申了重点合作事项等。最后，对于"区域统一称呼"主要看各方在提及区域大气污染协作时，是否采用了同样称谓。

由于大气污染协作的参与方同样可能在共同信任与理解的三个指标下采取不同程度的行动，因此，在测量中这三个指标均采用等级化测量。为此，我们延用旅游协作的等级化测量方式，将三个指标的测量等级确定为0—3四个等级，0—3分别表示任何一方均未表达信任与理解以及至少一方、超过一半的协作方和所有协作参与方均表达了信任与理解。三个指标均分别测量，最后加总求均值。

用于测量"共同承诺"的指标关注各协作方表达的官方正式承诺，测量时将关注各地年度政府工作报告、环保部门年度报告或领导发言中是否公开表示要执行相关的协作协议。与共同信任与理解的情况相似，考虑到各地方政府的行为表现肯定会出现差异，这两个方面的测量同样采用等级化评分。我们将其设定为四个等级：0代表各地均没有明确表示要执行相关协作协议；1—3分别表示不到一半的协作方、超过一半的协作方以及所有协作方都明确表示要积极执行相关协议。为了实现测量的准确性，政府工作报告与环保部门年度报告或领导发言将区分为两个方面分别测量，然后加总求均值。

（二）协作重要性的测量

京津冀及周边地区各省级政府均未在官方网站提供《京津冀及

周边地区大气污染防治行动计划实施细则》，此方面得分为 0 分。在各地 2018 年政府工作报告中，虽然 7 个省市 2018 年政府工作报告涉及"蓝天保卫战"或者大气污染防治，但是均未提及京津冀及周边地区的大气污染防治合作问题，此方面得分为 0 分。关于该协作区域大气污染防治行动的年度活动信息，除山西外的其他 6 个省份均在环保部门网站上提供了相关报道[①]，此方面得分为 2 分。综合折算后，该协作区在协作重要性方面得分为 0.7 分。

长三角区域各省级政府也未在官方网站提供《长三角区域落实大气污染防治行动计划实施细则》。至于长三角区域大气污染防治协作的相关信息，上海市生态环境局专门在网站开辟了"长三角环境保护协作"板块，公开发布大量 2018 年长三角区域大气污染防治的相关信息；江苏[②]、浙江[③]和安徽省生态环境厅[④]网站也提供了

[①] 参见《张高丽在京津冀及周边地区大气污染防治协作小组会议上强调 坚决打赢蓝天保卫战 增强人民蓝天幸福感》，《中国环境报》2018 年 1 月 26 日第 01 版；高楠：《推动完善京津冀及周边地区大气污染联防联控协作机制》，《中国环境报》2018 年 7 月 12 日第 01 版；《关于启动重污染天气预警响应的紧急通知》，豫环攻坚办〔2018〕66 号，http://www.hnep.gov.cn/xxgk/hbywxxgk/wrtqxxfb/webinfo/2018/03/1543979262178903.htm，2018 年 3 月 26 日；谢佳沥：《京津冀及周边地区秋冬季治气攻坚方案印发 全面完成今年空气质量改善目标》，《中国环境报》2018 年 9 月 28 日第 01 版；内蒙古自治区生态环境厅：《生态环境部召开重点地区 2018—2019 年秋冬季大气污染综合治理攻坚行动宣传工作动员会》，http://sthjt.nmg.gov.cn/dtxx/hbb/201810/t20181029_1583267.html，2018 年 10 月 29 日。

[②] 江苏省环境保护厅：《2018 年省生态环境厅大事记（2018 年 10 月）》，http://hbt.jiangsu.gov.cn/art/2018/10/31/art_71901_8094713.html，2018 年 10 月 31 日。

[③] 浙江省环境保护厅：《浙江省环境保护厅办公室关于进一步加强浙江省空气质量预测预报工作的通知》，http://www.zjepb.gov.cn/art/2018/7/23/art_1511865_19717146.html，2018 年 7 月 23 日。

[④] 安徽省环保宣传教育中心：《上海市环保局来我厅调研长三角区域污染防治协作》，http://sthjt.ah.gov.cn/content/article/111972991，2018 年 7 月 23 日。

第三章 跨区域大气污染协作治理的绩效 141

一些长三角大气污染协作的相关信息。在2018年政府工作报告中，上海、江苏、浙江、安徽均提及了大气污染防治问题，但是未涉及长三角区域的大气污染防治协作治理。该区域三个分项得分分别为0、3和0分，综合折算后得分为1分。

珠江三角洲地区的协作政策主要是2010年出台的《珠江三角洲环境保护一体化规划》与《广东省珠江三角洲清洁空气行动计划》。东莞、佛山市生态环境局在官方网站上张贴了相关政策，其他7个城市未提供，此方面得分为1分。对于大气污染防治协作的进展情况，超过一半城市的生态环境局[①]网站都提供了相关信息，此方面得分为2分。2018年各市政府工作报告中，9个城市虽然都提出了大气污染防治的相应措施，但是均未涉及珠三角大气污染防治协作，此方面得分为0分。经折算，珠三角区域此项指标得分为1分。

海峡西岸城市群有关协作重要性的测量以2014年《福建省大气污染防治行动计划实施细则》为评价政策。该项政策在福建9地级市环保部门网站均未张贴，得分为0分。几个地级市均制定了各市的大气污染防治行动计划实施细则、蓝天保卫战行动方案

---

① 骆骁骅：《珠三角禁新建重污染项目》，《南方日报》2018年9月7日第A06版（广州生态环境局转发，http://www.gzepb.gov.cn/gzepb/ysxw/201809/719ac00cf-41e43fcb3bcd1a5f5c1f95a.shtml；佛山生态环境局转发，http://219.130.221.60:8084/was5/web/search?page=1&channelid=227848&searchword=珠三角&keyword=珠三角&perpage=20&outlinepage=10）；张宇婷：《市人居环境委深化生态环保改革 提升市民幸福指数》，《深圳商报》2018年12月26日第02版；《广东空气质量连续三年稳定达标 珠三角PM2.5平均浓度为34微克/立方米》，《中国环境报》2018年1月16日第01版；惠州生态环境局：《惠州空气质量居珠三角第二》，http://www1.huizhou.gov.cn/pages/cms/hzhbj/html/010301/5a0dcbef917244e583c88e16a4c14ca2.html?cataId=f9292e63216a45ce9a843ad22a9c0ab5&artId=5a0dcbef917244e583c88e16a4c-14ca2&tmp=0.37584261083800197，2018年11月22日。

或者清洁空气行动方案等①，可惜漳州、泉州、厦门、福州等几个城市所制定的政策文本未公开张贴在政府网站上，此方面该区域得分为2分。在2018年政府工作报告中，各地市长虽然都提及大气污染防治话题，但是均未涉及海西城市合作问题，得分为0分。据此，海西城市群在协作重要性指标下的得分经折算为0.7分。

（三）协作共性的测量

2018年，京津冀及周边地区大气污染防治工作的突出大事是协作小组第十一次会议的召开、京津冀及周边地区大气污染防治领导小组的成立以及《京津冀及周边地区2018—2019年秋冬季大气污染综合治理攻坚行动方案》的下发。该区域协作共性的内容主要关注各地生态环境厅（局）网站是否提供了这些信息。从各省情况来看，北京市和河南省分别转发了《中国环境报》有关协作

---

① 莫思予：《福州市出台打好污染防治攻坚战实施方案》，《福州日报》2018年11月30日第002版；黄璜、詹源：《加强排兵布阵　维护生态之美　〈厦门市打赢蓝天保卫战三年行动计划实施方案〉出炉，市环保局为您详细解读》，《厦门日报》2018年12月27日第封2版；北极星电力网：《福建漳州市印发〈打赢蓝天保卫战三年行动计划实施方案〉》，http：//news.bjx.com.cn/html/20181228/952749.shtml，2018年12月28日；龙岩市人民政府：《龙岩市环保局关于印发龙岩市中心城区2018年度大气污染专项整治工作方案和中心城区噪声污染专项整治实施方案的函》，http：//www.longyan.gov.cn/gk/zdlyxxgk/hjbh/hjgl/dqhjgl/201810/t20181008_1395061.htm；2018年4月27日；中国水网：《福建南平印发水、大气、土壤污染防治2018年度工作计划》，http：//www.h2o-china.com/news/277192.html，2018年7月3日；谢曦：《泉州市启动大气污染防控百日攻坚行动》，《泉州晚报》2018年6月12日第01版；《莆田制定大气环境质量限期改善工作方案》，《福建日报》2018年7月26日第03版；林芳芳：《打好"三大攻坚战"　决胜全面建成小康》，《三明日报》2018年5月22日第A3版；北极星环保网：《福建省宁德市"十三五"节能减排综合工作方案》，http：//huanbao.bjx.com.cn/news/20181016/934300.shtml，2018年10月16日。

小组会议①、攻坚行动方案②的报道，天津市报道了打赢蓝天保卫战的天津举措③，山东省制定了落实《京津冀及周边地区 2018—2019 年秋冬季大气污染综合治理攻坚行动方案》的实施细则④，河北省和内蒙古无相关信息。总体看，该区域协作共性指标得分为 2 分。

长三角区域在 2018 年召开了长三角区域大气污染防治协作小组第五、六和七次会议。以这三次会议信息进行协作共性内容的测量，结果发现，上海市报道了第五次和第七次⑤协作小组会议，江苏省委和省政府分别转发了《新华日报》有关第五次⑥和第六次⑦会议的消息，安徽和浙江未提供相关信息，故得分为 2 分。

珠三角区域 2018 年未召开大气污染防治领导小组联席会议，但是，当年出台的《广东省大气污染防治条例（草案）》明确要求

---

① 《张高丽在京津冀及周边地区大气污染防治协作小组会议上强调 坚决打赢蓝天保卫战 增强人民蓝天幸福感》，《中国环境报》2018 年 1 月 26 日第 01 版。

② 谢佳沥：《京津冀及周边地区秋冬季治气攻坚方案印发 全面完成今年空气质量改善目标》，《中国环境报》2018 年 9 月 28 日第 01 版。

③ 中国环境报：《坚决打赢蓝天保卫战——访天津市环保局局长温武瑞》，http：//sthj.tj.gov.cn/ZTZL3398/DQWRZHZLQHJD9937/20182019NQDJDQWRZHZLGJXD-6582/202010/t20201021_3972176.html，2018 年 1 月 17 日。

④ 山东省人民政府：《山东省人民政府办公厅关于印发山东省落实〈京津冀及周边地区 2018—2019 年秋冬季大气污染综合治理攻坚行动方案〉实施细则的通知》，鲁政办字〔2018〕217 号，http：//m.sd.gov.cn/art/2018/11/8/art_2259_28965.html，2018 年 11 月 8 日。

⑤ 上海市生态环境局：《长三角区域大气和水污染防治协作小组工作会议在沪召开》，http：//sthj.sh.gov.cn/fa/cms/shhj/shhj5281/shhj5282/2018/10/100568.htm，2018 年 10 月 15 日。

⑥ 耿联：《长三角区域污染防治协作机制会议在苏州召开》，《新华日报》2018 年 1 月 14 日第 01 版。

⑦ 《长三角区域污染防治协作机制会议召开》，《新华日报》2018 年 6 月 3 日第 01 版。

珠三角区域要禁止新建重污染项目。对此，深圳转发了该条例①，广州转发了《南方日报》有关此条例的相关消息②，东莞报道了该市在此方面的活动与举措③，其他城市没有相关信息。据此，此项指标评分为1分。

海峡西岸城市群大气污染协作政策与发展受到省生态环境厅的影响。各地虽然针对性地设计了大气污染防治的对应政策，但是，大气污染合作仍然是省政府大力推动下的地方反应。2018年该区域并未就环保问题召开联席会议或碰头会，不过，省政府工作报告中将大气污染防治作为2018年工作重点，强调要持续实施"洁净蓝天"工程，加强工业污染源和移动污染源控制，挥发性有机物污染防治，应对臭氧污染天气。从各地环保工作的年度总结与2018年工作安排等文件中可以看出，宁德市④、泉州市⑤、厦门市⑥、南平市⑦在安排2018年环保工作时，专门提出要推进"洁净蓝天"工程，打好大气防治攻坚战和蓝天保卫战；三明市报道了

---

① 深圳市生态环境局：《〈广东省大气污染防治条例〉颁布，明年3月1日起施行》，http：//meeb.sz.gov.cn/xxgk/qt/hbxw/201812/t20181206_14785506.htm，2018年12月6日。

② 骆骁骅：《珠三角禁新建重污染项目》，《南方日报》2018年9月7日第A06版。

③ 东莞市人民政府办公室：《喻丽君开展重污染河涌整治示范项目专项调研督导》，http：//zwgk.dg.gov.cn/007329925/0802/201801/c6181544019349b593b938375-6a26a01.shtml，2018年1月19日。

④ 张文奎：《全市环境保护工作会议召开》，http：//www.ndwww.cn/xw/ndxw/2018/0313/77524.shtml，2018年3月13日。

⑤ 泉州市环境保护局：《泉州市环境保护局2017年总结及2018年工作要点》，http：//hbj.quanzhou.gov.cn/xxgk/ghjh/201803/t20180319_61732.htm，2018年3月19日。

⑥ 厦门市环境保护局：《厦门市环境保护局2017年工作总结》，http：//sthjj.xm.gov.cn/zwgk/ghcw/ndgzjh/gzzj/201802/t20180201_1846108.htm，2018年2月1日。

⑦ 南平市环境保护局：《南平市环保局2017年环保工作总结及2018年工作要点》，http：//hbj.np.gov.cn/cms/html/npshjbhj/2018-03-02/814137278.html，2018年3月2日。

永安"洁净蓝天"攻坚战的成效[①];莆田市在2018年年初召开生态环保工作会议时,与党政领导签订生态环保责任书,要求在2018年打好"洁净蓝天"攻坚战[②];龙岩专门针对重点行业挥发性有机物污染问题制定了工作方案[③]。因此,该区域得分为2分。

(四)区域统一称呼的测量

京津冀及周边地区、长三角区域内各相关协作省份对区域的称呼是一致的,同时各省对区域大气污染防治协作机制的称呼也无疑义,得分为3分。珠三角区域各城市对区域内大气污染防治协作的称呼也是统一的,得分也是3分。虽然从国家环保部到福建省生态环境厅都采用海峡西岸来称呼这一大气污染协作区,但是,各市均未采用此称呼,据此,该区域得分为0分。

(五)共同承诺的测量

从各地2018年政府工作报告来看,在京津冀及周边地区各省市政府工作报告虽然提及要治理大气污染,但未对区域协作作出正式承诺。不过,河北省出台了《河北省2018—2019年秋冬季大气污染综合治理攻坚行动方案》,山东省人民政府印发实施了《山东省落实〈京津冀及周边地区2018—2019年秋冬季大气污染综合治理攻坚行动方案〉实施细则》,表达了官方要执行区域协作协议的正式承诺。结合两方面的表现,该区域折算得分为0.5分。

---

① 三明市人民政府:《永安市实施洁净蓝天攻坚行动见成效》,http://www.sm.gov.cn/zw/zfxxgkzdgz/hjbh/wrfz/201803/t20180328_1092683.htm,2018年3月28日。

② 莆田市环境保护局:《节后首会 2018年全市生态环保工作暨党政领导生态环保责任书签订会议召开》,http://www.ptepb.gov.cn/xxgk/hbdt/201802/t20180227_922416.htm,2018年2月24日。

③ 龙岩市环境保护局:《龙岩市重点行业挥发性有机物污染防治工作方案》,http://hbj.longyan.gov.cn/hjgl/wlkz/201805/t20180517_869036.htm,2018年5月17日。

长三角区域大气污染防治协作机制内，只有上海市在2018年政府工作报告中明确表示要推动长三角区域大气污染联防联控，其他三省均未作出明确表态。在环保部门领导的承诺方面，2018年7月，上海市环保局局长寿子琪等人专门赴苏皖两省考察交流，探讨进一步推进长三角区域协作，落实长三角一体化发展重点任务和秋冬季区域联防联控等工作，表达了对大气污染防治协作的正式承诺。[①] 据此，长三角区域在官方正式承诺方面的得分为1分。

珠三角区域9个城市的政府工作报告均未对区域大气污染防治协作作出官方正式承诺。同时，各城市环保局局长虽然在多个场合提及要加强大气污染防治力度，但都只是站在本市角度来讨论问题，未能涉及区域协作，也未就区域大气污染防治协作作出正式承诺。因此，此项指标为0分。

在海峡西岸大气污染防治协作区中，泉州市、南平市、宁德市在生态环境部门2018年度工作安排中就区域协作给出了一定程度的承诺[②]，其他地方政府和环保部门领导在讲话中，都是站在本地大气污染防治角度提出工作要求，未涉及区域内部协作问题。因此，该区域此项指标得分为1分。

[①] 上海环境保护局：《上海市环保局局长寿子琪一行赴苏皖两省考察交流，推进长三角环保协作》，http://sthj.sh.gov.cn/fa/cms/shhj/shhj2272/shhj2254/2018/07/99888.htm，2018年7月20日。

[②] 南平市环境保护局：《南平市环保局2017年环保工作总结及2018年工作要点》，http://hbj.np.gov.cn/cms/html/npshjbhj/2018-03-02/814137278.html，2018年3月2日；张文奎：《全市环境保护工作会议召开》，http://www.ndwww.cn/xw/ndxw/2018/0313/77524.shtml，2018年3月13日；泉州市环境保护局：《泉州市环境保护局2017年总结及2018年工作要点》，http://hbj.quanzhou.gov.cn/xxgk/ghjh/201803/t20180319_61732.htm，2018年3月19日。

表3—2　　　　　　　　协作动机的测量结果

大气污染防治协作区域	共同信任与理解		共同承诺	
	协作重要性 (0—3)	协作共性内容 (0—3)	区域统一称呼 (0—3)	官方正式承诺 (0—3)
京津冀及周边地区	0.7	2	3	0.5
长三角	1	2	3	1
珠三角	1	1	3	0
海峡西岸城市群	0.7	2	0	1

三　协作能力的测量

（一）协作能力指标的量化与赋值

与旅游协作一样，跨区域大气污染防治协作能力方面的指标在测量时适于将协作网络作为整体。在"制度安排"方面，由于环保领域的跨区域协作主要是上级政府主导，因此，协作相对初级，相互间的沟通相对较少，更多地表现为各地方的单打独斗。不过，在测量时仍然可以关注"沟通机制的建立"与"常设机构的设置"。在大气污染防治的区域协作中，各方参与者的沟通机制也可以划分为随机沟通与固定沟通两种方式。赋值时，固定沟通方式可赋2分；随机沟通方式虽然不能定期举行，但是，除成立时的沟通外至少沟通一次，赋值为1分；如果除成立时的沟通外无任何其他沟通，赋值为0分。常设机构在测量时采用二分类的测量方式，编码为1（有）和0（无）。考虑到大气污染协作区通常并未公布正式协议，测量时需要通过官方网站以及其他一些正式网站所反映的信息协助测量。

"上级支持"的测量同样考察同级政府高层领导的支持以及上级主管部门的支持。测量的切入点为大气污染防治协作会议召开时同级政府以及上级主管部门的高层领导是否出席，同时，上级主管部门的明确支持也通过上级文件加以考察。测量时,"同级政府高层领导支持"的评判标准是:区域大气污染防治协作网络的重要会议上,除环保部门领导外,同级政府领导是否出席会议。对这一指标采用二分变量进行测量,有为"1"。"上级主管部门的支持"通过两个方面测量:一是上级主管部门是否派人参加区域大气污染防治协作的重要会议;二是上级文件是否明确提及被考核区域的大气污染防治协作,并提供具体措施推进这一区域协作。具体赋值时,两个方面均无相应内容记为0分,有一项记1分,有两项记2分。

协作能力中的"知识"同样测量协作各方信息沟通与所掌握的协作技能。在大气污染防治协作中,"信息沟通与共享"更为关注各参与方是否能够实现空气质量标准的统一化,不会因为标准不同而将同一水平的大气标注为不同等级的空气质量水平。考虑到标准统一的使用范围可能不会涉及整个协作区,赋值时采用0—3的评分标准,未实现标准统一计0分,1—3分分别表示一半以下、超过一半的参与方以及整个区域实现标准统一。

"协作技能"涉及大气污染防治协作中的资源动员与组织技术、应急事件协作处理技术等。在大气污染防治的区域协作中,资源动员与组织技术主要表现为各参与方之间能够动员大气污染防治的相关人力资源与人员技能,打破地区间的界限,实现区域技能协作。由于大气污染防治的区域协作基本上都是在上级政府推动下产生的,所以,在大气污染防治的评价过程中,不宜再沿用上级部门是否关注区域协作信息实施测量。具体测量时,大气污染防治协作的资源动员能力可以区分为内部资源动员与社会资源动员两种能力。内部资源动员能力可以用协作区域是否实现了空气质量共同研判和预测实现测量;社会资源动员能力则可以通过民间对区域协作信息的关注度进行测量。具体操作化之后,"资源动员与组织技术"可以通过两个指标把握:一是是否实现了空气质量共同研判和预测;二是大众传媒是否报道过被考察的大气污染防治协作区域的信息。

赋值时，0分为两个方面均未做到，1分为做到一个方面，2分为两个方面都已做到。

大气污染中的应急事件处理技能主要关注区域内各协作方的应急协作。测量应急事件的区域协作应对，重点是评估区域是否就大气污染应急事件实施了协作。当然，由于空气质量差异明显，有些区域在无重大污染天气条件下，可能无须启动应急联动，因此，测量时必须综合考虑是否有应急联动机制以及是否有重污染天气导致的应急联动。赋值时，空气状况需要启动应急联动同时也采取了应急协作行为，或者有应急联动机制但评估年度内因空气状况无须启动，计1分；评估年度内空气污染严重需要实施应急联动但没有相关协作，计0分。

（二）制度安排的测量

在沟通方式方面，京津冀及周边地区采取了区域大气污染防治领导小组联席会议制度，联席会议不但包括区域内各省（区、市）政府行政首脑，而且包括国务院相关部门首脑。作为一种固定沟通方式，该协作区域每年都会召开协作机制联席会议。因此，在此指标下，京津冀及周边地区协作网络得分为2分。在常设机构方面，京津冀及周边地区建立了京津冀及周边地区协作小组办公室，2018年该协作小组升级为领导小组，每年定期召开工作会议[①]。同时，国家环保部还设立了京津冀大气环保局。因此，常设机构方面的得分为1分。

长三角区域也在中央的要求下成立了长三角区域大气污染防治协作小组，协作小组以联席会议方式每年定期召开工作会议。同时，该区域还建立了长三角大气污染市长联席会议制度。长三角区域大气污染防治协作小组还设置了常设的协作小组办公室负责协调

---

① 高楠：《推动完善京津冀及周边地区大气污染联防联控协作机制 协作小组调整为领导小组》，《中国环境报》2018年7月12日第01版。

推进年度协作重点工作①。珠三角区域大气污染防治协作在全国率先采取联席会议制度进行沟通，第一次联席会议在 2010 年 2 月召开，联席会议成员包括 9 个城市的市长以及省环保厅等 27 个省级单位有关负责人。根据珠江三角洲区域大气污染防治联席会议议事规则，省环保厅负责联席会议日常工作，统一协调珠江三角洲区域大气污染防治工作。同时，联席会议下设区域大气质量科学研究中心，负责为联席会议提供大气污染防治决策的科学支撑②。因此，两个协作区均采用了固定沟通方式，都拥有固定机构，据此，两项指标得分分别为 2 分和 1 分。

海峡西岸城市群对应整个福建省，各设区市之间并未设立大气污染防治联席会议制度实现跨区域沟通，而是专门针对大气重污染设立了应急联席会议。在大气重污染应急联席会议下，生态环境厅厅长为召集人，各成员单位包括省直 17 个相关部门及 9 个设区市政府，该应急联席会议设立的常设机构为应急办公室③。不过，重污染应急联席会议属于跨区域大气污染防治协作中应急联动预案的基本要求，而应急机制只是区域协作大框架下的一小部分，无法直接替代区域协作的沟通机制与常设机构。总体上看，目前该区域的信息沟通仍然采用省厅下文的行政级别关系来实现，既没有固定的沟通机制，也缺乏随机的沟通机制。据此，该区域在制度安排方面的两个指标均为 0 分。

---

① 《长三角区域污染防治协作进入第五年》，《解放日报》2018 年 3 月 15 日第 08 版。

② 广东省珠江三角洲区域大气污染防治联席会议：《印发珠江三角洲区域大气污染防治联席会议议事规则的通知》（粤珠气发〔2010〕1 号），2010 年 2 月 24 日。

③ 福建省突发事件预警信息发布网：《福建省环保厅关于印发福建省大气重污染应急预案的通知》，http://www.fj12379.com/jhtml/ct/ct_1883_82930，2016 年 4 月 4 日。

（三）上级支持的测量

京津冀及周边地区大气污染防治协作小组联席会议是由各省级政府行政首脑以及国务院和相关部门领导参与。2018年协作小组升级为领导小组，组长由国务院副总理韩正担任，领导小组办公室设在生态环境部[①]。因此，该区域协作机构在年度联席会议上，参与者为各省政府高层领导、国务院及生态环境部领导。同时，2018年环保部还会同其他几个部门和六省人民政府下发有关2018—2019年秋冬季京津冀及周边地区大气污染综合治理攻坚行动方案，明确了该区域各地方政府两年内的主要防治任务。[②] 由此，该区域两项指标得分分别为1分和2分。

2018年，长三角区域大气污染防治协作小组召开了第五、第六和第七次工作会议，会议参与方包括三省一市政府行政首脑以及生态环境部高层领导[③]。在第七次工作会议上，环保部长李干杰参会，并对长三角秋冬季大气污染防治攻坚行动提出明确要求，强调加强区域联防联控，调整产业、能源和运输结构，积极应对重污染天气[④]。因此，上级领导支持方面的两个指标分别为1分和2分。

2018年8月第十四次泛珠三角区域环境保护合作联席会议在广州召开。联席会议各成员城市的市长以及广东省生态环境厅领导出

[①] 中华人民共和国国务院办公厅：《国务院办公厅关于成立京津冀及周边地区大气污染防治领导小组的通知》（国办发〔2018〕54号），2018年7月11日。

[②] 中华人民共和国环境保护部：《关于印发〈京津冀及周边地区2018—2019年秋冬季大气污染综合治理攻坚行动方案〉的通知》（环大气〔2018〕100号），2018年9月21日。

[③] 中华人民共和国中央人民政府：《长三角区域污染防治协作机制会议召开》，http://www.gov.cn/xinwen/2018-01/15/content_5256644.htm，2018年1月15日。

[④] 《攻坚秋冬季大气污染治理 强化重污染天气应急联动 长三角区域污染防治协作机制会议召开》，《解放日报》2018年10月13日第01版。

席会议①。另外，2018年6月广东省生态环境厅联合其他5厅局下发了《广东省挥发性有机物（VOCs）整治与减排工作方案（2018—2020年）》，明确了珠三角地区的减排标准和减排措施，为强化珠三角区域大气污染防治工作提供了具体措施②。据此，该区域两项指标得分分别为1分和2分。

因为缺乏大气污染防治协作的联席会议制度，海峡西岸城市群的大气污染防治工作基本通过省厅下文而非专门召开相关会议来推进。2018年福建省并未召开专门针对大气污染问题的全省会议，只是在年初召开了全省环境保护工作视频会议，要求持续实施"洁净蓝天"工程，加大臭氧污染防治。会议出席人员包括省环保厅的相关领导及各设区市环保局局长，各市级政府高层领导未参与。③ 省环保厅在2018年11月下发的《福建省打赢蓝天保卫战三年行动计划实施方案》，提供了详细的污染物控制目标与防治措施。④ 总体来看，该区域在上级领导支持方面的得分分别为0分和2分。

（四）知识的测量

在京津冀及周边地区中，京津冀三地于2017年4月联合发布《建筑类涂料与胶粘剂挥发性有机化合物含量限值标准》，实现了部

---

① 广东省环境保护厅：《把握湾区机遇 共建美丽泛珠——泛三角区域环境保护合作联席会议第十四次会议召开》，http://www.gdep.gov.cn/zwxx_1/gzdt/shbdt/201808/t20180829_242301.html，2018年8月29日。

② 广东省环境保护厅：《关于印发〈广东省挥发性有机物（VOCs）整治与减排工作方案（2018—2020年）〉的通知》，粤环发〔2018〕6号，http://zwgk.gd.gov.cn/006940060/201807/t20180709_772857.html，2018年6月20日。

③ 福建省生态环境厅：《全省环保工作视频会议召开》，http://sthjt.fujian.gov.cn/gkxx/gzdt/tpxw/201802/t20180226_2040637.htm，2018年2月26日。

④ 福建省人民政府：《关于〈福建省打赢蓝天保卫战三年行动计划实施方案〉的解读》，http://www.fujian.gov.cn/3gweb/mobile/document.action?docid=4606315&_url=/fj/wx/document，2018年11月14日。

分空气质量标准在三地的统一①。因此，空气质量标准统一方面得分为3分。在内部资源动员与组织技术方面，京津冀实现了空气质量联合会商，三地应急预警中心以及生态环境和气象部门通过空气质量联合会商，共同研判和预测未来3天空气质量状况以及未来7天空气质量趋势②。在社会资源动员与组织技术方面，诸多媒体如新华网③等对该区域大气污染协作进行了报道。该项指标得分为2分。应急联动能力方面，由于中央对此区域空气质量高度重视，2017年该区域实施了多次重污染应急联动，如11月4—7日京津冀"2+26"城市采取了区域应急联动的强制性应急减排措施，以应对持续的重污染天气④。2018年11月的空气重污染过程中，区域内46个城市实现应急联动，采取应急减排措施⑤，因此得分为1分。

虽然长三角区域大气污染防治协作小组在2014年协作机制构建之初就提出要实现长三角区域环境标准的对接统一，但是，直到2018年也未真正实现空气标准统一⑥，因此，得分为0分。在内部

---

① 新浪网：《〈建筑类涂料与胶粘剂挥发性有机化合物含量限值标准〉全文》，http://news.dichan.sina.com.cn/2017/04/20/1229839.html，2017年4月20日。

② 北京市环境保护局：《京津冀及周边地区密切会商加强空气质量预测预报联动全力做好APEC会议空气质量保障工作》，http://www.bjepb.gov.cn/bjhrb/xxgk/jgzn/jgsz/jjgjgszjzz/xcjyc/xwfb/607415/index.html，2014年11月5日。

③ 新华网：《国务院办公厅关于成立京津冀及周边地区大气污染防治领导小组的通知》，http://www.xinhuanet.com/politics/2018-07/11/c_1123110812.htm，2018年7月11日。

④ 李彪、王可然：《京津冀及周边地区重污染应急联动 区域整体管控企业今年增至5万家》，http://www.nbd.com.cn/articles/2017-11-07/1159261.html，2017年11月7日。

⑤ 张航：《京津冀及周边应急措施减排20%》，《北京晚报》2018年11月28日第02版。

⑥ 中华人民共和国中央人民政府：《长三角区域大气污染防治协作机制1月7日启动》，http://www.gov.cn/jrzg/2014-01/07/content_2561677.htm，2014年1月7日；《长三角区域污染防治协作进入第五年》，《解放日报》2018年3月15日。

资源动员与组织技术方面，长三角区域在 2015 年年初就实现了三省一市空气质量会商，并于 2017 年 11 月实现了长三角区域空气质量预报的可视化会商①。社会大众媒体如新华网②对该协作机制的运行情况也给予了极大关注。因此，在内部与社会资源动员与组织技术指标得分为 2 分。在应急联动方面，长三角区域在 2016 年中期建立了长三角区域空气重污染应急联动工作机制，而且在 2018 年 2 月初针对区域内重污染情况实施了应急联动③，因此得分为 1 分。

珠三角区域自 2009 年发布《广东省珠江三角洲大气污染防治办法》以来一直设有统一的空气质量标准④，得分为 3 分。内部资源动员与组织方面，珠三角实现了空气质量会商，2017 年 12 月曾专门召开年底空气质量会商分析会，对 12 月珠三角区域的空气质量进行预测⑤。各大媒体如中国新闻网⑥报道了珠三角大气污染防治协作进展，说明该区域社会资源动员与组织技术也掌握到位。因此，这项指标的得分为 2 分。在应急联动能力方面，根据国家环保部《大气污染防治行动计划》的要求，珠三角与京津冀、长三角一

---

① 郁文艳：《长三角区域空气质量预测预报中心：可预报未来 7 天污染潜势》，http://www.shxwcb.com/247949.html，2019 年 3 月 23 日。

② 杜康：《长三角加强联动 加码推进大气和水污染防治》，http://www.xinhuanet.com/2018-06/03/c_1122929877.htm，2018 年 6 月 3 日。

③ 新浪网：《长三角重污染预警联动 使污染浓度不再叠加上升》，https://news.sina.cn/2018-02-01/detail-ifyremfz3269364.d.html?wm=3049_0015，2018 年 2 月 1 日。

④ 广东省人民政府：《广东省珠江三角洲大气污染防治办法》，http://www.gz.gov.cn/GZ25/2.2.3/200902/1308287.shtml，2009 年 2 月 27 日。

⑤ 广东省环境保护厅：《省环保厅、省气象局与佛山市合作共建珠三角大气环境超级观测站》，http://gdep.gov.cn/zwxx_1/gzdt/shbdt/201712/t20171228_233395.html，2017 年 12 月 28 日。

⑥ 程景伟：《粤环保厅长：珠三角大气污染防治获突破性进展》，http://www.chinanews.com/sh/2018/01-28/8435193.shtml，2018 年 1 月 28 日。

样需要建立重污染天气应急联动机制。2018年生态环境部还专门发文要求珠三角修订应急减排项目清单、完善应急减排工作措施,实现区域应急联动①。另外,虽然2018年珠三角未启动重污染天气的应急机制,但是,2016年11月珠三角曾针对重度污染问题采取了区域联动②,这说明2018年的空气质量并未达到实施应急联动启动条件。据此,珠三角应急联动能力方面得分为1分。

与珠三角类似,海峡西岸城市群作为福建省内城市群,在空气质量标准方面是统一的,得分为3分。在资源动员与组织技能方面,福建省各城市实现了空气质量联合监测与协同会商③;不过,2018年有关福建省大气污染防治协作的信息并未见诸各大媒体,因此,得分为1分。最后,福建省设立了重污染天气应急联动机制④,不过,由于该省空气质量较好,未出现启动重污染天气应急联动的条件,因此,该应急联动机制未付诸实际中。据此,该区域在应急联动能力方面得分为1分。

表3—3　　　　　　　　协作能力的测量结果

大气污染防治协作区域	制度安排		上级支持		知识		
	沟通方式 (0—2)	常设机构 (0, 1)	同级政府领导参与 (0, 1)	上级政府领导参与 (0, 2)	空气质量标准统一 (0—3)	资源动员与组织技术 (0—2)	应急联动能力 (0, 1)
京津冀及周边地区	2	1	1	2	3	2	1

---

① 中华人民共和国生态环境部办公厅:《生态环境部办公厅关于推进重污染天气应急预案修订工作的指导意见》(环办大气函〔2018〕875号),2018年11月17日。

② 邓圩:《广东严阵应对珠三角重度空气污染》,http://gd.people.com.cn/n2/2016/1113/c123932-29300244.html,2016年11月13日。

③ 台海网:《全国1月空气质量排名出炉:福州第二　厦门第五》,http://www.taihainet.com/news/fujian/gcdt/2018-02-16/2104713.html,2018年2月16日。

④ 陈文浩、夏雨晴、曾咏发:《达到Ⅰ级预警　30%公务车停驶》,《海峡都市报》2014年4月10日第Y01版。

续表

大气污染防治协作区域	制度安排		上级支持		知识		
	沟通方式 (0—2)	常设机构 (0, 1)	同级政府领导参与 (0, 1)	上级政府领导参与 (0, 2)	空气质量标准统一 (0—3)	资源动员与组织技术 (0—2)	应急联动能力 (0, 1)
长三角	2	1	1	2	0	2	1
珠三角	2	1	1	2	3	2	1
海峡西岸城市群	0	0	0	2	3	1	1

四　协作行动的测量

（一）协作行动指标的量化与赋值

协作行动以政策形成、展开与调整为链条。与旅游协作类似，政策制定与调整可以直接以整个区域为整体进行测量，政策执行指标则需对各参与方逐个检测。

在协作政策形成方面需要测量"合作协议和实施方案的制定与协议的质量。首先，就"协议与实施方案制定"来说，区域大气污染合作政策通常由上级政府下发或者在区域合作成立时签订。由于上级政府的强势介入，大气污染防治领域的合作协议可获得性强。在测量时有正式方案可赋值为1分。"合作协议的操作性"一般根据协议中是否有具体的操作性、细节性内容实现测量，核心考察因素包括：是否规定了大气污染源控制方法、是否作出了推动区域协作机制的具体要求、是否制定了重污染天气的应急机制等。在测量时需要根据这三个方面分别进行测量，每个方面的计分为0或1，然后加总求均值。其次，"协作政策的约束力"也就是协作的控制机制。安德鲁等人曾揭示出跨区域协作的控制机制可以用三个指标检测：是否有年度服务费计划，是否有财务报告体系以及机构财务记录，是否能提供给第三方进行审计。① 不过，根据中国的情况，更为适合的考核指标应该是来自上级政府的财政支持以及协作各方政府的财政支持。同时，在中国的大气污染协作政策中，鉴于上级政府的强势影响，除了财务方面因素所能发挥的约束力，还需要考虑行政控制方面的一些因素。总之，我们对政策约束力的考察关注四个方面：是否有年度目标、是否有责任分工、是否有惩罚机制以及是否有财政支持。测量时每个方面分别进行"是"或"否"的判断，最后加总求均值。这几个指标用于测量初始政策的制定与特征，需要在政策实施之初收集数据并进行测量，不随年度变化。

协作政策调整方面，判断"协议调整"主要看评估年度内与区域大气污染防治协议相关的具体内容是否进行了调整，涉及的补充性政策包括联合执法政策、空气质量监测政策、污染源控制政策等。"协议调整方向"主要测量调整后的政策内容是否更有可操作性，即规定是否更为具体详细，是否提供了更为具体的行动方案，赋值时1为"是"，0为"否"。

在协作政策执行下，测量"资金拨付"主要关注大气污染治理的投资占公共预算支出的比重。"信息收集与数据报告"通过区域协作阶段性数据的提供情况加以判断。在测量时不能关注单个政府是否提供了当地空气质量报告，而要看单个政府是否提供了整个区域的空气质量报告或预报，或者在单个参与方报告当地信息时是否也提供其他协作方的空气质量报告。这些空气质量报告可以是独立报告，也可以是在空气质量年度报告中的部分内容。测量时根据有无进行测量，"有"为1，"无"为0。"实现联防联控"主要看考

---

① Andrew, Simon A., Jesseca E. Short, Kyujin Jung and Sudha Arlikatti, "Intergovernmental Cooperation in the Provision of Public Safety: Monitoring Mechanisms Embedded in Interlocal Agreements", *Public Administration Review*, Vol. 65, No. 3, 2015, pp. 401–410.

核年度中各协作方是否实施了联合执法。由于联合执法活动参加者不一定覆盖区域内全部政府，计分时没有任何联合执法活动计为 0 分，区域所有政府都参与联合执法计为 1 分，部分政府参与联合执法则根据比例进行折算。"不协作行为"通过两种方式测量：一是各参与方官方网站是否能够链接到其他参与方网站；二是媒体是否报道过区域不协作行为。赋值时采用反向计分，未出现不协作行为计 1 分，有不协作行为计 0 分。两个指标分别计分，最后加总求均值。如果出现部分政府有网站链接，则根据有网站链接的比例进行折算。

(二) 协作政策形成的测量

在正式政策方面，京津冀及周边地区大气污染防治协作的初始政策是 2013 年 9 月环保部等 6 部门下发的《京津冀及周边地区落实大气污染防治行动计划实施细则》；长三角区域大气污染防治协作的初始政策为三省一市于 2014 年 4 月通过的《长三角区域落实大气污染防治行动计划实施细则》；海峡西岸城市群在大气污染协作方面的初始政策为 2014 年由福建省人民政府发文的《福建省大气污染防治行动计划实施细则》；珠三角区域大气污染协作的初始政策主要是 2010 年广东省人民政府出台的《珠江三角洲环境保护一体化规划 (2009—2020 年)》，以及省环保厅联合发改委等五部门发布的《广东省珠江三角洲清洁空气行动计划》。因此，各区域在此指标下的得分均为 1 分。

在政策操作性方面，京津冀协作政策规定了各类污染源控制措施和大气污染预警、应急预案制定以及应急响应机制启动的详细要求。在推动区域协作机制方面，政策明确提出，要建立健全区域协作机制，同时组织实施区域环评会商和区域联合执法，实现区域大气污染信息共享，建立区域大气污染预警应急机制等大气污染防治措施[1]。长三角协作政策参照京津冀及周边地区的政策，也规定了各类污染源控制措施与预警、应急预案制定和应急响应机制的详细要求，同时规定要强化协作工作机制，充分发挥协作小组协商议事、共同行动作用，完善"会议协商、分工合作、共享联动、科技协作、跟踪评估"等工作机制[2]。珠三角相关政策提出了详细的各类污染源控制要求，甚至包括具体的减排企业名单；要求建立环境预警模型和预警体系，以预警指数形式发布污染信息，提升应急响应水平。同时，该政策要求完善区域大气污染防治联席会议制度，建立联防联控工作机制，并要求实现市、县两级联动执法[3]。因此，以上三个协作区域政策操作性均值都是 1 分。海峡西岸城市群相关政策有各类污染源控制的细致规定，要求制定完善重污染天气预警体系和应急预案，这两个维度得分各为 1 分。但是，政策对于协作机制强调的是各设区市政府对省级政府的配合，是上下级之间的协作，并未专门探讨如何深化各市级政府之间的协作；同时，政策虽然提及联合执法[4]，但操作性欠佳，因此，协作机制方面得分减半，计 0.5 分。最后，海西城市群协作政策操作性指标的均值为 0.8 分。

在政策约束力方面，京津冀及周边地区、长三角以及福建省的实施细则都规定了不同参与方五年大气污染控制总目标，同时，在

---

[1] 中华人民共和国环境保护部：《关于印发〈京津冀及周边地区落实大气污染防治行动计划实施细则〉的通知》（环发〔2013〕104 号），2013 年 9 月 18 日。

[2] 杭春燕：《长三角大气污染防控计划出炉》，《新华日报》2014 年 4 月 22 日第 A06 版。

[3] 广东省人民政府：《印发〈珠江三角洲环境保护一体化规划（2009—2020 年）〉的通知》（粤府办〔2010〕42 号），2010 年 7 月 30 日；广东省生态环境厅：《关于印发广东省珠江三角洲清洁空气行动计划——第二阶段（2013—2015 年）空气质量持续改善实施方案的通知》（粤环办〔2013〕14 号），2013 年 2 月 8 日。

[4] 福建省人民政府办公厅：《福建省人民政府办公厅关于印发贯彻落实〈福建省大气污染防治行动计划实施细则〉责任分工方案的通知》，2014 年 6 月 6 日。

不同类型污染源控制方面又针对不同省份及城市规定了不同年度的减排任务目标。而且，几个区域的政策都规定了不同部门在大气污染防治中的责任分工。在惩罚机制方面，珠三角规定通过考核指标与制度对未完成治理和整改任务的地方和企业进行惩罚；福建省规定对偷排偷放、屡查屡犯的企业要停产关闭，同时建立年度考核制度，对未通过年度考核的、干预伪造监测数据等的市政府及相关部门追究责任，并且对建设项目实施环评限批；长三角、京津冀及周边地区的政策要求对大气污染防治实施目标责任制，分解到各省且要强化监督考核，却并未明确提出要如何进行惩罚，也未提及对污染企业的惩罚措施。在财政支持方面，京津冀及周边地区政策规定空气质量监测体系建设与运行、监管经费纳入各级财政预算；福建省同样规定要将空气质量监测站点建设及运行、监管经费纳入各级财政预算，并且规定要争取中央专项资金以实现对重点区域、重点治理项目按治理成效"以奖代补"；珠三角区域的政策规定，省和各地级市要统筹安排资金共同建立珠三角地区环境保护专项资金，用于资助大气污染整治、监测能力建设等；长三角区域也要求各级政府预算要提供专项资金，用于空气质量监测能力建设与运行等[①]。根据各区域表现，珠三角、海峡西岸城市群的政策约束力指标综合得分为 1 分，京津冀及周边地区、长三角区域政策约束力经折算后综合得分为 0.8 分。

（三）协作政策调整的测量

2018 年，四个协作区的协作政策均进行了调整。2018 年 9 月，环保部六部委与京津冀等六省市联合出台《京津冀及周边地区

---

① 以上有关政策内容的判断，请参阅各区域相关政策：《京津冀及周边地区落实大气污染防治行动计划实施细则》《珠江三角洲环境保护一体化规划（2009—2020 年）》《广东省珠江三角洲清洁空气行动计划》《福建省大气污染防治行动计划实施细则》《长三角区域落实大气污染防治行动计划实施细则》。

2018—2019年秋冬季大气污染综合治理攻坚行动方案》。该方案专门针对一些特定的污染源以及秋冬季节特点提出专门的治理措施①，具有操作性。2018年9月广东省人民政府下发了《广东省大气污染防治条例》，明确要求珠三角区域不得再新建重污染项目，并且提供了具体的重污染项目名录②；同时，广东省环保厅发布《广东省挥发性有机物（VOCs）整治与减排工作方案（2018—2020）》，明确提出珠三角区域的减排目标③，具有操作性和针对性。长三角地区在2018年1月的第五次防治协作小组工作会上通过了《长三角区域空气质量改善深化治理方案（2017—2020年）》和《长三角区域大气污染防治协作2018年工作重点》，10月的第七次防治协作小组工作会上通过了《长三角区域大气污染防治协作小组工作章程》（修订草案）。2018年11月，生态环境部联合10部委以及长三角地区四省市发布了《长三角2018—2019年秋冬季大气污染综合治理攻坚行动方案》，该方案明确要求各地实现错峰生产并落实到企业具体生产线、工序与设备④，政策操作性很强，也具有针对性。海西城市群的福建省人民政府在2018年制定并下发了《福建省打赢蓝天保卫战三年行动计划实施方案》。该方案从产业布局优化、能源结构调整、运输结构调整、用地结构调整、重大专项行动

---

① 中华人民共和国环境保护部：《关于印发〈京津冀及周边地区2018—2019年秋冬季大气污染综合治理攻坚行动方案〉的通知》（环大气〔2018〕100号），2018年9月21日。

② 深圳市环境保护局：《〈广东省大气污染防治条例〉颁布，明年3月1日起施行》，http://meeb.sz.gov.cn/xxgk/qt/hbxw/201812/t20181206_14785506.htm，2018年12月6日。

③ 黄进、谢庆裕、陈昊等：《珠三角力争今年实施机动车国Ⅵ排放标准》，《南方日报》2018年6月28日第A04版。

④ 中华人民共和国生态环境部：《关于印发〈长三角地区2018—2019年秋冬季大气污染综合治理攻坚行动方案〉的通知》（环大气〔2018〕140号），2018年11月2日。

以及加强环境执法督查等方面,提出了详细目标和具体要求,并且规定了各项行动方案的责任单位①。根据四个协作区的表现,两个指标得分均为1分。

(四) 协作政策执行的测量

四个协作区资金拨付情况统一根据统计年鉴数据进行折算。由于我国目前并未单独报告大气污染防治的资金额,因此,根据国家统计局的统计,可以查找到2018年度节能环保资金投入额,据此可以计算此项支出占一般预算支出的比值。根据《中国统计年鉴2019》数据计算,2018年京津冀及周边地区节能环保投入占一般预算支出比值为4.02%(参见表3—4);长三角区域各省市二者比值为2.71%(参见表3—5);海峡西岸城市群2018年节能环保支出与一般预算支出比值为2.57%。根据《广东省统计年鉴2019》,珠三角2018年节能环保支出占一般预算比重为3.71%(参见表3—6)。

表3—4　京津冀及周边地区大气污染防治资金拨付情况　　单位：亿元

	北京	天津	河北	山西	内蒙古	山东	河南	总计	占比
节能环保支出	399.45	66.46	433.55	170.29	162.72	287.20	358.70	1878.37	4.02%
一般预算支出	7471.43	3103.16	7726.21	4283.91	4831.46	10100.96	9217.73	46734.86	

表3—5　　长三角地区大气污染防治资金拨付情况　　单位：亿元

	上海	江苏	浙江	安徽	总计	占比
节能环保支出	233.39	317.99	194.75	209.32	955.45	2.71%
一般预算支出	8351.54	11657.35	8629.53	6572.15	35210.57	

---

① 福建省人民政府:《关于〈福建省打赢蓝天保卫战三年行动计划实施方案〉的解读》,http://www.fujian.gov.cn/3gweb/mobile/document.action?docid=4606315&_url=/fj/wx/document,2018年11月14日。

表3—6　　　　　珠三角地区大气污染防治资金拨付情况　　　　单位：亿元

	广州	深圳	珠海	佛山	惠州	东莞	中山	江门	肇庆	总计	占比
节能环保支出	37.45	252.49	11.57	13.48	16.96	40.83	8.79	8.08	4.30	393.95	3.71%
一般预算支出	2506.18	4282.56	572.52	806.54	544.22	765.41	437.92	377.88	315.72	10608.95	

区域污染信息收集与报告指标关注各参与方是否提供除本地之外其他参与方的大气污染防治信息或空气质量信息。广东省生态环境厅以及中山市生态环境局每日于官网发布珠三角区域空气质量预报，提供珠三角整体的空气质量等级与主要污染物信息；上海市生态环境局提供长三角区域空气质量预报信息，而且专门张贴了《长三角区域环境空气质量预报》并每日定期更新；福建省生态环境厅提供整个海西分区域以及分城市的空气质量预报信息。京津冀及周边地区仅依赖环保部实现对外空气质量发布，区域内无任何一地发布区域整体空气质量信息。因此，除京津冀为0分，其他区域均为1分。

在联防联控方面，各协作区域在政策中都规定要实现联防联控、联合执法。评估时的判断标准是：评估年度内是否发生过实际的联合执法活动。京津冀及周边地区2018年实施的环保联动执法仅是京津冀三地的小范围联动执法。三地环保联动执法自2015年11月正式启动，逐步实现了京津冀排放标准统一和联动执法。2018年7月津冀联合对唐山一家玻璃企业进行大气污染排放情况的执法检查。[①] 据此，得分为0.43分。长三角区域在2018年实施

---

① 李茜：《京津冀深化联动执法　打好蓝天保卫战》，http：//env.people.com.cn/n1/2018/0721/c1010-30161979.html，2018年7月21日。

大气污染联合执法，并且"首创了跨省的大气执法互督互学的联合执法模式"①，得分为1分。珠三角地区的区域联合执法行动首先包括建立于2015年的全区域黄标车跨地市闯限行区联合电子执法，主要是每年通过电子联合执法对闯限行的黄标车实施异地处罚；②其次，2018年珠三角各地均已经设置了黄标车限行区，而且广州、深圳、东莞和佛山还实现了异地闯限行区电子警察执法。③因此，珠三角在此方面得分为1分。在海峡西岸城市群内，2018年各城市间的大气联合执法活动主要出现在厦漳泉三地④，其他城市间的大气联合执法并未出现，因此，得分折算为0.33分。

在不协作行为方面，福建省内南平提供了到其他城市的链接，泉州只有5个其他城市生态环境局的链接，宁德设置了到6个城市生态环境局的链接，莆田提供了到7个城市生态环境局的链接，三明只有到厦门生态环境局的链接，福州、漳州、龙岩、厦门没有提供到其他城市链接。另外，该区域大气污染防治协作未出现负面报道。网站链接方面根据比例折算赋分0.56分，与负面报道方面表现加总平均后，最后得分为0.78分。在京津冀及周边地区中，各地都提供了到其他省份生态环境厅的网站链接，但是，只有山东生态环境厅网站上才能打开相关链接，其他省市的网站链接无法打开。另外，该区域未出现负面新闻报道。根据京津冀及周边地区省

---

① 蔡新华、徐璐：《郊野清新味儿就是幸福感　三省一市协同作战换来亮眼"成绩单"》，《中国环境报》2019年6月5日第05版。

② 东莞市环境保护局：《广东机动车排放量近年持续下降》，http：//dgepb.dg.gov.cn/business/htmlfiles/dgepb/hbxw/201610/1092718.htm，2016年10月14日。

③ 平行之家网：《头条资讯：珠三角将实现黄标车闯限异地执法》，http：//www.pingxing.cn/news/pouh2w.html，2018年4月24日。

④ 台海网：《厦漳泉三地环保部门联手　共治区域大气污染》，http：//www.taihainet.com/news/xmnews/cjdc/2018-08-25/2175657.html，2018年8月25日。

市表现情况，不协作行为的得分折算为 0.57 分。在长三角区域中，大气污染防治协作的负面报道未曾出现，但是只有江苏、上海到其他省份的网站链接可以打开，据此，长三角区域不协作行为得分为 0.75 分。在珠三角区域，广州、佛山、惠州、东莞、中山没有设置到其他城市生态环境局的网站链接，珠海到其他城市的网络链接无法打开，深圳、江门提供了到 5 个城市生态环境局网站的链接，肇庆提供了到珠三角其他所有城市的链接。另外，媒体也未出现对珠三角区域大气污染协作的负面报道。据此，珠三角区域不协作行为得分为 0.67 分。

表 3—7　　　　　　　　协作行动的测量结果

大气污染防治协作区域	协作政策形成			协作政策调整		协作政策执行			
	政策与实施方案制定 (0, 1)	协作政策操作性 (0—1)	协作政策约束力 (0—1)	配套政策制定 (0, 1)	协作政策调整方向 (0, 1)	资金拨付 (%)	信息收集与报告 (0—1)	联防联控 (0—1)	不协作行为 (0—1)
京津冀及周边	1	1	0.8	1	1	4.02	0	0.43	0.57
长三角	1	1	0.8	1	1	2.71	1	1	0.75
珠三角	1	1	1	1	1	3.71	1	1	0.67
海西城市群	1	0.8	1	1	1	2.57	1	0.33	0.78

五　协作结果的测量

大气污染防治的协作结果具有相对明显的可测量性，但是，相关指标的初始数据通常分散于各个参与主体中，评估时需要将各单个参与方的数据进行加总或求均值。指标数据来源于各地统计年鉴，数据评估年度为 2018 年。

（一）固定污染源控制的测量：煤炭消费下降比例

由于京津冀及周边地区、其他区域内部分省份 2019 年统计年鉴未提供煤炭消费总量的相关数据，因此采用 2017 年数据对该指标进行测量。同时，各省份提供的能源数据格式不同，且有些未直接提供煤炭消费量，因此，此指标数据采集自《中国能源统计年鉴》。指标测量时，将 2017 年与前两年均值进行相比。

福建省 2017 年煤炭消费量总计 7542.95 万吨，2016 年和 2015 年数据分别为 6826.50 和 7659.94 万吨，平均 7243.22 万吨，2017 年比前两年增加 4.14%。在京津冀及周边地区，2017 年煤炭消费量为 174155.11 万吨，比前两年减少 31.77%（见表 3—8）。长三角区域 2017 年煤炭消费量为 45459.91 万吨，比前两年减少 1.59%（见表 3—9）。根据珠三角各市①统计年鉴数据，该区域 2017 年煤炭消费量总计为 6784.4716 万吨，比前两年增加 3.73%（见表 3—10）。

表 3—8　　　　　京津冀及周边地区煤炭消费下降比例　　　　单位：万吨,%

年份	北京	天津	河北	山西	内蒙古	山东	河南	总计	变化
2017	490.46	3875.61	27417.13	42942.29	38595.52	38164.71	22669.39	174155.11	
2016	847.62	4230.16	28105.6	3561.03	36675.32	40939.20	23226.52	137585.45	-31.77
2015	1165.18	4538.83	28943.13	237115.10	36499.76	40926.94	23719.94	372908.88	

表 3—9　　　　　　　长三角地区煤炭消费下降比例　　　　　　单位：万吨,%

年份	上海	江苏	浙江	安徽	总计	变化
2017	4577.84	26620.03	14262.04	16084.62	45459.91	
2016	4625.62	28048.13	13948.49	15728.68	46622.24	-1.59
2015	4728.13	27209.12	13826.07	15671.32	45763.32	

---

① 由于《肇庆市统计年鉴》未提供煤炭消费量的数据，因此，该市未计入。

表3—10　　　　　珠三角地区煤炭消费下降比例　　　　单位：万吨，%

年份	广州	深圳	珠海	江门	惠州	佛山	东莞	中山	总计	变化
2017	1466.2269	333.5631	55.76	1146.08	758.9690	1147	1660.8026	216.07	6784.4716	
2016	1435.6294	316.3441	57.87	1127.64	564.9403	1088	1694.3679	201.12	6485.9117	3.73
2015	1497.2745	333.5631	60.34	1099.14	605.4662	1082	1775.5185	142.10	6595.4023	

（二）移动污染源控制的测量：绿色出行

为了减少移动源污染，各地采取了诸多治理措施，如淘汰黄标车和老旧车辆，推动新能源汽车的使用，提升油品，鼓励绿色出行等，考虑到数据的可获取性，在此只关注绿色出行，并通过公交客运总量与常住人口比值实现测量。考虑到出租车与私家车一样对于减少环境污染的作用不明显，仅使用汽电车、轨道交通客运量以及客运轮渡数据。公交客运量数据来源于交通运输部综合规划司提供的2018年全国城市客运量[①]，人口统计数据来源于2019年《中国统计年鉴》。

在京津冀及周边地区，2018年北京、天津、河北、山西、内蒙古、山东、河南的公交客运总量分别为703818万、150559万、206334万、160180万、116198万、397637万和302521万人次，共计2037247万人次，年末常住人口数量分别为2154万、1560万、7556万、3718万、2543万、10047万和9605万人，共计37183万人，二者比值为54.79。在长三角区域，2018年上海、江苏、浙江、安徽的公交客运总量分别为577931万、617317万、446079万和219344万人次，总计1860671万人次，年末常住人口分别为2424万、8051万、5737万和6324万人，总计22536万人，二者比值为82.56。福建省2018年公交客运总量为229859万人次，常住

---

① 中华人民共和国交通运输部综合规划司：《2018全国城市客运量》，http://xxgk.mot.gov.cn/jigou/zhghs/201905/t20190513_3198918.html，2019年5月13日。

人口为 3941 万人，二者比值为 58.33。根据 2019 年《广东统计年鉴》数据，2018 年珠三角公交客运量为 567183 万人次，常住人口数为 6300.99 万人，二者比值为 90.01。

（三）固定污染源控制的测量：清洁生产

清洁生产采用单位生产总值能耗进行测量，即区域能源消费总量/区域国民生产总值，计量单位为吨标准煤/万元。数据来源于各省 2019 年统计年鉴。

海峡西岸城市群 2018 年能源消费总量为 13132.7 万吨，地区生产总值为 35804.04 亿元，单位生产总值能耗为 0.367 吨标准煤/万元。据表 3—11，长三角区域单位生产总值能耗为 0.328 吨标准煤/万元。在京津冀及周边地区中，北京、河北、山西和山东的 2019 年统计年鉴未提供 2018 年能源消费总量的数据，故根据天津、河南和内蒙古的数据进行粗略估计。根据三省 2019 年统计年鉴，该区域单位生产总值能耗为 0.667 吨标准煤/万元（见表 3—12）。在珠三角区域[①]，根据 2019 年各市统计年鉴以及《广东统计年鉴》数据，区域单位生产总值能耗为 0.243 吨标准煤/万元（见表 3—13）。

表 3—11　　　　　　　　长三角固定污染源控制

单位：万吨，亿元，吨标准煤/万元

指标	上海	江苏	浙江	安徽	总计	单位产值能耗
能源消耗总量	11453.73	24066.07	21674.56	13228.91	70423.27	0.328
地区生产总值	32679.87	92595.40	59197.15	30006.82	214479.24	

---

① 由于 2019 年《中山市统计年鉴》未提供能源消耗总量的标准煤数据，因此，该市未计入此指标中。

表3—12　　　　　京津冀及周边地区固定污染源控制

单位：万吨，亿元，吨标准煤/万元

指标	天津	河南	内蒙古	总计	单位产值能耗
能源消耗总量	18809.64	13889.54	17289.22	49988.4	0.667
地区生产总值	8173.66	48055.86	18726.74	74956.26	

表3—13　　　　　　　珠三角固定污染源控制

单位：万吨，亿元，吨标准煤/万元

	广州	深圳	珠海	佛山	惠州	东莞	江门	肇庆	总计	单位产值能耗
能源消费总量	6129.55	4308.85	902.16	1727.03	2612.22	1109.29	1257.87	728.22	18775.19	0.243
地区生产总值	22859.35	24221.98	2914.74	9935.88	4103.05	8278.59	2900.41	2201.80	77415.8	

（四）空气质量改善结果的测量

空气质量数据可以从环境状况公报获得，在此采用2018年与2017年比较的方式进行测量。根据环保部发布的《2018年中国环境状况公报》数据，京津冀及周边地区 $PM_{2.5}$ 和 PM_{10} 的浓度2018年比2017年分别下降11.8%和9.2%；长三角区域 $PM_{2.5}$ 和 PM_{10} 浓度分别比2017年下降10.2%和10.3%。根据环保部通报的2018年74城市空气质量月报和2018年全国城市空气质量月报数据计算，珠三角 $PM_{2.5}$ 浓度平均32微克/平方米，PM_{10} 浓度平均50微克/平方米[①]；根据环保部《2017年中国环境状况公报》，珠三角区域9个城市2017年 $PM_{2.5}$，PM_{10} 浓度分别为34和53微克/立方米。因

---

① 2018年6月及以后月份珠三角 $PM_{2.5}$ 和 PM_{10} 的数据根据2018年全国城市空气质量月报中9个城市的数据折算得出。

此，2018 年 $PM_{2.5}$ 比 2017 年下降 5.88%，PM_{10} 下降 5.66%。根据《2017 年福建省环境状况公报》，2017 年海峡西岸城市群 $PM_{2.5}$ 和 PM_{10} 浓度分别为 27 和 47 微克/立方米；《2018 福建省环境状况公报》数据显示，2018 年 $PM_{2.5}$ 和 PM_{10} 浓度分别为 15.5 和 22.2 微克/立方米。2018 年比 2017 年分别下降 42.59% 和 52.77%。

表3—14　　　　　　　　　协作结果的测量结果

大气污染防治协作区域	污染防治产出与结果			空气质量改善结果	
	煤炭消费总量下降比例	绿色出行	清洁生产	$PM_{2.5}$ 浓度下降比例	PM_{10} 浓度下降比例
京津冀及周边地区	-31.77%	54.79	0.667	-11.8%	-9.2%
长三角	-1.59%	82.56	0.328	-10.2%	-10.3%
珠三角	3.73%	90.01	0.243	-5.88%	-5.66%
海峡西岸城市群	4.14%	58.33	0.367	-42.59%	-52.77%

六　区域大气污染协作治理的整体绩效情况

（一）分项指标下的协作绩效比较

在协作动机方面，"协作重要性"与"共同承诺"指标下各协作区的绩效得分明显偏低，说明各协作区在大气污染方面的跨区域协作相对被动，仍然依赖于上级政府推动。"区域统一称呼"指标的绩效表现最好，海西是唯一未能得到满分的区域。与其他区域多年经济合作产生的深远影响相比，海峡西岸概念的提出相对较晚，各地方政府并未习惯将海峡西岸用于称谓此协作区。

在协作能力方面，"知识"与"上级支持方面"的表现要好于"制度安排"。各区域在"制度安排"下的差异很明显。海西城市群在沟通机制与常设机构方面表现很差，其他三个区域在制度安排方面的表现相对更好，这应该与合作的便利性相关。京津冀及周边地区、长三角都是跨省合作，在中央高度关注下，如果没有健全的沟通机制和机构，根本无法进行协作。相比之下，海峡西岸各城市处于福建省内，即使没有完善的沟通机制和机构，同样可以通过行政权力的运作实现沟通。虽然珠三角同样也是省内城市间协作，但是，该区域在大气污染防治方面的实践比中央强力推动区域协作提早了近5年时间。早先的实践摸索促使该区域在制度安排方面实现了创新，并为后来其他区域大气污染防治协作的沟通机制与机构设置提供了样板。

在协作行动方面，"协作政策调整"与"政策制定"的表现相对更好，"协作政策执行"绩效存在一定问题。这说明，政策制定与调整相对更容易操作，而政策执行过程中的情况却更为复杂。"不协作行为"方面，各区域绩效得分均存在一定的改进空间，说明协作力度还有待加强。

在协作结果方面，"煤炭消费总量下降比例"指标的绩效表现最差，"空气质量改善结果"的表现相对不错。煤炭消费总量中，珠三角和海西城市群不降反升，说明这些地区产业发展对煤炭的依赖程度明显高于另外两个区域。

（二）比例转换后的综合绩效比较

采用类似于区域旅游协作的综合绩效折算方法，可以对协作区各项指标数值同样通过比例转换进行归一化处理。在比例转换过程中，以等级赋分的指标将最高等级视同100%，最低等级视为0%，进而对指标得分进行比例转换；以实际行动或结果数据进行评估的指标，先将几个区域得分的最高值与最低值视同得分区间的上限（100%）与下限（0%），然后再根据分值实现比例转换。在各指标归一化处理的基础上加总计算综合得分，可以对区域进行排名。我们采用等权重法对各协作分值转换之后的结果进行处理：首先在二级指标下对指标得分加总并求出均值，以均值作为二级指标分值；进而在一级指标下加总求均值，得到最后的综合得分。综合计算后的结果汇入表3—15。结果显示，各协作区域的综合得分差异不大，绩效表现最好的长三角与绩效表现最差的海西城市群的分值差距仅为0.103。

根据表3—15可以看出，从综合绩效得分来看，京津冀及周边地区、珠三角与长三角的绩效表现好于海西城市群。这说明：长期经济合作累积的桥梁资本在提升区域协作绩效方面作用显著；中央的高度重视对绩效影响也很大。生态环境部每月在通报大气质量时，均将京津冀、长三角和珠三角区域作为重点关注区域，近期才根据珠三角的环境变动情况，将其从重点监测区域中移除。

表3—15　　　　　比例转换后各分项指标分值与综合得分

协作区域	协作动机		协作能力			协作行动			协作结果		综合得分
	共同信任与理解	共同承诺	制度安排	上级支持	知识	政策形成	政策调整	政策执行	直接结果	间接结果	
京津冀及周边	0.63	0.17	1	1	1	1	0.93	0.50	0.33	0.12	0.609
	0.4		1			0.810			0.225		
长三角	0.67	0.33	1	1	0.67	1	0.93	0.71	0.58	0.11	0.654
	0.5		0.890			0.880			0.345		
珠三角	0.56	0	1	1	1	1	1	0.86	0.67	0	0.642
	0.280		1			0.953			0.335		
海西	0.30	0.33	0	0.5	0.83	0.9	1	0.53	0.27	1	0.551
	0.315		0.443			0.810			0.635		

在四个维度下，几大协作区域的绩效表现均存在明显的不均衡现象。京津冀及周边地区、珠三角在协作动机与协作结果方面存在明显绩效短板；长三角在协作结果方面的绩效短板现象更为突出；海西城市群在协作动机与协作能力方面存在不同程度的缺陷。同

时，各区域在协作动机与协作结果方面欠账较多，而协作能力与协作行动方面的表现相对较好。

在协作动机方面，长三角和京津冀的表现要好于珠三角和海峡西岸城市群。这可能与两大协作区域均是在省级政府间展开有关。大气污染的跨区域特点导致政府管辖区域越大越容易感受到推动下级政府协作的必要性。目前中央政府具有极大的动力推动下级政府实现协作，而且，中央的权威性在地方政府大气污染协作治理方面能够产生极大促进作用。省级政府处于中央与市级政府之间，从上往下容易受到生态环境部的直接影响，一些环保任务会直接下达到各省级政府，大气污染的目标责任制管理也给省级政府带来了极大压力。结果，省级政府间的合作更为有力，市级政府间的合作则更多地带有省级政府一厢情愿的色彩。

在协作能力方面，京津冀及周边地区、长三角以及珠三角的表现明显优于海峡西岸城市群。这一结果暗示，区域协作的桥梁资本在提升协作能力方面的作用相当突出。桥梁资本的累积帮助三大传统协作区域更为容易地推进大气污染协作。

在协作行动方面，各区域绩效表现差别不明显。相对而言，珠三角与长三角的表现更好一些。珠三角协作行动表现更好应该与该区域协作的主动性密切相关。在几个协作区域中，珠三角区域的协作开始最早，协作具有内生性特点，是经济发展催生出来的自主创新举措。其他区域的大气污染协作都是在中央《大气污染防治行动计划》发布后，在中央推动下才被动产生的，这种外生性协作在实际运作中可能会出现一些不情愿的抵触或摩擦，导致协作不利。至于京津冀及周边地区表现不好说明该区域过于依赖中央，很多政策推进工作都是由生态环境部亲自担纲，甚至大气污染防治督察工作与信息通报等都由生态环境部勉力亲为。

在协作结果方面，海西城市群的绩效表现更好。海峡西岸城市群的协作结果表现更佳应该与该区域空气质量的基础更好有关，同时也与该区域相对于其他三个区域经济活动度更弱有关。

第三节　区域大气污染防治协作政策的效果评估：长三角

一　长三角区域大气污染防治协作政策

环境问题已经日益成为制约长三角发展的重要因素。尽管如此，在2013年以前，由于当时的环境行政管理体制只要求地方政府对本地环境质量负责，因此，长三角城市在环境保护工作中基本上是各自为政的。针对这一棘手问题，在2013年4月举办的长三角城市经济协调会上，各方指出长三角地区要尽快在环境保护领域展开合作并形成成熟的环境保护体系。这一倡议拉开了长三角地区在环境保护领域的合作序幕，但是，当时这仅是一种区域内自发的合作构想，并不具备行政效力。同年9月10日，为了解决日益突出的区域性大气问题，《大气污染防治行动计划》出台。该计划明确提出要建立长三角区域大气污染防治协作机制，由该地区内省级和国务院有关部门统筹区域大气污染治理工作。至此，长三角区域大气污染防治协作被国家正式确定，并提升到国家战略高度。为了实施该计划，2013年年底在环保部的斡旋和领导下，江苏、浙江、安徽、上海一同研究起草了《长三角区域落实大气污染防治行动计划实施细则》。2014年1月7日，经国务院同意，长三角区域大气污染防治协作机制正式启动，并且各方在3个月后迅速召开了长三角区域大气污染防治协作小组办公室工作会议。会议研究并原则通过了《长三角区域落实大气污染防治行动计划实施细则》，明确了第二年长三角地区大气污染治理的工作任务和总体目标,从而也宣告了长三角区域大气污染防治协作机制正式形成,江苏、浙江、上海、安徽开始在此框架内展开跨区域大气污染防治的实际行动。

长三角区域内各方为了推进长三角区域大气污染联防联控工作,在合作内容上达成了一定的共识。一是污染源控制和治理。造成长三角地区大气污染状况如此严重的源头主要是工业污染、交通污染、工地扬尘污染和秸秆燃烧。对于工业污染,各省都认为控制煤炭消费量、加快能源结构优化调整是防治工作的重中之重;对于交通污染,各方同意要在全国率先实施更高要求的机动车排放标准,加快淘汰不达标的老旧车辆,并积极推进新能源汽车发展和油品升级;对于工地污染,各方都重视对扬尘污染的控制措施,规范和监管建设工地的作业和渣土运输;对于秸秆燃烧,强调要利用法律威慑、技术支持等多种措施加以规范整治和疏导。二是加快产业结构调整。为此,各省市都承诺要加快产业结构调整升级,实行严格的能耗标准控制产能过剩,有序淘汰钢铁、建材等行业的落后产能。同时,积极引导企业开展节能技术改造,培育新兴产业并加快发展节能环保产业。三是逐步对接政策和标准。政策规定要积极推进大气污染防治政策的逐步对接和环保标准的统一化,尤其优先推进机动车燃油清洁标准和排放标准、主要污染物的排放标准的对接。四是加强区域联防联控和相关合作。长三角要作为一个整体来进行联防联控,做好预警应急联动,建立相关数据共享和预测预报体系。

二 大气质量影响因素

1. 气象因素。气象因素作用于大气污染物的扩散,能够对大气质量产生不可或缺的影响,因而,学界认为,气象因素是大气质量的主要自然影响因素。戴维（David）等[1]的研究就证明，不利气象条件会影响一个地区的整体空气质量，气温较低、湿度较高、风速较小、积雪覆盖导致犹他州盐湖城的空气质量下降；周伟东、梁萍[2]则发现，风速风向的变化会改善上海的空气质量。就具体的空气质量指标来看，影响 AQI 在大气中发散、转移、稀释、转化的重要因素包括相对湿度、风速、降水、大气温度等的气象因素[3]；除 O_3 外的其他污染物的 AQI 也与气温、日照时数、降水、风速显著负相关；同一季节内，PM_{10} 浓度和 O_3 浓度均与风速、降水呈负相关[4]；$PM_{2.5}$ 浓度同样受到平均风速、降水量的负向影响[5]。总之，气象因素的影响作用通常包括了两个方面，一是大气湍流的影响，即大气层的风速越大，湍流越强，空气污染物的浓度也就越低。二是气象条件的影响，包括风向、云量、降水等。其中降水量和污染物浓度负相关，而云量和大气稳定度和污染物浓度正相关。[6]

2. 城市发展因素。部分学者注意到城市和农村的大气污染物的

---

[1] Whiteman, C. David, Sebastian W. Hoch, John D. Horel & Allison Charland, "Relationship between Particulate Air Pollution and Meteorological Variables in Utah's Salt Lake Valley", Atmospheric Environment, Vol. 94, No. 3, 2014, pp. 742 – 753.

[2] 周伟东、梁萍：《风的气候变化对上海地区秋季空气质量的可能影响》，《资源科学》2013 年第 5 期。

[3] 张存厚、李福胜、朝鲁门等：《呼和浩特市空气质量状况及与气象因子的相关性分析》，《干旱区资源与环境》2018 年第 2 期；杜国祥：《基于 AQI 指数的城市空气质量变化趋势及空间差异——以京津冀城市群为代表》，《城市发展研究》2017 年第 8 期。

[4] Vardoulakis, Sotiris & Pavlos Kassomenos, "Sources and Factors affecting PM_{10} Levels in Two European Cities: Implications for Local Air Quality Management", Atmospheric Environment, Vol. 42, No. 17, 2008, pp. 3949 – 3963.

[5] 周曙东、欧阳纬清、葛继红：《京津冀 $PM_{2.5}$ 的主要影响因素及内在关系研究》，《中国人口·资源与环境》2017 年第 4 期。

[6] 邬恒东：《浅议影响城市大气污染质量的气象因素》，《科技向导》2010 年第 6 期。

扩散规律和污染程度存在诸多不同，于是将研究重点放到了城市发展因素上。例如杨阳等[1]从 40 多个变量中筛选出与城市空气质量显著相关的因子，发现多个城市发展指标都对城市空气质量造成不同程度的影响，主要包括地区生产总值、城市建成区面积、第二产业占 GDP 比重、公路客运量、人均城市道路面积和人均绿地面积等六个因素。

3. 政策因素。环境政策的直接政策目标都是降低环境污染，改善环境质量。对于环境政策对环境所产生的影响，学者们从不同角度切入进行了评估。从宏观角度看，一些学者对中国环境政策进行了综合评估，指出环境政策的实施，对经济增长带来的环境恶化问题起到了较好的抑制作用。[2] 更多情况下，人们针对不同环境政策实施具体的政策评估，以判断政策对环境状况改善能够产生的效应。综合来看，对于政策在环境质量改善过程中所发挥的作用，学者的结论是：环境规制政策在一定程度上改善了我国的环境质量。[3]

大气是环境的重要组成部分，政策要素是否同样会对大气质量改善产生显著正向影响呢？学者们通过实证研究给出了肯定的答案。一些学者将环境规制作为一个整体，进而探讨其产生的效果，研究证实环境规制对大气质量改善具有正向影响作用。[4] 也有学者

---

[1] 杨阳、沈泽昊、郑天立等：《中国当前城市空气综合质量的主要影响因素分析》，《北京大学学报》（自然科学版）2016 年第 6 期。

[2] 傅伯杰、马克明：《中国的环境政策效应与污染治理效果分析》，《环境科学》1998 年第 3 期。

[3] 包群、邵敏、杨大利：《环境管制抑制了污染排放吗？》，《经济研究》2013 年第 12 期；刘郁、陈钊：《中国的环境规制：政策及其成效》，《经济社会体制比较》2016 年第 1 期；张志强：《环境规制提高了中国城市环境质量吗？——基于"拟自然实验"的证据》，《产业经济研究》2017 年第 3 期。

[4] Kumar, Naresh & Andrew D. Foster, "Air Quality Interventions and Spatial Dynamics of Air Pollution in Delhi and its Surroundings", *International Journal of Environment and Waste Management*, Vol. 4, No. 1, 2009, pp. 85–111；贺灿飞、张腾、杨晟朗：《环境规制效果与中国城市空气污染》，《自然资源学报》2013 年第 10 期。

专门对我国的污染控制政策进行了评估,结果显示,目前我国实施的污染控制政策起到了有效控制污染物排放的效果。[①] 还有学者从单项大气污染治理措施入手进行分析。如曹静、王鑫等[②]验证了"尾号限行"这一政策的实施能够有利于改善北京市大气质量;卢亚灵等[③]则证明了淘汰黄标车政策对京津冀地区空气质量改善具有显著影响;帕查利多(Paschalidou)等[④]发现,作为一种可持续使用的公共交通工具,地铁可以通过逐步减少汽车和重型机动车辆的数量,减少空气污染物排放。

三 数据与方法

(一) 变量解释与说明

由于影响大气质量的因素多种多样,而长三角区域大气污染防治协作政策实施时间较短,故所有变量均采用每日数据。

因变量即空气质量数据通过污染指标来表达。我们在研究过程中选择了两个污染指标作为因变量。第一个为每日空气质量指数(即 AQI),第二个为每日的 $PM_{2.5}$ 浓度。

---

① 武晓利:《环保技术、节能减排政策对生态环境质量的动态效应及传导机制研究——基于三部门 DSGE 模型的数值分析》,《中国管理科学》2017 年第 12 期;李永友、沈坤荣:《我国污染控制政策的减排效果——基于省际工业污染数据的实证分析》,《管理世界》2008 年第 7 期。

② 曹静、王鑫、钟笑寒:《限行政策是否改善了北京市的空气质量》,《经济学(季刊)》2014 年第 3 期。

③ 卢亚灵、周佳、程曦等:《京津冀地区黄标车政策的总量减排效益评估》,《环境科学》2018 年第 6 期。

④ Paschalidou, A. K., P. A. Kassomenos, A. Kelessis, "Tracking the Association between Metro-railway Construction Works and PM Levels in An Urban Mediterranean Environment", *The Science of the Total Environment*, Vol. 568, 2015, pp. 1326 – 1332.

自变量即政策变量。政策变量可以通过两种方式实现测量：一种是将政策相关的活动予以量化从而直接测量政策，例如为减少机动车排放而控制机动车数量、政府投入的治污资金量等；另一种测量方法是采用断续时间序列方法将政策变量设计为两个虚拟变量。我们采用了第二种方式，这是因为因变量和控制变量均为日数据，第一种方式下能够获得的数据通常是年度数据，日数据难以获取，无法匹配污染数据。

为了将政策因素进行虚拟化赋值，首先要确定政策前后的分界点。通过对长三角区域大气污染防治协作政策的分析可以看出，长三角区域大气污染防治协作并不是单一政策，而是由一系列各个领域和各个省份的政策组成的。通过比较这些政策可以发现，2014年4月21日的《长三角区域落实大气污染防治行动计划实施细则》只是为合作搭了一个大致框架，对于2014年的大气污染防治工作，各省都自行制定了本省的目标和工作，并没有展开实质合作。直到2014年12月1日，由江浙沪皖和国家八部委组成的"长三角区域大气污染防治协作机制"在上海召开第二次工作会议，才真正进入区域合作阶段。在这次工作会议上，三省一市提出了《长三角区域大气污染防治协作2015年重点工作建议》，为当年的工作作出了具体安排。考虑到空气污染政策的实施能够在较短时间内产生明显的政策效果（如北京的APEC蓝），因此，我们在研究中对政策效果的滞延期限设定为1个月，选取了2015年1月1日作为政策前后的分界点。政策影响分为短期影响和长期影响。短期政策影响赋值方法为：2015年1月1日之前每天赋值为0；2015年1月1日开始每天赋值为1。长期政策影响变量在赋值时，2015年1月1日之前每天赋值为0；2015年1月1日开始每天加1。

气象条件是本研究的控制变量。每日天气情况作为控制变量主要分为降水和风力两类变量。对于降水量，由于无法获取4个城市每天准确的降水量，我们收集到的降水量数据主要是以等级形式报告的，因此，研究过程中需要通过对等级赋值的方法进行量化。根据国家气象部门雨量等级的划分，无降水量，包括晴、多云、阴三类天气情况，对此赋值为0；低降水量，包括小雨、小雪两类天气情况，赋值为1；中降水量，包括中雨、中雪、阵雨，赋值为2；高降水量，包括大雨、大雪，赋值为3；强降水量，包括暴雨、暴雪，赋值为4。风力包括了两种信息，一种是风向，另一种是风速。由于风向对于空气质量的影响难以考察，只选取每日风速的平均级数作为风力变量数值。

（二）数据来源

国务院2016年批准的《长江三角洲城市群发展规划》将长三角26座城市纳入了长三角区域。基于数据获取的便利性，我们仅关注上海以及3个省会城市。

对于每日空气质量的相关数据，江苏省、浙江省和安徽省的相关部门均未开通可供查询历史数据的渠道。因此，相关数据主要来自民间组织或民间相关爱好者提供的网络平台，包括"中国空气质量在线监测分析平台"和"天气后报网空气质量指数查询"等。鉴于网站所提供数据的起点为2013年10月1日，数据收集时间段为2013年10月1日到2018年12月31日。上海市2013年1月1日到2018年12月31日的每日AQI指数和$PM_{2.5}$浓度来源于上海市生态环境局的空气质量实时发布系统。我们还参考《上海市环境状况公报》《安徽省环境状况公报》《江苏省环境状况公报》以及《浙江省环境状况公报》内相应年度的一些数据和资料。

对于各城市的每日天气情况，国家气象部门并未开通可供查询历史天气的渠道，所采集的数据主要来自"天气网历史天气预报查询"和"2345天气预报网"。收集时间段为：上海市自2013年1月1日到2018年12月31日；南京市、杭州市和合肥市自2013年10月1日到2018年12月31日，与每日空气质量相对应。

(三) 数据处理方法

在数据处理时,首先通过独立样本 T 检验分析数据前后差异是否显著,然后通过断续时间序列分析判断影响大气质量变化的因素,从而分析大气污染防治协作政策是否产生了预期效果。在分析过程中,通过 D. W. 检测来判断时间数据的自相关问题,当自相关问题存在时,通过差分等方式排除自相关问题。

四 政策效果的评估结果

(一) 政策前后空气质量变化的描述性统计分析

四市从 2014 年 1 月到 2018 年 12 月每月 AQI 和 $PM_{2.5}$ 的均值如表 3—16。从表中可以看出,南京与政策启动前的 2014 年相比,南京市在大气污染防治协作机制启动后的 4 年中,AQI 月均值和 $PM_{2.5}$ 浓度月均值同期相比基本呈现逐年下降的趋势。同时,将 2018 年数据与 2014 年数据对比可见,每个月的变化幅度都相当大,夏季几个月份甚至实现了空气质量翻倍。杭州市除冬春季几个月有些许反常外,夏秋季政策前后同期相比,基本上也是逐年下降,这说明杭州的污染指数在政策实施后也在向良性发展。上海市空气质量的发展趋势与南京和杭州非常相似,两个污染指标的数据都大致呈现逐年同期下降的趋势。2018 年空气质量情况与政策前的 2014 年相比变化相当明显,不过,上海空气质量在政策前后变化不如南京明显。合肥市政策后的数据要好于政策前。不过,对比 2018 年和 2014 年数据可以发现,除少数月份污染物数量变化明显外,多数情况下数据变动并不大。而且,四市数据都显示,在一年的不同月份之间,数据存在明显的季节性波动,说明夏季的降水应该产生了明显的影响作用。

表3—16　　　　　　　　四市政策前后每月相关数据变化

城市	月份	AQI月均值					PM$_{2.5}$浓度月均值（μg/m³）				
		2014年	2015年	2016年	2017年	2018年	2014年	2015年	2016年	2017年	2018年
南京市	1月	165.9	130	109.9	98	92	128.2	97.5	79.5	59	57
	2月	104.1	101.2	99.3	96	87	76.2	72.3	69.3	60	54
	3月	109.3	83.3	109.5	79.3	81	74	55.4	77.4	47	48
	4月	89.5	81	71.6	70.2	73	59.2	49.7	44.8	42	39
	5月	128.2	83.5	75.9	74	70	84.3	51.2	43.1	35	37
	6月	120.1	75.5	59.4	67.2	65	88.3	45.3	36.5	31	32
	7月	92.7	62.5	52.9	49.6	46	64.6	35.3	30.4	19	15
	8月	60.2	67.7	55.5	48.3	43	41.8	32.3	25.8	17	16
	9月	74.9	63.2	62.3	59	46	50.2	29.7	33.9	26	24
	10月	96.9	87.7	44.9	54.9	50	66.5	55.4	24.6	31	29
	11月	112.7	79.5	68.9	70.1	67	81.2	56.7	43.3	50	48
	12月	100.3	127.9	98.9	97.4	87	63.8	94.1	62	67	65
杭州市	1月	135.2	118.8	108.5	98.7	96.7	102.4	88.1	80.4	63	62
	2月	81.1	88.8	89.3	91.8	92	59.3	64	63.8	67	65
	3月	84.4	77	98.2	89	84	60.1	52.8	71.6	54	59
	4月	84.1	79.7	68.3	73.2	72.1	59.1	53.4	46	47	50
	5月	89.5	82.7	69.1	60.5	61	58.5	53.4	46.4	41	40
	6月	80.5	61.5	54.6	59.2	52.9	53.2	39.5	35.3	30	27
	7月	70.7	52.6	53.5	50.9	49	43.5	30	32	27	26
	8月	66.8	62.2	46.3	41.3	42	44.4	36.6	25	23	20
	9月	68.3	68.5	51.2	52.1	51.3	45.1	41.5	34	32	29
	10月	86	76.4	50.3	50.1	49.6	58.4	52.6	31.9	32	31
	11月	101.9	67.7	73.8	69.3	70	74.6	48	51.7	48	49
	12月	101.4	120.8	131.2	103.9	102	71.4	90.5	96	73	75
上海市	1月	101.7	112.6	96.8	79.6	80.2	75.5	82.5	70.2	45	47
	2月	73.7	89.9	77	72.3	71	51.6	63.3	54.3	50	48
	3月	81.6	79.9	74.7	70.8	68.9	56.1	53.5	52	44	41
	4月	76.9	83.3	80.5	71.2	73	52.3	55.4	55.6	45	43
	5月	94.2	69.4	76.6	67.2	62.3	63	43	50.3	32	30

续表

城市	月份	AQI月均值					PM$_{2.5}$浓度月均值（μg/m³）				
		2014年	2015年	2016年	2017年	2018年	2014年	2015年	2016年	2017年	2018年
上海市	6月	66.4	71.7	58.1	69.1	70.1	43.5	42.8	39.2	38	34
	7月	68.8	67.1	61.1	58.2	56.2	44.4	38.8	38.3	33	31
	8月	59.6	69.5	36.6	49.8	47.4	37.7	39.8	18.9	31	29
	9月	60.9	64.4	50.3	40.2	39.5	34.7	33.8	32.3	26	24
	10月	68.5	74.9	40.2	35.6	37.1	39.5	47.4	21.9	24	24
	11月	75.3	81	65	62.3	61.3	51.9	57.7	43.9	41	39
	12月	101.2	109.9	95	93.2	95.2	71.3	81.8	58	54	53
合肥市	1月	193.3	134.2	118.5	109.1	108.2	153.8	101.1	87.8	87	89
	2月	110.3	111.5	108.9	103.4	107.1	82.9	82.4	80	86	87
	3月	104.6	89.4	117.2	98.6	96.2	76.5	62.7	86.7	63	65
	4月	90.9	86.4	75.6	73.2	71.3	66	57.3	50.1	52	51
	5月	113.2	90.4	77.2	70.4	69.4	75.6	61.5	48.2	49	47
	6月	125.2	69.6	62.2	61.2	59	94.2	44.6	41.3	43	43
	7月	85	60.2	56.6	53.1	52.9	57.9	39.6	36.1	33	38
	8月	77.3	62.9	65.5	69.8	47.8	53.7	38.5	36.7	27	24
	9月	77.5	63.9	71.1	74.9	63.4	53.9	40.2	45.6	36	39
	10月	106.5	98	52.5	60.9	59.1	75	69.1	34.5	41	43
	11月	126.6	88.1	77.7	83.2	89.2	95	64.5	54.7	67	65
	12月	96.9	146.9	120.1	133.9	135.1	68.3	113.3	92	98	93

（二）政策效果的独立样本T检验与断续时间序列分析结果

为了判断大气污染防治协作政策实施前后各个城市的空气质量数据变化是否显著，需要对数据进行独立样本T检验分析。在T检验基础上，为确定政策是否对空气质量数据产生了显著影响，可以对4个城市的数据进行断续时间序列分析。

1. 独立样本T检验结果

长三角四市T检验结果如表3—17所示。从结果来看，4个城市 AQI 和 $PM_{2.5}$ 两组数据的双侧检验 P 值都小于 0.05，表明在长三角大气污染防治协作政策前后 4 个城市 AQI 和 $PM_{2.5}$ 数据均表现出了显著差异，同时，均值差都为正值，说明政策后污染数据显著下降。

表 3—17　　　　　南京市相关数据独立样本 T 检验结果

城市		t	均值差值	标准误差值	差分的95%置信区间	
					上限	下限
南京	AQI	10.068***	33.65822	3.34311	27.09233	40.22412
	$PM_{2.5}$	10.666***	30.323	2.84288	24.73964	35.90637
杭州	AQI	6.837***	19.38649	2.83554	13.81806	24.95492
	$PM_{2.5}$	6.586***	16.40296	2.49057	11.51152	21.2944
上海	AQI	5.217***	12.06215	2.31208	7.52642	16.59788
	$PM_{2.5}$	3.403***	6.71639	1.97349	2.84483	10.58795
合肥	AQI	9.417***	34.86688	3.70252	27.59463	42.13914
	$PM_{2.5}$	9.296***	30.17912	3.24638	23.80239	36.55586

注：* 表示 $p<0.1$，** 表示 $p<0.05$，*** 表示 $p<0.001$。

2. 断续时间序列分析结果

长三角大气污染防治协作政策对 4 个城市污染指数影响的断续时间序列分析结果见表 3—18。结果显示，"降水量"和"风力"对 4 个城市的 AQI 指数以及 $PM_{2.5}$ 都产生了显著负影响，说明这两个因素有助于降低 AQI 的数据，从而显著提升空气质量。长三角大气污染防治协作政策变量也发挥了显著影响，但仅对上海市空气质量产生了显著负影响。政策实施后，政策对上海市两个污染指标均产生了短期政策影响，说明政策有助于上海短期内的空气质量改善。

表 3—18　　　　　　　　　　四市断续时间序列分析结果

城市	变量	AQI 标准化系数	T 值	调整 R²	F 值	PM_{2.5} 标准化系数	T 值	调整 R²	F 值
南京	政策短期	-0.038	-0.883	0.031	9.955***	-0.049	-1.134	0.030	9.765***
	政策长期	0.037	0.873			0.042	0.985		
	降水	-0.125***	-4.078			-0.088***	-2.88		
	风力	-0.110***	-3.494			-0.143***	-4.529		
杭州	政策短期	0.012	0.285	0.057	17.930***	0.009	0.221	0.052	16.268***
	政策长期	0.024	0.564			0.025	0.601		
	降水	-0.182***	-6.161			-0.139***	-4.698		
	风力	-0.138***	-4.677			-0.168***	-5.662		
上海	政策短期	-0.101**	-2.026	0.018	7.706	-0.101**	-2.028	0.013	5.718
	政策长期	0.012	0.290			0.010	0.245		
	降水	-0.093***	-3.460			-0.064**	-2.383		
	风力	-0.137***	-3.621			-0.137***	-3.630		
合肥	政策短期	-0.014	-0.330	0.022	4.287	-0.015	-0.342	0.021	7.152
	政策长期	0.030	0.695			0.029	0.687		
	降水	-0.120***	-3.988			-0.104***	-3.458		
	风力	-0.098***	-3.239			-0.103***	-3.402		

注：* 表示 p<0.1，** 表示 p<0.05，*** 表示 p<0.01。

五　评估结果讨论

通过研究发现，在长三角区域大气污染防治协作机制启动前后，区域内的大气质量显著好转，但是，空气质量的变化主要是受降水、风力等气象因素的影响，区域大气污染防治协作政策只是对上海市产生了短期影响。

为什么长三角地区城市空气质量好转受气候因素影响如此之大？通过比较长三角和京津冀两个城市圈可以解释这一现象。京津冀地区大气污染防治协作机制正式启动的时间点为 2013 年，这一时间点与长三角协作的政策启动时间相差无几。但是，经过几年的治理，京津冀地区的空气污染还是比长三角地区严重得多。抛去政策因素，长三角地区的气候条件的确优于京津冀地区。从降水上看，京津冀地区属于温带季风气候，整个地区年降水量在500—800mm，并且大约三分之二的降水量集中于夏季，因此冬季是京津冀地区重污染频发季节。长三角地区属于亚热带季风气候，年降水量在1000mm以上。长三角地区的年降水量普遍多于京津冀地区，丰沛的降水对于空气的净化作用是非常明显的。从风力上看，尽管我们无法确定京津冀地区和长三角地区的风力差别，但可以从其他方面看出一些差距。2016年2月，北京市宣布未来将在城区建立5条通风廊道，缓解中心城区的热岛效应[①]。通风廊道沿着城市主导风向的方向延伸，能够将城市外部的空气引至城市中，促进城乡大气交换和城市大气污染物扩散。此外，还有专家建议在北京北面的高山上多建造大型吹风机，顺着通风廊道把北京上空的雾霾吹走。可以看出，北京市在近几年开始着手打造城市通风廊道，利用地处平原、季风气候等自然条件缓解雾霾。与北京还处于规划阶段相比，位于长三角的南京、杭州、上海、合肥等城市早已开始城市通风廊道建设。以南京市为例，早在2014年，南京市就出台了《大气污染防治行动计划》，明确提出要建设城市通风廊道，结合南京市东北风为主、长江贯穿城市等相关自然条件，将郊外的新鲜空气导进城中，从而有效缓解城市的热岛效应和雾霾天气。同时，南京市还严格限制高污染工厂在市区上风向和通风廊道内建设，对污染企业实施搬迁[②]。与南京市的情况类似，几

---

① 孔祥鑫、李萌、康淼：《北京将造五条城市通风廊道》，《中国工商时报》2016年2月26日第04版。

② 《南京拟建城市"通风廊道"引长江风入主城吹散雾霾》，《金陵晚报》2011年11月6日第07版。

个长三角城市都利用自身区位优势和自然条件，合理进行城市规划，形成便于大气污染物扩散的城市格局。这就可以解释为何我们所调查的城市的空气质量好转受风力、降水等气候因素影响如此之大了。

为什么长三角空气污染防治协作的政策效果不理想？从上文可以看出，主要城市的空气质量变化与政策变量的相关性较低，政策仅在上海产生短期效应。这一结果的产生既可能与数据样本有关，也可能与政策设计与执行有关。从数据样本来看，由于除上海之外的3个城市均只能找到2013年11月之后的数据，而上海则包括了2013年整年的数据，因此，数据样本量不同，可能在一定程度上会对政策效果形成扭曲作用。但是，政策设计与执行方面问题对政策未能产生预期效应的影响可能更大。我们在研究过程中发现，长三角空气污染防治协作机制仍存在诸多不足之处，包括政策本身以及政策执行过程中都存在一定的问题和短板。

（一）区域协作缺乏统一领导机构和标准

尽管长三角大气污染防治协作已经出台多项行动计划，但在具体操作层面仍面临合作不畅、行政干预过多等问题，行政阻隔成为协作中的最大障碍。一则关于该政策的新闻报道提及：在参加大气污染防治协作的相关会议时，参会部门对于如何进行深度合作几乎全程无交流，所谓合作似乎仅仅只是泛泛而谈[1]。这说明，尽管各级政府部门都清楚区域协作的必要性，但是，由于缺乏统一机构统领，区域协作没有明确的目标、清晰的职责和完善的考核机制，无法起到应有的约束作用。2014年4月各方共同成立了长三角区域大气污染防治协作小组，但该小组只是从科学性和可行性的角度出发出台了《长三角区域落实大气污染防治行动计划实施

---

[1] 蒋芳：《长三角大气治理遇行政壁垒 缺乏统一统领难协调》，《瞭望新闻周刊》2014年第31期。

细则》，为合作提出了一个大致的框架。对于各省的大气污染防治具体工作，各省各自制定本省的目标和工作，各方都不受长三角区域大气污染防治协作小组的监管和监督。对于有关部门工作目标未达成或相关部门不作为的情况，长三角区域大气污染防治协作小组也无权加以惩治。因此，《长三角区域落实大气污染防治行动计划实施细则》所明确的各省减排具体指标流于表面，并不具备强制力。

部门之间的阻隔同样不容忽视。协同治理大气污染并进行预警预报工作的首要任务就是对区域内的所有污染源进行调查分析。然而，各地涉及大气污染的观测站点分属气象、环保、交通、民航、林渔业等多个部门和单位，其监测设施也存在差异。因此，部门分割、标准不统一、数据繁多等导致数据资源难以有效共享。以江苏省为例，江苏省环保监测中心和气象局在2014年试图实现相关数据的共享和科技人员对于项目研究的互相参与。但是，双方能够交换的数据仅是"环保系统72个国控点和气象系统70个国家站的数据"[1]，省市下一级站点的数据由于标准不同无法共享。同一个省内尚且如此，跨省难度更是可想而知。所以，由于各省市标准不一致，仅靠协商不能从根本上解决大气污染联防联治中面对的问题。

（二）协作法规不健全且执法力度不够

相关法律不健全既体现在国家立法层面，也体现在地方立法层面。从国家立法层面来说，尽管我国大气污染防治的法律建设已经取得了不小进展，但是关于大气污染联防联控的配套制度还不够完备。首先，我国大气污染防治法在实际运用中缺乏具体尺度和规范。因为我国区域经济发展不平衡，即使在经济较为发达的长三角

---

[1] 蒋芳：《长三角大气治理遇行政壁垒 缺乏统一统领难协调》，《瞭望新闻周刊》2014年第31期。

地区，各省各市之间依然存在巨大差异，一刀切的执行标准并不能满足现实需要。其次，国家相关法律中并没有提出大气污染联防联控的具体措施，这些措施只能由地方政府合作拟定。最后，现阶段国家立法缺乏一个区域内大气污染排放总量的控制制度。这里所说的排放总量包括两个层面，第一个层面是指区域内的大气污染总量。在经济发达城市，生态环境已成为政府关注的重中之重，因此，发达城市内的高污染高能耗企业很可能被迫迁移至欠发达城市，大气污染也随之转移，但区域内总体污染并未减少，大气质量也并未得到彻底改善。第二个层面是污染物种类还不够全面。因为媒体的关注，$PM_{2.5}$浓度成为人们首要关注的空气质量指标，政府也将防控的重点放在细颗粒物和粉尘污染源上，但是，有时候造成大气污染的首要污染物并不是细颗粒物。生态环境部大气环境司司长刘炳江就曾透露，"'十四五'大气污染防治专项规划编制中，已经特别关注臭氧的两项前体物VOCs和氮氧化物的减排目标"[1]，说明中央已经在$PM_{2.5}$减排控制后关注其他污染物的减排。

地方立法层面同样存在缺失。长三角各方所拟定的大气污染防治协作的实施细则和行动计划均没有法律保障。在政策实际执行中，各部门之间需要相互配合并制定配套政策，但是各部门都没有实质性的权力来约束其他部门的行动。另外，目前地方政府控制污染的主要惩罚手段是对污染企业进行罚款，但这并不能起到足够效果。以江苏省为例，政府对造成大气污染事故的企业罚款不高于50万元，面对相比之下可观的经济效益，企业宁可铤而走险被罚也不愿花高昂成本去改善自身的生产过程和排污处理。

---

[1] 彭丹妮：《蓝天下的污染：臭氧来袭》，《中国新闻周刊》2020年第955期。

第四节 区域大气污染防治协作政策的
效果评估：京津冀

2013 年，我国大气污染最为严重的 10 个城市，有 7 个位于京津冀地区[①]。当年，京津冀及周边地区大气污染防治协作小组成立，京津冀区域正式启动了大气污染协作治理工作。随后，一系列政策文件出台，要求在防治机动车尾气污染、治理区域大气污染型企业、控制煤炭消耗量、防治扬尘、禁止秸秆焚烧等多方面共同努力，实现区域大气污染协同治理。

在京津冀大气污染防治协作政策实施后，一系列直观数据显示，京津冀大气质量好转趋势显著。国外媒体对中国大气污染治理状况的关注和报道，也从侧面反映出京津冀区域在政策实施后的大气质量改善状况[②]。芝加哥大学经济学教授格林斯通认为，中国在大气污染治理的战争中正逐步走向胜利[③]。但是，京津冀大气质量的改善真的是由政策导致的吗？如果京津冀大气污染防治协作政策

---

① 中华人民共和国环境保护部：《环境保护部发布 2013 年重点区域和 74 个城市空气质量状况》，http://www.mep.gov.cn/gkml/hbb/qt/201403/t20140325_269648.htm，2014 年 3 月 25 日。

② "China's Putting the Brakes on Coal for Heating Millions of Homes This Winter"，https://qz.com/1093898/China's-putting-the-brakes-on-coal-for-heating-millions-of-homes-this-winte, Oct. 4, 2017; "China Pollution, Environment, Longerlives", https://www.nytimes.com/2018/03/12/upshot/china-pollution-environment-longer-lives.html, Mar. 12, 2018.

③ "China Seems to Be Winning Its War on Pollution, But That Victory Comes at A Cost", https://www.mnn.com/earth-matters/wilderness-resources/stories/china-seems-be-winning-its-war-pollution, Mar. 21, 2018.

真的能够对区域大气质量造成影响，具体是由哪些政策措施发挥作用？与其他因素相比，政策因素的影响程度如何？

一 京津冀大气污染防治协作政策演化

2008年，为保障奥运会成功举办，《第29届奥运会北京空气质量保障措施》发布，要求京津冀区域及其周边地区，通过治理汽车尾气、整治工地施工等促进大气质量改善。2010年5月，《关于推进大气污染联防联控工作改善区域空气质量指导意见的通知》明确将京津冀地区划分为大气污染协作治理的重点区域。2013年6月，《生态城市绿皮书》发布，要求城市之间尤其是京津冀区域等城市之间加强大气污染的协作治理，建立重污染天气大气污染预警系统。

2013年9月，在《大气污染防治行动计划》的政策支持下，《京津冀及周边地区落实大气污染防治行动计划实施细则》发布，京津冀及周边地区大气污染防治协作小组正式成立，京津冀大气污染防治协作政策开始落地施行。在协作小组成立后，京津冀区域相继出台《2013—2017年清洁空气行动计划》（北京）、《河北省大气污染防治行动计划实施方案》《天津市清新空气行动方案》等政策文件。这些政策文本均提出了最严格的污染物排放总量限制目标及相应大气污染治理措施。2013年10月，京津冀成立"环境气象预报预警中心"，同时，"环境气象监控—预警"平台建成投入使用，有效实现了环境信息共享[①]。2014年，"大气污染综合治理协调处"成立，标志着京津冀区域协作治理大气污染有了更完善的组织机构。

---

① 卢文刚、张雨荷：《中美雾霾应急治理比较研究——基于灾害系统结构体系理论的视角》，《广州大学学报》（社会科学版）2015年第10期。

为了进一步加快京津冀大气污染协作治理工作，2015年5月，《京津冀及周边地区大气污染联防联控2015年重点工作》划定京津冀雾霾治理核心区；同时，建立区域内重点城市结对治污协作机制，解决大气污染治理的资金、技术保障难题，并提出建立预警机制、应急联动机构[①]。随后，大气污染区域协作治理第一次被写进《中华人民共和国大气污染防治法》，京津冀大气污染防治协作政策的实施拥有了良好的法律保障。2016年2月，"京津冀雾霾治理核心区"按照既定计划，统一了重污染天气预警分级标准[②]。同时，国家对京津冀大气污染协作治理的成效予以高度关注，并在治理效果、治理标准方面逐步提高对京津冀区域的目标要求，对治理目标达成情况实施了常规化检查。2018年1月，环保部要求对京津冀"2+26"城市新的环评建设项目排放的大气污染物实行新的"特别排放限值"。[③] 1月底，环保部对京津冀及其周边地区大气污染的治理情况进行了检查，并向社会公布了检查结果。

自京津冀大气污染防治协作政策正式实施以来，政策内容不断延伸，主要包含体制机制的建立健全及大气污染物源头治理两部分内容。大气污染协作治理机制体制的建立健全具体涵盖大气污染标准的统一、重污染天气预警系统、应急机制的建立及监督问责机制的健全三方面内容。大气污染的源头治理是针对区域内大气污染主要污染源头进行控制与管理，以减少大气污染物的源头排放。为缓解交通污染源的影响，京津冀严格控制机动车数量增长，提升汽车

[①] 人民网：《京津冀2015年大气治理重点工作出台，锁定六大污染领域》，http://bj.people.com.cn/n/2015/0526/c233088825012933.html，2015年5月26日。

[②] 央广网：《陈吉宁：京津冀年内统一重污染预警分》，http://finance.cnr.cn/gundong/20160313/t20160313_521597140.shtml，2016年3月12日。

[③] 中华人民共和国中央人民政府：《京津冀及周边地区大气污染防治再加码"2+26"城将执行特别排放限值》，http://www.gov.cn/xinwen/201801/23/content_5259637.htm，2018年1月23日。

等交通工具的燃油品质,进一步淘汰区域内黄标车和强制报废老、旧机动车;鼓励、提倡公众采取公交工具等出行方式,并大力推广使用新能源汽车。在工业污染源控制方面,三省要求加快淘汰落后产能,治理大气污染型企业,严格控制大气污染型企业的烟尘、二氧化硫等排放量;同时,在控制能源消耗总量、提高能源利用率基础上,逐步实现能源的清洁化代替。针对秸秆焚烧、扬尘等大气污染源,强调区域内禁止焚烧秸秆,做好区域扬尘治理规划,加强对区域内规模以上"土石方"建筑工地、渣土运输车辆的监管。

二 数据与方法

(一) 变量设置

本研究的因变量是大气质量变量,我们选取最能衡量空气质量状况的月均 AQI、月均 $PM_{2.5}$ 浓度值作为因变量。控制变量由气象和供暖两个变量构成。气象变量只考虑降水、风力作用,设置平均风速、降水量、降雨日数、大风日数四个变量;供暖设置为虚拟变量。将供暖设置为控制变量是因为供暖导致我国北方冬季大气污染加重。例如陈强、孙丰凯等[1]发现,华北城市大气污染在供暖期较非供暖期要严重得多;道格拉斯(Douglas)等[2]更明确指出,供暖使得我国北方城市与南方城市相比,大气污染程度更为严重;徐艳娴[3]也认为,供暖期我国北方大气污染较非供暖期更为严重是由燃

---

[1] 陈强、孙丰凯、徐艳娴:《冬季供暖导致雾霾? 来自华北城市面板的证据》,《南开经济研究》2017 年第 4 期。

[2] Almond, Douglas, Yuyu Chen, Michael Greenstone, Hongbin Li, "Winter Heating or Clean Air? Unintended Impacts of China's Huai River Policy", *American Economic Review: Papers and Proceedings*, Vol. 99, No. 2, 2009, pp. 184 – 190.

[3] 徐艳娴:《冬季供暖对中国北方空气质量的影响——基于断点回归和固定效应模型的证据》,硕士学位论文,山东大学,2015 年。

煤供暖造成的。由于京津冀大气污染防治协作政策中，针对控制燃煤、集中供热等设置了具体的政策措施，因此，诸如控制燃煤使用量、集中供暖等可能对大气质量产生影响的因素可以视为政策因素。考虑到燃煤使用量并不仅限于生活取暖，工业用煤量也相当大，而集中供暖则主要涉及供暖面积等相关情况，这些变量都可以与冬季是否供暖变量区分开。

自变量即政策变量是基于政策内容提取的变量。自京津冀大气污染防治协作政策正式实施以来，政策内容不断延伸，综合来讲，主要包含体制机制的建立健全及大气污染物源头治理两部分内容。大气污染协作治理机制体制的建立健全具体涵盖大气污染标准的统一、重污染天气预警系统、应急机制的建立及监督问责机制的健全。大气污染的源头治理即针对区域内大气污染的主要污染源头如交通污染、工业污染、秸秆焚烧与扬尘污染等进行控制与管理。此外，在资金、大气污染执法、科技治污等方面，京津冀也在逐步开展合作，为京津冀大气污染防治协作政策增添了新的内容。根据京津冀大气污染防治协作政策的主要措施，我们选取可以进行量化的政策措施，设置了14个政策变量：污染控制目标方面的烟尘排放量，移动污染源控制方面的机动车拥有量、公交运营车辆、公交客运量、每万人拥有公交车辆数，工业污染源控制方面的煤炭消耗量、能源消耗总量、单位生产总值能耗、工业污染治理投资、地方财政环保支出以及治理废气项目完成投资，生活污染源控制方面的天然气供气量、天然气用气人口、集中供热量和集中供热面积。

（二）数据获取与处理

由于京津冀大气污染防治协作政策实施时间尚短，年度数据难以细致反映政策实施效果，日数据则缺少相关政策变量与之相匹配，故采用月度数据评价京津冀大气污染防治协作政策的效果。

由于官方发布的《环境空气质量月报》难以涵盖政策实施的全

部时间段，我们主要通过民间网络平台"PM$_{2.5}$历史数据"获取因变量相关数据，并对照部分官方数据对获取的平台数据加以辅证、修改。京、津两地的数据获取较为便捷。一方面，直接获取2013年9月至2018年12月AQI和PM$_{2.5}$浓度的日数据，并以日数据均值计算获得月均AQI和月均PM$_{2.5}$浓度数值。另一方面，运用《北京市环境空气质量月报》（2014年8月至2018年12月）、《天津市环境空气质量月报》（2015年8月至2018年12月）中月均AQI和月均PM$_{2.5}$浓度对之前获取的数据加以校验。河北省官方既未公布相应的《环境空气质量月报》，网络平台也没有直接以省为对象发布AQI和PM$_{2.5}$浓度的相关信息。我们以河北省石家庄、唐山、保定等11个主要城市为对象，通过民间网络平台"PM$_{2.5}$历史数据"，获取这些城市2013年9月至2018年12月AQI和PM$_{2.5}$浓度的日数据，以日数据均值计算获得各城市月均AQI和月均PM$_{2.5}$浓度数值，然后取11个城市月均AQI和月均PM$_{2.5}$浓度的均值作为河北省月均AQI和月均PM$_{2.5}$浓度数值。

供暖为虚拟变量，供暖期（每年11月15日至下年3月15日）赋值为1，非供暖期（每年3月15日至11月15日）赋值为0。降水量、平均风速、降雨日数、大风日数等控制变量的数据主要来源于三省市2014—2019年统计年鉴。

政策自变量的月数据难以获取，我们首先获取自变量的年数据，继而将各变量年数据的变化量月均值累加到12个月的方法，得到相应变量的月数据。各自变量的年数据值主要来源于2014—2019年三省市统计年鉴。

在获取因变量、自变量和控制变量数据的基础上，分别以月均AQI、月均PM$_{2.5}$为因变量，以15个政策变量为自变量，结合5个控制变量，采用逐步回归分析的方法，确定哪些政策要素、控制要素对京津冀区域的大气质量产生了显著影响。

三 政策效果的评估结果

表3—19是政策变量、控制变量与大气污染数据的逐步回归分析结果。从两个模型中可以看出，政策变量中的"集中供热面积"与"降雨日数""平均风速"这两个气象要素共同作用，对北京市AQI产生显著负影响；同样的，政策变量中集中供热方面的"集中供热量"与"降雨日数""大风日数"共同作用，对北京市$PM_{2.5}$浓度产生了显著负影响。这意味着，京津冀大气污染防治协作政策中集中供热的相关措施初见成效，在与气象因素的协同作用下，能够显著改善北京市大气质量状况。

表3—19　各政策变量对北京市大气质量影响的逐步回归结果

模型		非标准化回归系数 B	误差	标准化回归系数 Beta	t检验统计量	显著性水平	模型检验结果
AQI	常数	279.224	42.880	—	6.512	0.000	调整 R^2 = 0.255；F = 6.815，sig = 0.001
	集中供热面积	-16.395	4.850	-0.429	-3.381	0.001	
	降雨日数	-1.951	0.639	-0.377	-3.053	0.004	
	平均风速	-28.921	11.238	-0.332	-2.574	0.013	
$PM_{2.5}$	常数	425.902	70.494	—	6.042	0.000	调整 R^2 = 0.395；F = 12.109，sig = 0.000
	集中供热量	-0.009	0.002	-0.558	-4.876	0.000	
	降雨日数	-1.699	0.425	-0.440	-4.003	0.000	
	大风日数	-7.206	3.147	-0.262	-2.290	0.026	

对天津市的逐步线性回归分析结果如表3—20所示。结果表明，"能源消耗总量"与"降水量""供暖"共同作用，对天津市AQI产生了显著影响。其中，供暖的影响方向为正，能源消耗总量和降水量的影响方向为负。这意味着，三者共同作用时，降水量增

加能够显著降低天津市 AQI，改善大气污染状况；供暖会对大气质量产生不利影响；而降低能源消耗总量不仅不会降低 AQI，反而会导致 AQI 升高。

对天津市 $PM_{2.5}$ 浓度来说，回归结果表明，"煤炭消耗量"这一政策变量与"供暖""降雨日数""平均风速"共同作用，能够显著影响 $PM_{2.5}$ 浓度。其中的"煤炭消耗量"和"供暖"的影响方向为正，"降雨日数""平均风速"的影响方向为负。这说明，煤炭消耗量降低、降雨日数增多以及平均风速增强能够显著降低天津市 $PM_{2.5}$ 浓度，从而显著改善大气污染状况，但供暖的存在对大气质量改善能够产生不利影响。

表3—20　　各政策变量对天津市大气质量影响的回归结果

模型		非标准化回归系数		标准化回归系数	t检验统计量	显著性水平	模型检验结果
		B	误差	Beta			
AQI	常数	1210.925	225.744	—	5.364	0.000	调整 R^2 =0.551；F =21.851，sig =0.000
	降水量	-0.198	0.080	-0.306	-2.463	0.017	
	能源消耗总量	-1.608	0.332	-0.464	-4.842	0.000	
	供暖	20.819	8.299	0.307	2.508	0.016	
$PM_{2.5}$	常数	1.449	21.255	—	0.068	0.946	调整 R^2 =0.677；F =27.736，sig =0.000
	供暖	23.991	5.944	0.425	4.036	0.000	
	煤炭消耗量	0.248	0.051	0.392	4.914	0.000	
	降雨日数	-1.637	0.477	-0.358	-3.434	0.001	
	平均风速	-9.402	4.009	-0.193	-2.346	0.023	

表3—21为各政策变量对河北省大气质量影响的逐步线性回归分析结果。从表中可以看出，政策变量中的"公交客运量"与"供暖"共同作用，对河北省两个污染指标都产生了显著影响，并且两个指标的影响方向均为正影响，说明提高公交客运量对空气质

量改善产生了反作用，它同供暖一起，会增加河北省大气中污染物浓度，不利于河北省大气质量改善。

表3—21　　各政策变量对河北省大气质量影响的回归结果

模型		非标准化回归系数 B	误差	标准化回归系数 Beta	t检验统计量	显著性水平	模型检验结果
C_9	常数	-233.220	78.084	—	-2.987	0.004	调整R^2=0.538; F=28.544, sig=0.000
	供暖	50.750	8.470	0.582	5.992	0.000	
	公交客运量	0.021	0.005	0.420	4.320	0.000	
C_{10}	常数	-242.144	66.390	—	-3.647	0.001	调整R^2=0.610; F=40.868, sig=0.000
	供暖	52.428	7.202	0.662	7.558	0.000	
	公交客运量	0.019	0.004	0.403	4.605	0.000	

四　评估结果讨论

通过从京津冀大气污染防治协作政策中提取出来的政策因素与污染指标进行回归分析，我们发现，京津冀大气污染防治协作政策实施以来，区域大气质量状况的改善明显得益于京津冀大气污染防治协作政策的实施，同时，空气质量改善也受到气象与供暖因素的显著影响。这些研究结论与前人的研究成果是基本一致的。不过，我们的研究同时揭示出，京津冀大气污染防治协作政策的具体措施中，提高集中供热量和集中供热面积、降低煤炭消耗等政策措施初见成效，在降水量、平均风速、降雨日数、大风日数等气象要素以及供暖要素的不同程度协同作用下，对京津冀大气质量产生了显著的正影响。而能源消耗量、公交客运量却背离政策致力于改善京津冀大气质量的目标，与区域内大气质量呈现显著负相关。

为什么京津冀大气质量更多受气象、供暖等因素影响呢？这应该与京津冀区域的自然条件密切相关。丰沛的降水、强劲的风力，是加快大气污染物扩散、改善大气质量的重要因素。京津冀地处华北平原北部，属于典型的温带季风性气候，冬季干燥、寒冷，夏季高温、多雨，年降水量为500—800mm；全年平均风速在2.0米/秒左右，冬春易受强冷空气影响，夏季受副热带高压影响，易出现7级以上大风。虽然有数据表明，京津冀年平均风速，在近40年时间里呈现逐年递减的趋势（递减幅度高达37%），而且最有利于区域大气污染物扩散的北风在风频以及风速方面均呈现显著降低的趋势[1]，但是，降水量与风力强劲的利好天气情况还是存在的，相较于政策有限的作用效果，气象条件对京津冀大气质量的影响仍然不可忽视的。

供暖之所以能够显著加剧京津冀区域大气污染严重程度，原因在于供暖促进了大气污染物的排放。京津冀区域的供暖仍然以煤炭消耗为主。煤炭消耗的需求突增会导致大气污染物排放量的增加，这是冬季京津冀大气污染更为严重的主要原因。早在2010年，北京大学相关数据就显示，京津冀冬季居民污染源对大气污染物排放的重要影响不容忽视。就对$PM_{2.5}$、黑炭、有机碳、SO_2、氮氧化物年排放总量的贡献率而言，在非供暖期，居民源的最大贡献率为71%（有机碳），最小贡献率为4%（氮氧化物）；而在供暖期，居民源的最大贡献率升至85%（有机碳），最小贡献率也高达9%（氮氧化物）[2]。据报道，京津冀区域的煤炭消耗由2010年的3.49亿吨减低为2016年的3.32亿吨，6年下降4.94%[3]。虽然燃煤的

---

[1] 中国网：《京津冀风速40年来减小37% 不利气象是雾霾外因》，http://news.china.com/domestic/945/20170301/30292673.html，2017年3月1日。

[2] 新华网：《1月京津冀空气质量堪忧，背后有哪些"黑手"》，http://www.xinhuanet.com/politics/201702/23/c_1120513524.htm，2017年2月23日。

[3] 根据国家统计局数据平台（http://data.stats.gov.cn/index.htm）京津冀三省煤炭消耗量数据计算得到。

绝对数值有所降低，但整体煤耗量依然维持在相当高的水平，据此推算，京津冀区域燃煤尤其是冬季燃煤对大气污染物排放的贡献率依然会很高。在煤炭消耗量中较大一部分是散煤消耗，而燃烧1吨散煤是同等火电燃煤排放大气污染物的10倍以上。京津冀区域散煤消耗主要集中在农村地区。根据环保部等北方供暖调查的结果，近年来农村冬季取暖用煤量呈现逐年上升的态势。而且，冬季燃煤质量专项检查发现，燃煤煤质达不到国家标准（或地方标准）的农村用煤占整个农村冬季燃煤总量的三分之一左右。① 这也是中央在2017年以来大力推进京津冀地区的清洁煤应用的根本原因。

那么，公交客运量、能源消耗总量与区域大气质量为什么会显著负相关呢？提倡公交出行措施并未对北京和天津的空气质量产生显著影响，但是在河北省与大气质量呈现显著负相关，这一结果受多方面因素的共同影响。根据国家统计局网站提供的数据来看，2013—2018年，河北省的公交客运量呈现逐步递减的趋势，从原来的202727万人次下降到181829万人次，到2018年才再次上升到206334万人次。同时，根据国家环保部监测平台数据，政策实施以来，河北省AQI指数从2013年的132.62下降到2018年的108.93，$PM_{2.5}$浓度从2013年的91.81$\mu g/m^3$下降到2018年的56$\mu g/m^3$。因此，公交客运量会分别与AQI、$PM_{2.5}$浓度呈正相关关系。但是，需要注意的是，污染指标与公交客运量之间的这种正相关关系并不能够说明政策设计是无效或有误的，它只能说明政策执行出现问题。这是因为，提倡公交出行目的在于鼓励人们乘坐以清洁能源为主要动力的公交工具，减少私家车的使用，遏制燃油大气污染物的排放量，改善京津冀区域的大气质量，而现实情况是鼓励公交出行、绿色出行的政策措施并没有切实得到公众的支持。

---

① 新华网：《京津冀遭重污染连击 专家：核心是解决燃煤污染》，http://www.xinhuanet.com/local/2017-01/03/c_1120232262.htm，2017年1月3日。

能源消耗总量与污染指标负相关可以通过能源消耗结构加以解释。能源消耗不仅应该关注其总量，更应该关注其结构，这是因为经济快速发展的中国在短期内降低能耗而不影响生产是非常困难的。空气质量的改善既可以在能源消耗总量降低的情况下实现，也可以在调整能源消耗结构的基础上实现。根据《2019年天津统计年鉴》数据计算，2017年天津市能源消耗总量从2013年的7881.56万吨标准煤上升为8011.04万吨标准煤，其中，大气污染型能源的消耗量大幅降低，煤炭较2013年降低26.58%；清洁能源中，天然气较2013年增长120.85%，电力较2013年增长7.87%。[①] 就增长（或下降）幅度来看，天津市大气污染型能源消耗量的下降幅度远高于能源消耗总量增幅，而天然气、电力消耗量增幅远高于能源消耗总量增幅，这就意味着，天津能源消耗构成发生了显著变化：一方面，大气污染型能源消耗占天津能源消耗总量的比重大幅降低；另一方面，天然气、电力等清洁能源消耗所占比重稳步提升。显然，不管能源消耗总量是升还是降，能耗构成的这一显著变化，非常有助于减少主要污染物的排放，从而一定程度上有利于天津大气质量的改善。另外，将天津能源消耗指标与京冀两地的变化幅度进行比较可以发现，天津的能源消耗变化幅度明显高于另两个城市。

---

① 根据《天津统计年鉴2019》计算得到相关比例，年鉴未提供2018年能源消耗总量及结构的数据。大气污染型能源主要有焦炭、煤炭、原油、柴油、煤油、汽油、燃料油。

第四章　流域协作治理的绩效

在我国，流域水污染问题较早就引起了国家重视，国家曾投入巨额资金对遭到严重污染的流域进行综合整治，但效果可谓事倍功半。究其原因，流域水系的流动性和行政区域的分割性导致水资源开发利用过程中出现了成本与效益不对称的问题，解决这一问题的有效手段就是实施流域生态补偿。为此，国家将流域治理工作的重心转向生态补偿机制。《国家生态补偿条例》立法将流域生态补偿作为生态补偿的重要组成，财政部、国家发改委和国家环保总局联合发布的《关于开展生态补偿试点工作的指导意见》以及国家《节能减排综合性工作方案》中都明确提出要推动建立流域生态补偿机制。党的十九大报告更是明确提出，要建立市场化、多元化生态补偿机制。

我国各省从20世纪90年代起就纷纷开展了大量省内生态补偿实践：河北省子牙河流域通过设置监测断面水质目标对考核地区的水质超标情况进行资金扣缴，扣缴的资金作为子牙河流域水污综合整治工程的补偿资金；山东省由省、市、县共同筹集补偿资金，以生态补偿项目的形式补偿给为改善水质作出贡献或利益受损的主体；浙江省则开展了水权交易、异地开发、生态移民等多种形式的流域生态补偿实践。[1] 另外，跨省流域治理实践也开始在浙江、安徽的新安江流域、陕西与甘肃的渭河流域等地自发出现，继而在环保部推

---

[1] 许凤冉、阮本清、王成丽：《流域生态补偿理论探索与案例研究》，中国水利水电出版社2010年版，第15页。

动下，在粤赣、粤桂等省之间也实现了流域的跨省协作治理。

第一节 流域协作治理绩效的评估框架

同大气污染防治一样，流域治理也与地方经济发展也存在着矛盾。导致河湖污染的工业、农业以及城市生活排污等与经济发展息息相关，因此，流域治理通常意味着限制流域范围内的污染企业与农业、城市商业的发展。在一个流域中，要保证下游水体洁净，上流和中游就必须限制流域内污染企业或农业的发展，这明显不利于上游的经济发展。地方政府在逐利本能的驱动下，往往欠缺主动治污的动力，也经常会带来自扫门前雪的发展外部性。在这样的条件下，流域治理中的跨行政区合作，一定程度上也需要借助于中央政府或上级政府的推动才能促成。

就目前我国的流域协作来看，大多数流域协作都是省政府推动的限于省内各地级市之间的合作，几个跨省的流域协作则是近几年由中央政府推动的。由上级政府推动形成的流域协作治理都处于相对低级的阶段，流域协作协议通常都是在上级积极影响下签订的，有时还直接以上级文件形式下发。同时，由于当前我国流域协作治理主要采用生态补偿方式，而生态补偿涉及非常现实的资金补偿问题，因此要确保各相关行政区域能够在合作协议上签字，协议条款、协作目标、资金来源以及补偿条件与标准都必须清晰明确、切实可行。

基于我国流域协作治理的现实，区域协作评估框架在用于流域协作治理领域时，需要做以下调整。

首先，协作结果部分的指标可以设计得更为具体，以提升测量的精确性。生态环境部在对重点流域进行绩效考核时采用了两大结果指标，分别是水质达标率与项目完成率，同时还包括水污染突发环境事件以及其他违规现象的扣分内容。显然，环保部的评估指标既注重直接结果（项目完成率、违法排污等），也注重间接结果（水质达标率、水污染突发环境事件等）[1]，指标体系简单直接，说明水污染治理领域的结果是清晰可见的。参考这种指标设计方式，我们把直接结果设计为流域合作协议中规定的流域污染防治相关活动的产出与直接结果，主要包括工业污染源治理的排污管理、农业污染源治理的养殖管理与农药使用管理，以及生活污染源控制。由于流域协作的生态补偿政策通常都以水质数据作为政策最终目标，因此，间接结果可以设计为水质改善情况，协作结果监测时可以评价河湖水质的年度变化情况。

其次，在协作动机方面，通用框架中的几个指标均可以应用于流域协作治理。虽然流域协作治理领域的地方政府间协作不像大气污染协作领域那样被动，有些地方的生态补偿工作具有显著的主动性，但是多数情况下的流域协作治理仍依赖上级政府推动。基于上级的推动，下级共同信任与理解的基础就是对上级安排的认可，具体表现为政府文件承认相关协作的重要性。各方的信任与理解则在内容上表现为各方都能关注流域生态补偿的同一协作要求，在形式上表现为各地对区域具有归属性与认可度，对流域的称呼具有统一性。共同承诺之下的官方正式承诺表现为明确表示遵守上级指令，实现流域生态补偿协作。

再次，在协作能力方面，制度安排与上级领导支持方面的指标没有问题。与大气污染防治协作类似，知识下的指标需要根据流域协作治理的特殊性进行调整。但是，总体上可以从无形知识与有形知识两个方面来把握。无形知识表现为流域水质信息的沟通与共享；有形知识则表现为流域协作技能掌握。在具体测量时，对于流域协作技能的

---

[1] 环境保护部、国家发展改革委、监察部、财政部、住房和城乡建设部、水利部：《重点流域水污染防治专项规划实施情况考核暂行办法》，http://shj.mep.gov.cn/zhgl/201604/t20160427_336824.shtml，2009年4月25日。

考察关注资源动员与组织技术以及应急事件处理技术的掌握情况。

最后，在协作行动方面，评估框架中的三个方面指标都适用。不过，与大气污染防治情况类似，可以利用污染源控制方法、联合执法、重污染应急机制评判协作政策的操作性，采用年度目标、责任分工、惩罚机制、财政支持考察协作政策的约束力。协作政策执行方面，根据生态补偿的实践操作情况，执行过程的顺畅可以通过流域协作中的联防联控情况（正面测量）和不协作行为情况（负面测量）实现测量。

最终形成的流域协作治理质量评估指标体系如表4—1所示。

表4—1　　　　　　　流域协作治理质量的评估框架

协作过程			协作结果	
协作动机	协作能力	协作行动	直接结果	间接结果
共同信任与理解 1. 信任与理解基础 ＊各方承认实现流域生态补偿的重要性 2. 信任与理解表现 ＊内容表现：各方文件均包含流域生态补偿的共性内容 ＊形式表现：区域统一称呼 共同的承诺 各方都表达了官方的正式承诺	制度安排 1. 协作机制 ＊软机制：建立流域协作沟通机制 ＊硬机制：建立流域协作常设机构 上级支持 1. 政府高层领导的支持 2. 上级主管部门的支持 知识 1. 无形知识 ＊流域水质信息沟通与共享 2. 有形知识 ＊流域协作技能的掌握 ＊＊资源动员与组织技术 ＊＊应急事件协作处理能力	协作政策形成 1. 制定流域协作政策与实施方案 2. 流域协作政策的操作性 ＊污染源控制方法 ＊联合执法 ＊重污染应急机制 3. 流域协作政策的约束力 ＊年度目标 ＊责任分工 ＊惩罚机制 ＊财政支持 协作政策调整 1. 配套政策制定 2. 政策调整方向 协作政策执行 1. 执行资源准备 ＊资金拨付到位 2. 执行过程顺畅 ＊实现联防联控 ＊不协作行为 3. 执行过程监督 ＊流域水质监测与数据报告	1. 工业污染源控制 ＊工业废水中化学需氧量排放量 ＊工业废水中氨氮排放量 2. 农业污染源控制 ＊农药使用量 ＊农用化肥施用量 3. 生活污染源控制 ＊城市污水处理率	水质改善

第二节 流域协作治理的绩效测量

一 绩效测量样本选择

自20世纪90年代实施流域生态补偿实践以来，从关注省内的流域生态补偿到跨省流域生态补偿，从更强调上级财政资金补助的纵向生态补偿到目前积极推进和盛行的横向生态补偿，我国生态补偿不但取得了长足发展，而且逐渐多样化，产生了多种不同的生态补偿模式，各模式间在补偿标准、补偿方式等诸多方面存在明显差异。生态补偿模式的多样化加上各流域地理条件的复杂性和经济发展程度的差异性意味着，流域生态补偿的绩效测量必须选择多种不同类型的研究样本。

流域协作绩效监测样本的选择必须考虑到这种多样性，以便保证相对的代表性。为此，可以结合生态补偿实施时间、流域在地理位置上的分布情况、生态补偿模式等进行样本选择，最后确定的绩效测量样本为：跨省的流域生态补偿样本选择浙江—安徽的新安江流域、广东—江西的东江流域以及陕西—甘肃的渭河流域和江苏—上海—浙江的太湖流域，省内流域生态补偿样本选择贵州清水江流域和福建九龙江流域。

作为第一个跨省流域的生态补偿试点流域，新安江流域生态补偿工作开始于2011年。当年在财政部和环保部牵头下，浙江与安徽共同颁布实施《新安江流域水环境补偿试点实施方案》，2012年，两省又签订《新安江流域水环境补偿协议》，正式在新安江流域实施跨省生态补偿。根据新安江流域的生态补偿政策，补偿资金额度为每年5亿元。其中，中央政府出资3亿元，补偿受体为安徽省；安徽、浙江两省政府各出资1亿元，两省政府资金依据跨省断面水质判定补偿主体和补偿受体，跨省断面水质依据四个指标进行考核①。经过首轮3年的试点，新安江水质稳中趋好。为此，2015年，两省又签订新一轮的横向生态补偿协议，不但提高了资金补助标准，也相应提高了水质考核标准。

东江流域的生态补偿工作源起于2005年企业层面的补偿实践。当时，广东粤海集团依据《东江源生态环境补偿机制实施方案》每年向上游支付补偿金，用于东江源区生态环境保护。2013年3月，广东与江西签署《粤赣东江流域防洪安全和水资源保障合作框架协议》，开始探讨生态补偿问题。2015年《广东省环境保护厅关于小东江流域水环境综合整治方案》出台，广东省内实现了地市间的生态补偿。两省政府层面的生态补偿机制是在2016年才起动的。当年4月，国务院印发《关于健全生态保护补偿机制的意见》，江西—广东东江被确定为跨流域生态保护补偿试点流域。同年10月，粤赣两省签署《东江流域上下游横向生态补偿协议》，决定对两个跨省断面的五项指标进行考核，要求跨界断面水质年均值达到Ⅲ类标准水质且达标率逐年提高。两省每年各出资1亿元共同设立补偿资金，中央财政依据考核目标完成情况拨付给江西省用于东江源头水污染防治和生态保护。②

在渭河流域，陕西省早在2009年就出台了《陕西省渭河流域水污染补偿实施方案（试行）》，实现了省内生态补偿。2011年，陕、甘两省沿渭六市一区又签订了《渭河流域环境保护城市联盟框架协议》，实现了渭河保护的跨省区协作。协议设定了跨省、市出

---

① 马庆华、杜鹏飞：《新安江流域生态补偿效果评价研究》，《中国环境管理》2015年第3期。

② 章娜：《江西、广东两省签署东江流域上下游横向生态补偿协议》，https://news.163.com/16/1020/10/C3QJ6FPS00014AEE.html，2016年10月20日。

境水质目标,按水质目标考核跨境断面水质的化学需氧量和氨氮两项指标,考核结果达标,陕西省则向渭河上游的甘肃天水、定西两市分别提供300万元渭河上游水质保护生态补偿金,用于上游污染治理、水源地生态保护和水质监测等。[①]

太湖流域的生态补偿探索于2009年在江苏省内展开。2011年,国务院颁布《太湖流域管理条例》,推动苏浙沪三地实现流域生态补偿协作。根据条例,太湖流域实行基于重点污染物总量控制和水质目标管理的双向补偿。同时,制定《太湖流域水污染防治规划》和《太湖流域水综合整治总体方案》,明确太湖的治污目标和治污工程项目。在此基础上,两省一市对规划进行了分解编制,形成了太湖治理的多个专项规划。同时,江苏省从2013年起设立省级生态补偿转移支付资金,逐年加大对太湖流域市县生态补偿资金的支持力度,并在2014年建立"双向补偿"制度,2016年又增加了补偿断面数量并提高了补偿标准。

贵州清水江流域包括黔南和黔东南两个自治州,该流域的生态补偿开始于2009年。当年贵州省人民政府制定了《贵州省清水江流域水污染补偿办法(试行)》,以清水江流经地的出境断面水质为标准,如果黔南、黔东南州交界断面当月水质超过控制目标,黔南州应向省级财政和黔东南州财政缴纳补偿资金。黔东南州出境断面当月水质超过控制目标则向省级财政缴纳补偿资金。补偿资金专项用于清水江流域的污染防治和生态修复。如果断面水质达到控制目标,省级财政会给予有关地方政府一定的补助资金。[②]

---

① 刘艳新:《跨省流域生态补偿横向转移支付机制研究》,《知识经济》2017年第18期。

② 詹爱华:《清水江试行水污染补偿办法》,《中国环境报》2009年7月21日第01版;李丽:《485万补偿金将全部用于污染防治》,《贵州日报》2010年10月10日第02版。

九龙江流域在 2003 年开始实施上下游生态补偿试点, 2008 年 5 月, 被定为全国首批生态环境补偿试点地区。2015 年《福建省重点流域生态补偿办法》出台, 规定按地方财政收入的一定比例筹集和按用水量的一定标准筹集相结合的方式筹集资金; 将水质指标作为补偿资金分配的主要因素, 并考虑森林生态和用水总量控制因素。[①] 同时, 推进流域下游地区与上游地区建立协商平台和机制。

对各样本流域的绩效测量同样采用 2018 年数据, 如个别指标无特别的时间限定, 则根据情况选择相应数据。

二 协作动机的测量

(一) 协作动机指标的量化与赋值

流域水环境协作治理主要由上级政府采取行政命令手段促成, 因此, 流域协作动机中的共同信任与理解关注协作各方表现出的协作诚意, 主要通过各方政府年度工作报告以及网站信息进行测量。由于协作参与方可能会出现不同的行为表现, 导致流域中各协作方在共同信任与理解三个指标下采取差异化的行动, 在测量中需对这三个指标均进行等级化处理。我们将三个指标的测量等级确定为 0—3 四个等级: 0 表示任何一方均未表达信任与理解; 1 表示至少一方表达了信任与理解; 2 表示超过一半的协作方表达了信任与理解; 3 表示所有协作参与方都表达了信任与理解。

在共同信任与理解之下, "承认流域生态补偿重要性" 可以通过各协作方官方网站的表现进行测量: 一是各地生态环境部门网站是否张贴相关合作协议; 二是各地生态环境部门网站在被考核年度是否报道了相关协作; 三是各地年度政府工作报告中对当年工作安

---

① 苏诗苗:《绿水青山即金山银山》,《三明日报》2015 年 8 月 12 日第 A1 版。

排是否提及合作协议内容。测量时每项内容分别测量，最后加总求均值。至于"流域生态补偿的共性内容"，测量依据是各地在相关年度官方网站上是否提供关于流域生态补偿的相关文件或报告，主要关注流域生态补偿的一些年度主题性内容的公布或重点合作事项的重申等。最后，对于"区域统一称呼"主要看各方在提及相关流域生态补偿时，是否对合作区域采用了同样称谓。

共同承诺关注协作方是否对流域生态补偿表达了"官方正式承诺"，该指标的测量依据有两个：一是各地年度政府工作报告是否公开表示要执行相关合作协议，二是环保部门的年度报告或领导发言是否明确表达了要执行合作协议。由于流域内地方政府不一定都会表达出对生态补偿的官方承诺，因此，这两个方面的测量同样采用等级评分。参照共同信任与理解指标的赋值方法，我们将其设定为 0—3 四个等级：0 代表各地均没有明确表示要执行相关协议；1 表示不到一半的协作方明确表示要执行相关协议；2 表示超过一半的协作方明确表示要执行相关协议；3 表示所有协作方都明确表示要积极执行相关协议。两个方面分别测量后再加总求均值。

（二）承认流域生态补偿重要性的测量

在新安江流域，浙江省和安徽省生态环境厅网站上均未张贴流域合作协议，不过，2018 年浙江省生态环境厅网站有大量政协或人大提案的答复，提案中均关注新安江流域上下游生态补偿问题。[①]在政府工作报告方面，2018 年安徽省政府工作报告提及新安江流域生态补偿工作的进展，强调在新安江流域开展了全国首个跨省横向生态补偿机制试点。浙江省政府工作报告未提及新安江流域生态补

---

① 查询可看到人大 93、94、95 号建议的答复，以及政协 316 号建议的答复，相关建议均与新安江流域生态补偿有关。详见：http：//www.zjepb.gov.cn/jrobot/search.do？webid＝2&pg＝&p＝1&tpl＝&category＝&q＝＋新安江流域＋2018&x＝0&y＝0

偿问题。根据两省表现，该流域得分折算为1.3分。

东江流域生态补偿政策为《东江流域上下游横向生态补偿协议》，同时，江西省还组织编制了《东江流域生态环境保护和治理实施方案》，用以实现年度绩效考核。广东省生态环境厅官网上未出现相关政策文本；但是，2018年广东省对东江流域水环境整治工作还是相当关注的，相关会议信息出现在生态环境厅网站上[①]。广东省2018年政府工作报告在安排当年重点任务时提及要加强小东江流域的综合整治工作，全面落实河长制。江西省环保厅网站未张贴协议或政策，而且2018年未提供有关东江流域生补偿的报道或信息通告，政府工作报告中安排2018年工作任务时未提及东江流域。最后该流域得分折算为1.3分。

渭河流域的陕、甘两省生态环境厅网站均没有张贴渭河流域生态补偿协议。但在2018年人代会后，甘肃人大网站提供了定西代表团就渭河流域上下游生态补偿政策作出了正面评价的文章。[②]陕西省于2018年6月发布《陕西省渭河流域生态环境保护办法》，规定了陕西省渭河流域的具体保护措施。在2018年政府工作报告中，陕西省提及要实施渭河流域生态环境治理，并且明确提出渭河干流水质要持续改善的目标。甘肃省政府工作报告虽然要求落实河长制和湖长制，但未提及渭河流域。据此，该流域得分为1.7分。

太湖流域生态补偿政策是2011年以国务院令下发的《太湖流

---

① 广东省环境保护厅：《省政府召开东江流域水环境综合整治及落实"河长制"工作会议》，http://gdee.gd.gov.cn/tpxw3067/content/post_2300921.html，2018年4月8日；广东省环境保护厅：《两天两市三场座谈会，深入推进东江流域水环境综合整治》，http://gdee.gd.gov.cn/shbdt/content/post_2327149.html，2018年3月19日。

② 甘肃人大网：《定西代表团：实施渭河流域上下游生态补偿 加强生态环境综合治理》，http://www.gsrdw.gov.cn/html/2018/yjjy_0128/16812.html，2018年1月28日。

域管理条例》，该项政策文本在上海市生态环境局网站①可以查询到。在2018年政府工作报告中，江苏省明确要求落实河长制、湖长制，推进太湖流域污染治理。上海市和浙江省2018年政府工作报告中没有关于太湖流域生态整治等方面的内容。上海市生态环境局和江苏省、浙江省生态环境厅网站都张贴了2018年太湖流域水污染治理的相关报道②。最终，该流域此项指标得分为1.7分。

九龙江流域5个地级市均未张贴九龙江生态补偿的相关政策。2018年厦门生态环境局网站报道了区域环保协作机制建立的情况，指出厦门、漳州、泉州和龙岩将重点开展九龙江流域的联防联控和联治③，龙岩市生态环境局网站转发了《福建日报》有关九龙江流域生态补偿的相关报道④，其他城市无相关报道。在2018年政府工作报告中，各地在安排2018年的重点工作时，只有泉州市明确指出持续完善"两江"流域生态补偿机制，认真落实河长制。据此，该流域得分为0.7分。

贵州清水江流域的黔南州和黔东南州生态环境局网站上均未提

---

① 中华人民共和国国务院：《太湖流域管理条例》，http://sthj.sh.gov.cn/fa/cms/xxgk/AC41/AC4101000/2012/03/72402.htm，2011年11月1日。

② 上海市生态环境局：《市环保局、市发展改革委、市水务局和市规土局联合调研饮用水源地保护及太湖流域水环境综合整治》，http://sthj.sh.gov.cn/fa/cms/shhj/shhj5380/shhj5383/2018/04/98797.htm，2018年3月12日；浙江环境保护厅：《关于印发〈长江经济带生态环境保护规划浙江省实施方案〉的通知》，http://www.zjepb.gov.cn/jrobot/plugin/link/show.do?url=http%3A%2F%2Fwww.zjepb.gov.cn%2Fart%2F2018%2F3%2F22%2Fart_1201813_17748962.html&q=太湖流域%202018&webid=2&id=1_1201813_17748962，2018年3月22日；江苏环境保护厅：《常州环境监测中心赴苏州积极配合太湖流域交叉热法》，http://hbt.jiangsu.gov.cn/art/2018/10/26/art_1645_7852870.html，2018年10月26日。

③ 陈伟：《闽西南建立区域环保协作机制》，《中国环境报》2018年10月26日第04版。

④ 王永珍：《生态补偿，共护一江清水》，《福建日报》2018年7月19日第001版。

供生态补偿政策的相关文件。黔东南州网站上专门设立了"清水江流域水污染专项"的条块，只是无任何相关链接。黔南州2018年政府工作报告未对清水江流域的协作治理提出明确的要求或目标。黔东南州2018年政府工作报告中明确提及清水江流域污染治理问题，要求在清水江流域建立污染防治区域联动机制。据此，该流域得分为0.7分。

（三）流域生态补偿共性内容的测量

在东江流域，2018年广东在省内东江流域试点省内横向生态补偿[①]，江西赣州则下发了《赣州市赣江、东江流域生态环境专项整治工作方案》。但是，两省流域治理活动均只限于省内，未出现跨省的重大流域协作活动。在太湖流域，江苏省2018年第三次修订了《江苏省太湖水污染防治条例》，上海市环保局联合其他几个部门调研了太湖流域水环境综合整治情况[②]，但不存在共性内容。在渭河流域，虽然2018年陕西省修订了《陕西省渭河流域管理条例》以及《陕西省渭河流域生态环境保护办法》，但是，陕西省和甘肃省在2018年的工作也是分别进行的，双方生态环境部门网站未提供共性内容。2018年清水江流域综合治理方面的重大事项是贵州省政协人资环委在黔东南、黔南专题调研清水江流域的生态补偿情况。对此，黔东南州和黔南州的网站中均未提供相关信息。据此，4个流域此项得分均为0分。

2018年新安江流域的重大事项是浙江省和安徽省在11月签署了《关于新安江流域上下游横向生态补偿的协议》，这是两省生态

[①] 谢庆裕：《东江流域今年试点省内横向生态补偿 初步设想省财政、下游城市、供水企业共同筹资》，《南方日报》2018年4月26日第A15版。

[②] 上海市环境保护局：《市环保局、市发展改革委、市水务局和市规土局联合调研饮用水源地保护及太湖流域水环境综合整治》，http://sthj.sh.gov.cn/fa/cms/shhj/shhj5380/shhj5383/2018/04/98797.htm，2018年3月12日。

补偿机制的第三轮续约。以此事项作为评判断标准查阅两省生态环境厅网站，发现仅安徽省对此进行报道。① 因此，新安江流域在共性内容得分为 2 分。九龙江流域 2018 年的重要事项是福建省委和省政府在 10 月印发了《关于全面加强生态环境保护坚决打好污染防治攻坚战的实施意见》，该意见明确将九龙江口和厦门湾综合治理视为打好碧水保卫战的一项重要攻坚战。查阅五地政府网站，发现仅厦门②和龙岩③提供了相关信息。据此，九龙江流域共性内容指标得分为 1 分。

（四）区域统一称呼的测量

由于流域生态补偿以特定的河流或湖泊为冠名标准，各省或市的区别仅在于上、中和下游的位置差异，区域称呼中不会出现各地的排序问题，因此，不同参与方对几大生态补偿流域的称呼是统一的，得分均为 3 分。

（五）官方正式承诺的测量

在新安江流域中，安徽省政府工作报告虽然强调在新安江流域展开了全国首个跨省横向生态补偿机制试点，但是在安排 2018 年重点工作时并未对流域污染治理工作提出具体目标。浙江省政府工作报告未提及新安江流域生态补偿问题。安徽省环保厅厅长虽然承诺在安徽各地市推行新安江流域的生态补偿模式，但是并未专门对新安江流域污染治理作出具体要求④。根据这一结果，该区域得分

---

① 安徽环境保护厅：《新安江流域跨省生态补偿第三轮试点正式实施》，http：//sthjt. ah. gov. cn/pages/ShowNews. aspx? NType =1&NewsID =103435，2018 年 11 月 6 日。

② 许晓婷、徐志敏：《打好污染防治攻坚战　呵护蓝天碧水净土》，《厦门日报》2018 年 11 月 14 日第 A02 版。

③ 严顺龙：《省政府召开常务会议研究全面加强生态环境保护坚决打好污染防治攻坚战等工作》，《福建日报》2018 年 7 月 26 日第 01 版。

④ 马翔宇、武鹏：《全国人大代表、安徽省环保厅厅长徐恒秋：新安江流域生态补偿模式期待"升级版"》，《安徽商报》2018 年 3 月 7 日第 02 版。

为 0 分。

在东江流域，广东省 2018 年政府工作报告在安排当年重点任务时提及要推行河长制，严格落实水资源管理制度，加快小东江流域污染综合治理；同时，副省长许瑞生在东江流域水环境综合整治现场会上要求落实河长制，重视湖泊综合整治，环保厅厅长在现场会上也提出了东江流域综合整治的工作建议，明确要求关注重点断面、严格污染企业环境准入和农业农村污染治理等[1]。江西省政府工作报告中对 2018 年工作任务安排中要求加强水环境综合治理，但是，并未直接就东江流域生态补偿相关工作作出承诺；环保厅制订的 2018 年水污染防治工作计划，明确提出东江流域 2018 年国考和省考断面水质目标为优良比例均达到 100%[2]。据此，该流域得分经折算为 2.5 分。

渭河流域中，陕西省政府工作报告关于 2018 年工作安排中提到省内三河三江（包括渭河）水污染防治，并且明确指出要加强城市污水与垃圾处理设施建设工作；同时，省环保厅在布置 2018 年环保改革工作要点时，将渭河流域生态补偿位列其中[3]。甘肃省 2018 年政府工作报告在布置当年重点工作时没有专门对渭河流域污染防治问题作出承诺，省环保厅领导的发言也未提及渭河流域或在安排渭河视察督导活动。据此，该流域得分为 2 分。

太湖流域中，江苏省在 2018 年政府工作报告中明确提出，当年重点工作之一是推进太湖流域污染治理，在国考、省考中消除劣

---

[1] 广东省环境保护厅：《许瑞生赴惠州检查督导并召开东江流域水环境综合整治现场会》，http://gdee.gd.gov.cn/tpxw3067/content/post_2300961.html，2018 年 9 月 22 日。

[2] 江西省人民政府办公厅：《江西省人民政府办公厅关于印发 2018 年江西省水污染防治工作计划的通知》（赣府厅字〔2018〕27 号），2018 年 8 月 6 日。

[3] 北极星环保网：《陕西省环境保护厅 2018 年环境保护改革工作要点》通知，http://huanbao.bjx.com.cn/news/20180503/895463.shtml，2018 年 5 月 3 日。

Ⅴ类断面;上海市和浙江省政府工作报告未专门提及太湖流域生态保护。在环保部门的官方承诺方面,三省市环保部门在年度环保大事总结、相关文件或领导讲话未提及太湖流域污染治理问题。综合两方面情况,该流域得分为0.5分。

在九龙江流域,只有泉州市2018年政府工作报告在安排重点工作时要求加强九龙江流域治理。各地环保部门中仅漳州市在2018年10月召开九龙江流域水污染防治总体实施方案评审会,传递了漳州市对九龙江流域污染防治的正式承诺①,其他四市环保部门的领导讲话或相关工作总结中通常只关注小流域管理问题,未专门针对九龙江布置重点工作。据此,该流域在官方承诺方面的得分为1分。

清水江流域中,黔南州2018年政府工作报告未对清水江流域的协作治理提出明确目标,黔东南州2018年政府工作报告中则明确要求在清水江流域建立污染防治区域联动机制。在环保部门领导态度上,黔南州和黔东南州环保部门领导均未通过讲话或工作总结表达清水江流域治理的官方承诺。经折算,该流域得分为0.5分。

表4—2　　　　　　　协作动机的测量结果

流域	共同信任与理解			共同承诺
	承认流域生态补偿的重要性(0—3)	流域生态补偿的共性内容(0—3)	区域统一称呼(0—3)	官方正式承诺(0—3)
新安江流域	1.3	2	3	0
东江流域	1.3	0	3	2.5

---

① 漳州市环境保护局:《漳州市召开九龙江流域水污染防治总体实施方案评审会》,http://hbj.zhangzhou.gov.cn/cms/html/zzshjbhj/2018-10-25/112843684.html,2018年10月25日。

续表

流域	共同信任与理解			共同承诺
	承认流域生态补偿的重要性（0—3）	流域生态补偿的共性内容（0—3）	区域统一称呼（0—3）	官方正式承诺（0—3）
渭河流域	1.7	0	3	2
太湖流域	1.7	0	3	0.5
九龙江流域	0.7	1	3	1
清水江流域	0.7	0	3	0.5

三 协作能力的测量

（一）协作能力指标的量化与赋值

流域协作治理能力方面的指标在测量时将协作网络视为一个整体。测量协作能力中的"制度安排"时关注点同样可放置于沟通机制与常设机构上。在流域生态补偿中，各方参与者的"沟通机制"同样可以划分为随机沟通与固定沟通两种方式。随机沟通通常是临时起意，固定沟通一般采用行政首脑联席会议制度或碰头会形式。当前我国对河流管理的主导方式是河长制，而且通常会定期召开河长工作会议，从而成为流域主体间重要的沟通方式。因此，如果无联席会议制，河长会议可以作为替代评估指标。在指标赋值时，固定沟通方式赋2分；随机沟通方式虽不能定期举行，但除成立时至少还有一次沟通，赋值为1分；如果除成立时的沟通外无任何其他沟通，则赋值为0分。"常设机构"目前一般表现为河长办公室或者联席会议办公室，两者在评估时可以相互替代。具体测量时，如果流域无常设机构得分为0分，有常设机构但分别设立于各地方政府内得分为1分，有统一的常设机构得分为2分。因流域协作区通常并未公布正式协议，测量时可通过官方网站以及其他正式网站所反映的信息加以测量。

"上级支持"在测量时同样考察同级政府高层领导的支持以及上级主管部门的支持。测量"同级政府高层领导支持"时，主要评价流域生态补偿的重要会议上除环保部门外是否有同级政府领导出席会议，并对此采用二分变量进行测量，有为"1"，无为"0"。"上级主管部门的支持"则通过两个方面实现测量：一是上级主管部门是否参与流域生态补偿的重要会议；二是上级文件是否明确提及相应的流域生态补偿，并且提供具体的措施推进区域协作。在赋值时，两个方面均无相应内容计为0分，有一项计1分，有两项计2分。

协作能力中的知识主要体现为协作各方所掌握的信息与协作技能。由于流域生态补偿通常以断面水质为基础进行补偿设计，因此，协作信息主要表现为流域中不同参与主体之间的信息沟通与共享。"信息沟通与共享"在具体操作中主要通过构建信息平台来实现，实践中又存在不同的表现层次。如在跨省流域协作中，信息沟通与共享可能首先在省内实现（表现为建立统一的水质信息平台），然后实现跨省信息共享。基于这一情况，我们在测量时区分三种情况：无任何层次的信息平台计0分，参与主体内部有信息平台计1分，参与主体间建立了统一的信息平台计2分。

"协作技能"涉及流域生态补偿中的资源动员与组织技术以及应急事件协作处理技术等。在"资源动员与组织"方面，主要关注内部资源动员与社会资源动员能力。资源动员与组织技术在流域生态补偿中主要表现为：各参与方之间能够在内部打破行政区界限，实现技能协作；在外部对社会媒介产生相应影响。内部资源动员能力测量是否区域实现了流域水质联合监测；社会资源的动员能力则通过民间对区域协作信息的关注度实现测量，主要是大众传媒是否报道了相关流域生态补偿信息。赋值时，0分为两个方面均未做到，1分为做到一个方面，2分为两个方面都做到。

流域生态补偿中的"应急事件处理技能"主要关注流域水污染事件的应急协作，可以通过应急事件的流域联合应对实现测量，主要评估区域是否就水质应急事件采取过协作。考虑到我国流域发生水质重大污染事故的情况非常罕见，测量时将重点关注流域是否设置了应急处理机制。赋值时，评估年度流域已经建立起水质污染应急联动机制计 1 分，否则计 0 分。

（二）制度安排的测量

1. 沟通机制

2018 年之前，新安江流域已经建立了皖浙两省会商机制，2018 年两省签署《关于新安江流域上下游横向生态补偿的协议》，又明确皖浙两省将建立联席会议制度，通过联席会议实现信息沟通、决策互动和协调共进[1]。因为该流域建立了固定沟通机制，得分为 2 分。东江流域采用了联席会议沟通机制，且在 2018 年由广东省人民政府办公厅发文建立东江流域水环境综合整治联席会议[2]，同年 3 月，广东省内的首届河长制、湖长制工作联席会议召开[3]。因此，该流域沟通机制得分也是 2 分。渭河流域六市一区在 2011 年年底成立了渭河流域环境保护城市联盟，此后定期召开城市联盟市长联席会议，实现流域内各主体的固定沟通[4]，得分也为 2 分。太湖流

---

[1] 《新进展！皖浙两省签署协议持续推进新安江保护》，《安徽日报》2018 年 11 月 1 日第 01 版。

[2] 广东省人民政府：《广东省人民政府办公厅关于同意建立东江流域水环境综合整治联席会议的函》（粤办函〔2018〕17 号），2018 年 1 月 11 日。

[3] 深圳热线网：《首届东江流域河长制湖长制工作联席会议在莞举行 六市签署合作协议》，http://film.szonline.net/sznews/0769/20180320/20180340891.html，2018 年 3 月 20 日。

[4] 赵建卿：《渭河流域环境保护城市联盟市长联席会议召开》，《甘肃日报》2013 年 11 月 13 日第 04 版。

域通过太湖流域水环境综合治理的省部际联席会议实现固定沟通①，该联席会议每年定期召开年度会议，因此该流域得分也为2分。九龙江流域在2007年召开了九龙江整治联席会议②，该流域的联席会议并非每年都定期召开。不过，2018年10月，厦门、漳州、泉州、三明和龙岩又在厦门召开了闽西南协同发展区环保部门第一次联席会议③，因此，该流域得分也为2分。贵州的清水江流域并未建立起固定沟通机制，得分为0分。

2. 常设机构

中共中央办公厅、国务院办公厅在2016年12月印发了《关于全面推行河长制的意见》，提出要全面建立四级河长体系，且县级及以上河长要设置相应的"河长制"办公室。清水江流域和新安江流域在各相应河段建立了河长制办公室，不过不存在流域统一的河长制办公室，因此两个流域得分均为1分。东江流域各河段也建立了河长制办公室，而且广东省还专门设立了东江流域管理局，但是，同样未建立跨省的河长制办公室，得分为1分。渭河流域的陕甘两省均在流域不同河段设置了河长制办公室，同时，陕西省还专门建立了陕西省渭河流域管理局，甘肃省定西市成立了定西渭河源区生态保护与综合治理规划实施协调领导小组办公室，但是，两省并未建立统一的流域常设机构，得分为1分。太湖流域各省市均建立了太湖流域河长制办公室，同时水利部还专门设有太湖流域管理

---

① 中华人民共和国国家发展和改革委员会：《太湖流域水环境综合治理省部际联席会议第六次会议在苏州召开》，http：//www.ndrc.gov.cn/gzdt/201503/t20150324_668373.html，2015年3月24日。

② 福建省人民政府办公厅：《福建省人民政府办公厅关于建立闽江、九龙江流域水环境综合整治联席会议制度的通知》（闽政发[2007]98号），2007年5月16日。

③ 杨建中：《加强生态环保协作推动闽西南经济高质量发展的建议》，http：//zx.longyan.gov.cn/jyxc/201901/t20190122_1476049.htm，2019年1月19日。

局,因此,该流域在常设机构方面的得分为2分。九龙江流域建立了九龙江流域整治联席会议办公室,同时,也顺应中央要求设立了河长制办公室。因此,该流域此项得分也是2分。

(三)上级支持的测量

新安江流域2018年省级碰头会是以皖浙两省第三轮新安江流域上下游横向生态保护补偿机制调研会和座谈会形式召开的,两省财政厅、环保厅负责人参会,省政府领导与中央政府部门领导未参与。① 同时,2018年环保部相关文件未提及新安江流域的生态补偿机制。据此,该流域同级与上级政府领导支持得分均为0分。

2018年3月东江流域召开了首届东江流域河长制湖长制工作联席会议,广州、深圳、韶关、惠州、河源、东莞六市河长办负责人以及省河长办副主任、省水利厅副厅长边立明、东莞市副市长等参与会议。② 同级政府领导和上级政府领导都出席会议,但会议仅限于广东省内东江段,江西省未参与。基于这种情况,同级政府支持方面得分折半,计0.5分。中央领导未出席相关会议,环保部2018年相关文件也未提及东江流域生态补偿。因此,在上级政府领导支持方面,东江流域得分为0分。

首次渭河流域环境保护城市联盟市长工作会议于2012年召开,后来每年召开一次。从第二次联席会参会人员来看,陕甘两省省级领导及六市一区环保部门领导均参加③,但中央部委领导未出席,环保部2018年相关文件也未提及渭河流域生态补偿,因此,上级

---

① 黄山市人民政府:《皖浙两省开展第三轮新安江流域生态补偿调研座谈》,http://czj.huangshan.gov.cn/Content/show/JA011/15736/1/1030628.html,2018年6月29日。

② 东莞市人民政府:《首届东江流域河长制湖长制工作联席会议在东莞举行,六市携手共建美丽东江》,http://zwgk.dg.gov.cn/cndg/dgNews/201803/d7968c5d9-7ee4eeda7cea45ab1649689.shtml,2018年3月20日。

③ 天水在线网:《渭河流域城市联盟市长联席会在我市召开》,http://www.tianshui.com.cn/news/tianshui/20131113083009994427.htm,2013年11月13日。

支持方面两个指标得分分别为 1 分和 0 分。

太湖流域水环境综合治理省部际联席会议每年均召开，会议召集者是中央部委相关领导，与会者是流域各相关省市的政府领导[①]。同时，2018 年环保部常务会议强调要着力推进太湖等流域的水污染防治[②]，因此，该流域上级支持两个指标的得分分别为 1 分和 2 分。

九龙江流域 2018 年 5 月在漳州召开了河长制工作现场会，现场会由九龙江流域总河长、副省长李德金召集，参会者包括担任各市河长的市级领导等所有河长。[③] 另外，省环保厅在《2018 年全省环境监察执法工作要点》中要求厦门、漳州和龙岩配合省环保厅在九龙江流域设立环境监督与行政执法试点[④]，因此，该流域同级政府支持得 1 分，上级政府支持为 2 分。

清水江流域未召开年度联席会议，省级文件也未提供相关的政策支持，两项指标得分均为 0 分。

（四）知识的测量

1. 信息沟通与共享

在新安江流域，安徽省在 2014 年着手建设新安江流域水环境管理平台[⑤]，实现了省内信息共享，浙江未建设类似信息平台。东

[①] 中华人民共和国国家发展和改革委员会：《太湖流域水环境综合治理省部际联席会议第六次会议在苏州召开》，http://www.ndrc.gov.cn/gzdt/201503/t20150324_668373.html，2015 年 3 月 24 日。

[②] 李艳洁：《环保部：利用环保督查机制促进〈水十条〉、〈土十条〉工作开展》，http://www.solidwaste.com.cn/news/271877.html，2018 年 3 月 14 日。

[③] 黄如飞、萧镇平：《九龙江流域河长制工作现场会召开》，《福建日报》2018 年 5 月 16 日第 02 版。

[④] 福建省环境保护厅办公室：《福建省环保厅关于印发 2018 年全省环境监察执法工作要点的通知》（闽环保总队〔2018〕12 号），2018 年 4 月 2 日。

[⑤] 政府采购信息网：《新安江流域（黄山片）水环境管理平台设备采购项目招标预公告》，http://www.caigou2003.com/tender/notice/895394.html，2012 年 1 月 20 日。

江流域在广东省内设置了东江流域管理局,实现了广东省内信息沟通与共享,但江西省内未建立信息平台。因此,两个流域在信息沟通与共享方面得分均为1分。环保部专设的太湖流域管理局早在2008年就开展了太湖流域水环境信息共享平台建设①,因此得分为2分。九龙江流域的5个城市建立了"闽西南生态环境"微信群,各市环保部门负责人与各级河长均加入了这一微信群,实现了河流污染信息群内报告和联动处理②,因此得分为2分。渭河流域和清水江流域未建立统一的信息平台,得分为0分。

2. 资源动员与组织技术

从2012年实现水质联合监测,新安江流域的皖浙两省一直坚持两省交界水面开展联合监测③。2018年,大众媒体对新安江流域生态补偿试点验收情况④进行了报道。据此,新安江流域资源动员与组织指标得分2分。在东江流域,赣州市与河源市环境监测站实现了东江水质联合监测。⑤ 同时,一些大型媒体报道了东江流域生态补偿的相关信息。⑥ 因此,该流域资源动员与组织技术指标得分

---

① 燕志华:《太湖水环境信息平台建成》,http://www.szhbj.gov.cn/hbj/InfoDetail/?InfoID=73ce0319-c847-479c-9903-2dcdede58b07&CategoryNum=013006,2010年5月24日。

② 黄如飞、苏益纯、白志强等:《江海治理 以协作通"经脉"》,《福建日报》2019年4月8日第13版。

③ 吴江海:《新安江上下游生态补偿完成第三轮续约》,《安徽日报》2018年11月3日第02版。

④ 凤凰网:《新安江跨省流域生态补偿试点通过验收 水质为优》,http://ah.ifeng.com/a/20180414/6502453_0.shtml,2018年4月14日。

⑤ 中华人民共和国财政部:《江西省赣州市:扎实推进东江源生态环境保护 流域生态补偿效益初显》,http://m.mof.gov.cn/czxw/201802/t20180205_2805989.htm,2018年3月5日。

⑥ 郑颖、史慧芳:《上下游横向生态补偿成效初显 东江流域江西省出境水质全部达标》,《江西日报》2018年9月3日第A02版。

也是 2 分。渭河流域的天水市环境监测站和宝鸡市环境监测站 2016 年就在省界葡萄园断面实现了联合监测。① 2018 年大型媒体报道了渭河流域的水污染防治成效。② 据此，该流域得分为 2 分。太湖流域在 2012 年实现了水质联合监测③，一些媒体也报道了太湖流域 2018 年工作成效④。据此该流域得分为 2 分。九龙江流域实现了厦漳龙三市环保部门联合巡查、监测和治理的三联合联动督察制度⑤，同时各大媒体在 2018 年报道了九龙江流域河长制工作现场会情况⑥，因此，该流域得分也为 2 分。清水江流域未实现水质联合监测，国内大型媒体也未发布该流域的相关信息，得分为 0 分。

3. 应急事件处理技能

在新安江流域，2012 年国家发改委会同国务院有关部门及浙皖两省编制了《千岛湖及新安江上游流域水资源与生态环境保护综合规划》。根据规划要求，新安江流域要构建应急管理决策支持系统，提高流域水污染事件应急响应水平，保障流域水环境的

---

① 天水在线网：《天水市渭河甘肃—陕西省断面开展联合监测》，http://www.tianshui.com.cn/news/tianshui/2016070813143148676.html，2016 年 7 月 8 日。

② 新浪网：《渭河流域水污染防治巩固提高三年行动落实有方》，http://sx.sina.com.cn/xianyang/2018-04-08/thirdcity-ifyvtmxc7442270.shtml，2018 年 4 月 8 日

③ 李莉、闫艳、高杰：《环保部将联合水利部开展太湖水质联合监测与评估》，http://www.china.com.cn/policy/txt/2012-04/09/content_25095229.htm，2012 年 4 月 9 日。

④ 陆沈钧：《太湖流域管理局召开 2018 年工作会议》，http://www.h2o-china.com/news/269884.html，2018 年 1 月 25 日；邱玥：《河长制还太湖水清岸洁》，《光明日报》2018 年 1 月 11 日第 03 版。

⑤ 厦门电视台：《共护生命之河——厦漳龙三市人大联合监督九龙江保护纪实》，http://tv.xmtv.cn/2016/01/19/VIDEWH1uqKWig7ZmVzY2FF9r160119.shtml，2016 年 1 月 19 日。

⑥ 黄如飞、萧镇平：《九龙江流域河长制工作现场会召开》，《福建日报》2018 年 5 月 16 日第 02 版。

生态安全。① 实践中，黄山市和杭州市建立了汛期联合打捞、联合执法、应急联动等机制，推进全流域联防联控。② 因此，该流域应急事件协作处理技术指标得分为1分。在东江流域，2018年首届东江流域河长制湖长制工作会议上，广东省东江流域管理局和六市河长办代表建立了突发水环境事件应对机制③。而且，江西省与广东省在东江流域上下游联合应急方面也积极合作④。基于这些情况，该流域得分也为1分。渭河流域的应急机制建设主要表现在陕西省水量应急调度机制和防汛应急体系⑤，与水污染防治无关，因此，该指标得分为0分。太湖流域的应急响应机制是局部性的，主要是江苏省制定了太湖蓝藻暴发和湖泛应急预案⑥，因此，该流域得分折半为0.5分。九龙江流域不同城市都制定了应急预案，如2011年龙岩印发了《龙岩市九龙江流域龙岩段藻类暴发应急预案》，厦门市2017年制定了《厦门湾海漂垃圾应急处置预案》等。而且，2018年在闽西南协同发展区框架下，厦门、漳州、泉州和龙岩四地环保部门宣布建立应急响应联动机制⑦，因此得分为1分。清水江

---

① 中华人民共和国国家发展和改革委员会：《千岛湖及新安江上游流域水资源与生态环境保护综合规划》，2014年1月14日。

② 凤凰网：《新安江跨省流域生态补偿试点通过验收 水质为优》，http://ah.ifeng.com/a/20180414/6502453_0.shtml 2018年4月14日。

③ 东莞市人民政府：《首届东江流域河长制湖长制工作联席会议在东莞举行，六市携手共建美丽东江》，http://zwgk.dg.gov.cn/cndg/dgNews/201803/d7968c5d97-ee4eeda7cea45ab1649689.shtml，2018年3月20日。

④ 中工网：《东江流域江西出境水质全达标》，http://jx.workercn.cn/31598/201809/03/180903151157268.shtml，2018年9月3日。

⑤ 阿琳娜、王剑：《陕西防总启动渭河嘉陵江流域Ⅳ级防汛应急响应》，http://www.shx.chinanews.com/news/2018/0712/68273.html，2018年7月12日。

⑥ 朱玫：《太湖流域治理十年回顾与展望》，《环境保护》2017年第24期。

⑦ 国际环保在线：《四地环保部门合力保护九龙江 提升流域水环境质量》，https://www.huanbao-world.com/a/zixun/2018/1015/49755.html，2018年10月15日。

流域没有建立应急响应机制，得分为0分。

表4—3　　　　　　　　协作能力的测量结果

	制度安排		上级支持		知识		
	沟通机制 （0—2）	常设机构 （0—2）	同级政府 领导支持 （0—1）	上级政府 领导支持 （0—2）	信息沟通 与共享 （0—2）	资源动员与 组织技术 （0—2）	应急联 动能力 （0，1）
新安江	2	1	0	0	1	2	1
东江	2	1	0.5	0	1	2	1
渭河	2	1	1	0	0	2	0
太湖	2	2	1	2	2	2	0.5
九龙江	2	2	1	2	2	2	1
清水江	0	1	0	0	0	0	0

四　协作行动的测量

（一）协作行动指标的量化与赋值

"生态补偿政策形成"指标测量生态补偿协议和实施方案的制定与协议质量。在"协议与实施方案制定"方面，生态补偿协作区是由上级政府积极推动并且促成的，有时还会以文件形式直接下发。一般上级以文件形式下发的协议可以获得，自发形成的协作，协议获取难度较大。针对这种情况，在测量政策操作性与约束力时不应仅限于初始政策，而需对既有政策进行总体判断，确定政策的相关特征。在测量时有正式协议赋值为1分，否则赋0分。生态补偿协议质量关注协议的操作性和约束力。"协作政策操作性"根据协议中是否有具体的操作性细节性内容加以测量，主要通过三大核心因素实现考核：是否规定了具体的污染源控制方法、是否提供了生态补偿的具体补偿标准、是否有水质污染事件的应急机制等。测量时每个方面均分别计分为0或者1，最后加总求均值。协作政策的约束力考察协作的控制机制，参考大气污染防治方面的考察指标设置，不但沿用安德鲁所关注的财务方面的因素[①]，同时结合中国情况增加人事因素指标。最后，对"政策约束力"的考察关注四个方面：是否有年度目标、是否有责任分工、是否有惩罚机制、是否有财政支持。测量时每个方面分别进行判断，并相应赋值为1或0，最后加总求均值。

在协作政策调整方面，协议调整指标主要看评估年度内协作区是否对生态补偿协议进行了补充调整。判断协议调整主要看与生态补偿协议相关的具体内容是否在考核年度内进行了调整，通常涉及一些补充性政策如联合执法政策、水质监测政策、污染源控制政策等的出台。协议调整方向测量调整后的政策内容是否更有可操作性，即规定是否更为具体详细，是否有更为具体的行动方案，测量时采用二分判断，并分别赋值1（是）和0（否）。

协作政策执行方面的资金拨付问题在测量时比较特殊，因为协议中通常都明确规定了补偿额，所以，资金额是固定的，而且由于各流域情况差异较大，因此，判断资金额大小没有意义，重点应该放在补偿金是否拨付或是否拨付到位。在测量时适合采用是否进行判断。实现联防联控主要看考核年度中各协作方是否实施了联合执法。考虑到联合执法活动中有时可能存在流域内只有部分政府参与的情况，因此，计分时在0和1之间取值，没有任何联合执法活动计为0分，区域所有政府都参与了联合执法计为1分，部分政府参与联合执法则根据比例进行折算。不协作行为主要通过两种方式测

[①] Andrew, Simon A., Jesseca E. Short, Kyujin Jung and Sudha Arlikatti, "Intergovernmental Cooperation in the Provision of Public Safety: Monitoring Mechanisms Embedded in Interlocal Agreements", *Public Administration Review*, Vol. 65, No. 3, 2015, pp. 401 – 410.

量：一是看各协作方是否提供了到其他各方的网站链接；二是通过媒体相关报道判断协作区是否出现不协作行为。由于该指标为负向指标，赋值时反向计分：未出现不协作行为计 1 分，有不协作行为计 0 分。两个指标分别计分，最后加总求均值。如部分政府有网站链接，则根据有网站链接的政府比例进行折算。信息报告通过生态补偿协作的一些阶段性数据提供情况进行测量。一般来说，流域内各省市通常都会提供所辖河段或湖区的周、月或年度水质数据。但是，合作意味着对整个流域的关注，因此，在测量时我们主要评估流域内单个省（市）是否提供了整个合作流域的水质报告，或者流域内单个协作方报告自己辖区信息时是否也提供其他河段的水质报告。这些报告可以是单独的，也可以是水质年度报告中的相关内容。测量时根据有无进行打分，有为 1，无为 0。如果出现部分参与方汇报整个流域数据或提供其他河段水质报告，则根据比例进行折算。

（二）协作政策形成的测量

新安江流域的协作政策是 2011 年的《新安江流域水环境试点实施方案》和 2012 年的《新安江流域水环境补偿协议》。初始政策主要关注补偿标准问题，后来的《千岛湖及新安江上游流域水资源与生态环境保护综合规划》则建立了污染源控制与应急响应机制。因此，政策形成与操作性得分均为 1 分。就协作政策的约束力来看，初始政策规定了非常明确的财政支持幅度、水质检测年度目标或者考核要求，同时，由于新安江流域生态补偿采用双向补偿方式，协议也提供了水质不达标时的财政处罚措施[1]。《千岛湖及新安江上游流域水资源与生态环境保护综合规划》不但在年度目标和财政支持等方面作出了更为详细的规定，而且也明确了责任分工和监

---

[1] 吴江海：《一江双城 如何从博弈走向互利》，http://news.hexun.com/2012-03-02/138863470.html，2012 年 3 月 2 日。

督工作要求①，因此，该流域得分为1分。

东江流域生态补偿协议主要是2016年签订的《东江流域上下游横向生态补偿协议》。该协议规定了具体的补偿标准，并且提出以污染总量控制的方法进行补偿，至于如何控制面源、点源的措施主要是在两省内部的一些相关政策措施中体现出来的。如广东省2015年出台的《广东省环境保护厅关于小东江流域水环境综合整治方案（2015—2020）》强调要抓好工业、农业、生活污染源的协同控制，采用重污染企业达标整治、产业整合入园、养殖业治理和污水处理厂建设等工作②。应急管理机制方面，两省在2013年的合作协议中已经提出要完善突发水污染应急预案；2017年，广东省环保厅关于省十二届人大五次会议第1674号建议答复的函中又明确指出，突发性水污染事件已经纳入广东省环境应急预案。③由于两省在政策操作性指标方面的表现不一致，因此该指标得分为三项内容均值，计0.7分。在政策约束力方面，《东江流域横向生态补偿协议》确定了污染控制的年度考核目标和补偿金的财政来源方式，不过，合作协议未包括明确的惩罚机制④。广东省的小东江流域水环境整治方案虽然包括针对企业排污的惩罚措施，也要求上下游进行合作，却未提出专门针对上下游政府的惩罚措施。至于责任分工，小东江流域水环境综合整治方案（2015—2020）作出了明确规

---

① 中华人民共和国国家发展和改革委员会：《千岛湖及新安江上游流域水资源与生态环境保护综合规划》，2014年1月14日。

② 广东省环境保护厅：《广东省环境保护厅关于小东江流域水环境综合整治方案（2015—2020）》，2015年7月6日。

③ 广东省环境保护厅：《广东省环境保护厅关于广东省十二届人大五次会议第1674号建议答复的函》（粤环函〔2017〕913号），http://www.gdep.gov.cn/zcfg/jg-zy/201706/t20170629_225217.html，2017年6月27日。

④ 林雍：《赣粤两省东江流域上下游横向生态补偿协议签署》，《江西日报》2016年10月20日第A02版。

定。根据以上情况，该流域政策约束力得分折算为 0.6 分。

渭河流域生态补偿协议是《渭河流域环境保护城市联盟框架协议》，协议规定要根据水质目标考核对上游进行补偿，补偿标准明确。同时，该协议规定跨界环境事故协商处置机制和污染源控制要求，因此，政策操作性指标得分为 1 分。在政策约束力方面，该协议有明确的年度目标和财政支持，但是，未设计惩罚机制和明确责任分工。[①] 责任分工主要是在陕西省内通过《渭河流域水污染防治三年行动方案（2012—2014）》以及《渭河流域水污染防治巩固提高三年行动方案（2015—2017）》明确的。[②] 甘肃未明确责任分工。据此，渭河流域政策约束力方面的得分折算后为 0.6 分。

太湖流域生态补偿政策是以国务院令形式下发的《太湖流域管理条例》，该条例中有明确的污染物控制和应急机制设置要求，却未明确补偿标准。不过，江苏省制定了《江苏省太湖流域环境资源区域补偿试点方案》，明确了江苏省太湖流域的补偿标准[③]。据此，太湖流域政策操作性得分为 0.8 分。在政策约束力方面，《太湖流域管理条例》以及《太湖流域水综合整治总体方案》规定了太湖流域水污染治理的年度目标、财政支持、责任分工以及基于双向补偿的惩罚机制[④]。因此，太湖流域政策约束力指标的得分为 1 分。

[①] 程云：《告别上游排污下游"买单" 细说六大流域生态补偿方案》，http://www.h2o-china.com/news/view?id=265102&page=2，2017 年 10 月 20 日。

[②] 陈艳、李静、李宇轩：《渭河流域水污染防治巩固提高三年行动方案出台》，《陕西日报》2015 年 6 月 5 日第 03 版。

[③] 江苏省人民政府办公厅：《省政府办公厅关于印发江苏省环境资源区域补偿办法（试行）和江苏省太湖流域环境资源区域补偿试点方案的通知》（苏政办发〔2007〕149 号），2007 年 12 月 6 日。

[④] 中华人民共和国中央人民政府：《太湖流域管理条例》，2011 年 9 月 7 日；中华人民共和国国家发展和改革委员会：《太湖流域水环境综合治理总体方案（2013 年修编）》，2013 年 12 月 30 日。

九龙江流域的生态补偿政策是环保部制定的生态补偿试点办法与福建省环保厅下发的《福建省重点流域生态补偿办法》。福建省生态补偿办法关注资金的筹集、分配与使用，同时，明确规定了九龙江流域的补偿标准①。针对污染物控制问题，九龙江流域主要是由各地分别出台流域污染物控制措施，如漳州市人民政府在2009年出台《关于开展九龙江流域水环境综合整治的通告》专门就污染源控制作出了详细规定。2012年6月厦门、漳州、龙岩三地分别发布了九龙江流域保护的共同决定，2013年7月三地推出了《关于共同推进九龙江流域水环境保护的厦门共识》，提到要控制九龙江污染物，建立饮用水源突发事件应急反应机制，做好应急物资储备②。因此，该流域政策操作性为1分。在政策约束力方面，《福建省重点流域生态补偿办法》明确了财政资金支持和惩罚措施，福建省环境保护十五年规划明确了九龙江流域年度目标③，三地关于九龙江流域保护的共同决定则明确了责任分工，因此，该流域政策约束力得分为1分。

清水江流域的生态补偿政策是《贵州省清水江流域水污染补偿办法（试行）》，该政策规定了补偿标准；2012年出台的《清水江流域环境污染综合整治方案》详细规定了污染物的控制措施④。在应急响应机制方面，贵州省在2018年制定了全省水环境应急管理

---

① 《福建省人民政府关于印发〈福建省重点流域生态保护补偿办法（2017年修订）〉的通知》（闽政〔2017〕30号），2017年8月18日。

② 中国网：《关于共同推进九龙江流域水环境保护的厦门共识》，http://finance.china.com.cn/roll/20130717/1646600.shtml，2013年7月4日。

③ 福建省人民政府：《福建省人民政府关于印发福建省"十二五"环境保护与生态建设专项规划的通知》，2011年7月29日。

④ 中华人民共和国国家发展和改革委员会：《贵州"十二五"期间重点流域水污染防治工作主要做法》，http://www.ndrc.gov.cn/fzggz/hjbh/huanjing/201603/t20160322_793561.html，2016年3月22日。

工作方案。因此，该流域政策操作性得分为1分。在政策约束力方面，《贵州省清水江流域水污染补偿办法（试行）》规定了财政支持、责任分工以及惩罚措施①，《清水江流域环境污染综合整治方案》提出了明确的年度污染控制目标②，因此，得分为1分。

（三）协作政策调整的测量

安徽与浙江两省2018年签署《关于新安江流域上下游横向生态补偿的协议》。与前两轮试点的实施方案相比，2018年新签协议的实施方案有三大变化：一是水质考核标准更高；二是补偿资金使用范围有所拓展；三是引导社会资本投入③。因此，新安江流域两项指标得分均为1分。

东江流域在2018年没有出台统一的流域管理新政策，但是存在一些地方性的政策调整。江西省在年初印发了《江西省流域生态补偿办法》，决定对境内河湖包括东江流域实施生态补偿。该办法明确规定了资金筹集、补偿标准、责任分配与惩罚机制等④。广东省颁布了《广东省水污染防治攻坚战2018年工作方案》，明确了包括东江流域在内的境内河湖水质目标以及年度污染防治的重要工作⑤。总体来看，该流域两个指标得分均为1分。

---

① 《贵州省清水江流域试行水污染补偿办法》，《中国环境报》2009年7月21日第02版。

② 阎志江、詹爱华：《贵州清水江流域水污染防治及生态补偿回顾》，http://www.erchina.com/Power-Leader/html/2011/06/20110615081524.shtml，2011年6月14日。

③ 《新安江流域生态补偿机制由试点转向常态化》，《人民日报》2018年11月5日第02版。

④ 吴锺昊：《江西将对境内鄱阳湖流域等实施生态补偿》，《上饶日报》2018年2月26日第03版。

⑤ 广东省环境保护厅：《广东省水污染防治攻坚战2018年工作方案》（粤环函〔2018〕1331号），2018年8月7日。

第四章　流域协作治理的绩效　233

渭河流域中，2015年陕西省发布了《陕西省渭河流域水污染防治巩固提高三年行动方案（2015—2017）》，2018年又发布了《陕西省水污染防治2018年度方案》，确定了当年渭河流域陕西段的16项水质控制目标和五大保障措施①，具有可操作性。同时，陕西省在2018年还修订了《陕西省渭河流域生态环境保护办法》。甘肃省2018年相继出台了《甘肃省污染防治攻坚方案》《关于全面加强生态环境保护坚决打好污染防治攻坚战的实施意见》以及《甘肃省水污染防治2018年度工作方案》，明确了2018年的水污染防治目标和具体任务措施②，具有可操作性。因此该流域两项指标得分均为1分。

在太湖流域，2018年年末太湖流域管理局联合江浙两省河长办召开太湖湖长协作会议，并通过了《太湖湖长协商协作机制规则》，建立了太湖湖长协商协作机制。③同时，2018年江苏省人大修订了《太湖水污染防治条例》，对太湖治理中的项目建设、责任分工、污染物排放以及惩罚措施等作出了调整④。据此该流域两项指标得分均为1分。

九龙江流域在2018年的政策调整主要是10月22日厦门、漳州、泉州和龙岩签订的《厦漳泉龙关于九龙江流域生态环境联防联控联治合作备忘录》，该备忘录的签订实现了四地水环境质量

---

① 《陕西省人民政府办公厅关于印发水污染防治2018年度工作方案的通知》（陕政办发〔2018〕23号），2018年5月8日。

② 中华人民共和国国务院新闻办公室：《甘肃举行全面推进打好污染防治攻坚战新闻发布会》，http://www.scio.gov.cn/xwfbh/gssxwfbh/xwfbh/gansu/Document/1644402/1644402.htm，2018年12月25日。

③ 刘宇轩：《太湖推出湖长制"升级版"：建立国内首个跨省湖长协商协作机制》，http://www.gov.cn/xinwen/2018-11/14/content_5340435.htm，2018年11月14日。

④ 江苏省人民代表大会：《江苏省太湖水污染防治条例》，2018年2月5日。

和重点污染源信息的数据共享①。据此,该流域两项指标得分均为1分。

清水河流域的政策调整主要是由省政府推进的。2018年2月,贵州省发布《贵州省水污染防治条例》,明确了流域污染防治的具体要求,在联防联控、风险预警、全面实行河(湖)长制、交界断面水质监测与发布等方面作出了明确规定②。因此,清水河流域的得分均为1分。

(四)协作政策执行的测量

1. 资金拨付

2018年,新安江流域的黄山市因为两轮试点出境界面水质都达到了要求,顺利从中央和浙江拿到了补偿③;东江流域源头的赣州市因水质达标,获得了由中央和广东、江西两省支付的生态补偿资金④;渭河流域甘肃省的定西与天水也获得了陕西省提供的生态补偿金⑤;九龙江流域和清水江流域均通过省级财政转移支付的方式得到了补偿资金,其中九龙江流域11个县市获得了4.88亿元

---

① 黄如飞、苏益纯、白志强等:《江海治理 以协作通"经脉"》,《福建日报》2019年4月8日第13版。

② 中国水网:《〈贵州省水污染防治条例〉发布(附政策全文)》,http://www.h2o-china.com/news/view?id=269860&page=4,2018年1月25日。

③ 杨丁淼、王立武:《新安江流域上下游横向生态补偿试点完成第三轮续约》,http://www.gov.cn/xinwen/2018-11/02/content_5336960.htm,2018年11月2日。

④ 广东省财政厅:《关于拨付江西省东江流域上下游横向生态保护补偿资金的通知》(粤财工〔2018〕140号),2018年6月28日;新浪网:《15亿!赣州首轮东江流域横向补偿资金全部到位》,http://jx.sina.com.cn/news/b/2019-08-09/detail-ihytcitm8011919.shtml,2019年8月9日。

⑤ 甘肃省人大常委会:《定西代表团:实施渭河流域上下游生态补偿 加强生态环境综合治理》,http://www.gsrdw.gov.cn/html/2018/yjjy_0128/16812.html,2018年1月28日。

补偿金①。因此，以上几个流域得分均为1分。太湖流域生态补偿资金的拨付主要是在省内进行的，跨省的补偿未能实现②，因此得分为0.5分。

2. 水质监测数据报告

目前各跨省流域内的省级生态环境部门均只报告所辖河段的水质监测数据，未提供流域其他河段的水质数据，计0分。在此方面的主要例外是太湖流域，水利部内设了太湖流域管理局，该局定期报告太湖总体的水质数据。不过，此数据并非各省数据，因此，得分折半，计0.5分。九龙江流域与清水江流域的市（州）级政府生态环境部门也只提供了所辖河段的水质数据，不过，两个省级政府（福建、贵州）提供了流域水质的整体数据，得分同样折半，计0.5分。

3. 联防联控

新安江流域早在2012年就实现了浙皖两省联防联控，而且，黄山市与淳安县还成立了地区联合环境执法小组，每年都实施联合执法活动③。因此，该流域得分为1分。东江流域的赣粤两地建立了定南县、龙川县、和平县跨界河流水污染联防联控协作机制，开展了一系列跨界水质检测和执法联动④。同时，广东省于2018年推动了省内东江流域六地级市河长签署合作协议，采取联合执

---

① 王永珍：《生态补偿 共护一江清水》，《福建日报》2018年7月17日第001版。

② 李丽辉、尹晓宇、魏本貌等：《建立健全生态补偿与保护长效机制 算好一本账 共享一江美》，《人民日报》2018年6月13日第A14版。

③ 胡作华：《浙皖两省启动联合执法将共同保护千岛湖水质》，http://www.gov.cn/govweb/jrzg/2012-10/23/content_2249556.htm，2012年10月23日。

④ 中华人民共和国财政部：《江西赣州市：扎实推进东江源生态保护 流域生态补偿效益初显》，http://www.mof.gov.cn/xinwenlianbo/jiangxicaizhengxinxilianbo/201802/t20180205_2805989.htm，2018年3月5日。

法活动。① 因此，该流域得分也为1分。太湖流域受益于太湖流域管理局的指导，在联合执法方面，太湖局经常与太湖流域各省市的水行政执法大队联合实施执法活动。同时，上海与浙江之间建立了跨界水域突发事件联动机制，浙江与江苏建立了两地河长互巡机制②。而且，2018年江苏、浙江的太湖湖长和太湖局在太湖湖长协作会议上通过了《太湖湖长协商协作机制规则》，力求实现太湖沿湖部门联动执法和水污染事故应急响应③。太湖局、上海水利管理处和江苏省相关部门2018年年底也在苏沪边界地区的水葫芦防控工作中实行联防联控，共同巡查打捞④。据此，该流域得分同样为1分。

九龙江流域自2008年起建立了厦漳龙三地的联合巡查、联合监测和联合治理，并且定期组织联合执法行动。2018年在闽西南协同发展区框架下，厦门、漳州、泉州和龙岩四地环保部门又建立了九龙江流域生态环境保护联防、联控、联治工作联席会议和协调机制，宣布开展联合监测、联合通报以及联合执法工作，建立应急响应联动机制⑤。据此，该流域经折算后得分为0.8分。

渭河流域两省之间并未实施联合执法活动，两省内部的联合执法活动也并非流域地级市政府之间的合作，而是政府部门之间的联

---

① 谢庆裕、靳延明：《东江流域六市河长办签署合作协议共建美丽东江 六市共同开展流域水环境治理》，《南方日报》2018年3月20日第A11版。

② 王立彬：《饮一湖水：太湖流域河长制建设综述》，http://news.cqnews.net/html/2018-01/04/content_43608627.htm，2018年1月4日。

③ 刘宇轩：《太湖推出湖长制"升级版"：建立国内首个跨省湖长协商协作机制》，http://www.gov.cn/xinwen/2018-11/14/content_5340435.htm，2018年11月14日。

④ 江苏水利厅：《省太湖管理处积极开展省际边界水葫芦防控工作》，http://jswater.jiangsu.gov.cn/art/2018/11/5/art_42712_7867473.html，2018年11月5日。

⑤ 国际环保在线：《四地环保部门合力保护九龙江 提升流域水环境质量》，https://www.huanbao-world.com/a/zixun/2018/1015/49755.html，2018年10月15日。

合执法[1],因此该流域得分为0分。清水江流域的凯里市、都匀市和福泉市在2015年签订了《清水江流域环境保护联动协议》,建立了市界分水线上的联防联控机制,要求对重点污染源实行联合交叉执法[2]。但是,清水江流域两州在2018年并未开展联合执法活动。因此,该流域得分同样为0分。

4. 不协作行为

各流域在媒体上均未出现负面相关报道。在网站链接方面,东江流域的广东和江西未提供到对方生态环境厅的网站链接;新安江流域的浙江与安徽两省网站链接只是虚设,无法真正实现链接;九龙江流域仅泉州生态环境局提供了到厦门、三明、龙岩生态环境局的链接,其他地方未提供相关链接;太湖流域的上海与江苏提供了到其他参与方的网站链接,而浙江的链接仅为虚设;清水江流域两个州都提供了到对方政府的网站链接;渭河流域的陕西与甘肃两省都提供了到对方生态环境厅的网站链接。据此,将各流域在两个指标分项下的表现得分进行折算后,东江和新安江流域得分为0.5分,清水江与渭河流域得分为1分,太湖和九龙江流域根据情况分数分别为0.84和0.63分。

表4—4　　　　　　　协作行动的测量结果

流域	协作政策形成			协作政策调整		协作政策执行		
	协作政策与实施方案制定 (0, 1)	协作政策操作 (0—1)	协作政策约束力 (0—1)	配套政策制定 (0, 1)	协作政策调整方向 (0, 1)	资金拨付 (0, 1)	水质监测数据报告 (0—1)	联防联控 (0—1)	不协作行为 (0—1)
新安江	1	1	1	1	1	1	0	1	0.5

---

[1] 杨白:《临渭区多部门联合执法　重拳打击渭河非法采砂行为》,http://news.hshan.com/msnews/2018-01-12/201692.html,2018年1月14日。

[2] 罗茜:《凯里创建环保模范城市　重拳治污迎"省检"大考》,《贵州都市报》2015年11月2日第G06版。

续表

流域	协作政策形成			协作政策调整		协作政策执行			
	协作政策与实施方案制定(0, 1)	协作政策操作(0—1)	协作政策约束力(0—1)	配套政策制定(0, 1)	协作政策调整方向(0, 1)	资金拨付(0, 1)	水质监测数据报告(0—1)	联防联控(0—1)	不协作行为(0—1)
东江	1	0.7	0.6	1	1	1	0	1	0.5
渭河	1	1	0.6	1	1	1	0	0	1
太湖	1	0.8	1	1	1	0.5	0.5	1	0.84
九龙江	1	1	1	1	1	1	0.5	0.6	0.63
清水江	1	0.7	1	1	1	1	0.5	1	1

五 协作结果的测量

(一) 协作结果指标的量化与赋值

流域生态补偿的协作结果具有相对明显的可测量性，不过，在具体测量时，流域直接结果和间接结果的数据来源应该有所区别。首先，流域直接结果的测量主要关注污染源控制方面的成效，因此，数据采集时必须与流域直接关联起来。为了保证结果测量的相对准确性，流域数据均采用地级市数据。而且，鉴于协作结果测量关注的是流域整体结果，需要将流域单个地级政府的数据加总或求均值。其次，间接结果测量的是河湖水质，该结果可以直接采用省级数据，对于跨省流域则需要对省级数据加总求均值。

协作直接结果测量工业、农业与生活污染源的控制结果。工业污染源控制采用两个指标测量：一个指标测量工业废水中化学需氧量（COD）排放量的年度削减率，另一个指标测量废水排放中氨氮的年度削减率。以2018年为测量年度，参照年度统一定为2016年和2017年的均值。相关数据主要来源于各市2017年至2019年度的统计年鉴，个别地方（广东、浙江省内城市）一些数据来源于环境统计公报。在指标测算时，根据需要先分年度将各地级市废水中的污染物数据加总，然后计算年度削减率。农业污染源控制也采用两个指标测量：农用化肥施用量①削减率和农药使用量削减率。同样采用2018年度数据进行评估，对比值为2016年和2017年的均值。虽然生活污染源控制也可以通过化学需氧量以及氨氮等污染物的排放量来测量，但是，相关数据查找相当困难，数据缺失量太大，因此，改为城市污水处理率加以测量。污水处理率指标可以合理公平地实现流域之间的比较，测量时无须转换为年度变化程度。该指标的数据收集年份为2018年，数据来源为各省（市）统计年鉴，测量时以各地级市均值为流域分值。

协作间接结果主要考察流域河湖水质。考虑到生态补偿政策重点关注跨区域交界断面水质，因此，我们以跨界交界断面水质是否达到Ⅲ类及以上水质作为评估标准，达到Ⅰ类水质计3分，达到Ⅱ类水质为2分，达到Ⅲ类水质为1分，其他为0分。如果交界断面不止一个，则根据达标水质的比例进行折算和赋值。数据来源为相关省份2018年生态环境状况公报。

（二）工业污染源控制的测量

新安江流域主要流经安徽黄山市、宣城市以及浙江杭州市。根据表4—5，2018年工业废水中化学需氧量排放量合计13409.67吨，比前两年削减25.93%；氨氮排放量合计582.64吨，比前两年削减32.74%。

表4—5　　　　　　　新安江流域工业污染源控制　　　　　单位：吨，%

指标	年份	黄山	宣城	杭州	总计	变化
化学需氧量排放量	2018	1089	1769.67	10551	13409.67	−25.93
	2017	1093.3	1782.24	12639	15514.54	
	2016	1149.52	1973.46	17571	20693.98	

---

① 化肥施用量分为实物量与折纯量两种统计方式，在此统一采用折纯量数据。

续表

指标	年份	黄山	宣城	杭州	总计	变化
氨氮排放量	2018	113	166.64	303	582.64	-32.74
	2017	113.28	152.83	507	773.11	
	2016	119.81	74.60	765	959.41	

东江流域涉及的地级市包括江西赣州和广东的广州、深圳、韶关、河源、惠州和东莞。但是，该流域相关城市的数据很少，仅《广州市环境统计公报》提供了2016年至2018年广州市在两项工业污染源指标下的完整数据。韶关和惠州2018年统计年鉴提供了部分数据，2019年统计年鉴均未提供工业废水中化学需氧量和氨氮排放量数据。根据目前数据情况，东江流域工业污染源控制的变化率采用三步折算法：第一步计算广州2018年相比前两年的变化率；第二步计算三地2017年相比2016年的变化率；第三步，将前两步计算出的两个指标下的变化率分别求均值，以实现对东江流域工业污染控制结果的大致判断。根据《广州市环境统计公报》数据进行计算，东江流域化学需氧量排放量的年度变化率为-24.78%，氨氮排放量的年度变化率为-28.90%（见表4—6）。

表4—6　　　　　　东江流域工业污染源控制　　　　　单位：吨，%

指标	年份	广州	变化	韶关	惠州	总计	变化	总变化
化学需氧量排放量	2018	5211.73	-43.05	/	/			-24.78
	2017	8814.32		1903.04	4640	15357.36	-6.51	
	2016	9488.27		2066.16	4873	16427.43		
氨氮排放量	2018	270.90	-46.78	/	/			-28.90
	2017	467.01		185.65	/	652.66	-11.02	
	2016	550.99		182.46	/	733.45		

渭河流域在陕西与甘肃两省流经的地级市包括天水、定西、宝

鸡、咸阳、西安和渭南市。2019年《陕西统计年鉴》提供了陕西四个城市2016年和2017年工业污染源控制的相关数据，但未提供2018年数据；2017年至2019年《甘肃发展年鉴》提供了天水和定西的工业污染源控制数据；各市2019年统计年鉴中只有《西安统计年鉴》提供了2018年工业废水中化学需氧量排放量的数据。根据数据情况，采用类似东江的三步折算法对渭河流域工业污染控制结果进行大致估计。经过折算后，渭河流域工业废水中化学需氧量排放量年度削减率为17.37%，工业废水中氨氮排放量的年度削减率为56.56%（见表4—7）。

表4—7　　　　　　　渭江流域工业污染源控制　　　　　单位：吨，%

指标	年份	天水	定西	变化	西安	变化	宝鸡	咸阳	渭南	总计	变化	总变化
化学需氧量排放量	2018	400	1800		1278.5	-3.96	/	/	/			-17.37
	2017	400	3900		1246.92		2074.24	1657.80	2503.01	11781.97	-30.77	
	2016	500	4600		1415.53		3668.49	3478.93	3354.86	17017.81		
氨氮排放量	2018	40	30	-59.89	/		/	/	/			-56.56
	2017	100	49		77.04		153.47	114.26	149.60	643.37	-53.23	
	2016	100	100		96.22		298.10	378.82	402.58	1375.72		

太湖流域包括上海市和江苏的苏州、无锡、常州、镇江以及浙江的杭州、嘉兴、湖州。江苏与上海数据来源于各市统计年鉴，其中，上海在氨氮排放量指标下无相关数据，镇江无化学需氧量排放量数据。浙江省三市数据来源于2017年度至2019年度的《浙江自然资源与环境统计年鉴》。经计算，太湖流域2018年工业废水中化学需氧量排放量削减率为21.51%，氨氮排放量削减率为31.35%（见表4—8）。

表4—8　　　　　　　　　太湖江流域工业污染源控制　　　　　　　单位：吨,%

指标	年份	苏州	无锡	常州	镇江	上海	杭州	嘉兴	湖州	总计	变化
化学需氧量排放量	2018	23045	8300	6647	/	10200	10551	6975.92	4152	65718.92	-21.51
	2017	25987	9200	6867	/	12900	12639.24	9243.59	5048.39	76836.83	
	2016	31005	9800	7232	/	14388	17571.02	10616.35	7570.54	90612.37	
氨氮排放量	2018	1537	355	486	220.5	/	303	115.10	208	3016.6	-31.35
	2017	1730	406	491	282.0	/	506.89	224.81	279.78	3640.7	
	2016	2115	456	412	521.7	/	764.61	878.59	380.91	5147.9	

九龙江流域主要包括厦门、漳州、泉州、龙岩和三明，但是，《2019厦门经济特区年鉴》未提供这两个指标的数据；《2019龙岩统计年鉴》仅提供了化学需氧量排放量总量数据，未区分工业需氧量排放量。根据数据情况，采用类似于东江流域的三步折算法。最终，九龙江流域化学需氧量排放削减率为17.93%，氨氮排放量削减率为4.16%（见表4—9）。

表4—9　　　　　　　　　九龙江流域工业污染源控制　　　　　　　单位：吨,%

指标	年份	漳州	泉州	三明	总计	变化	厦门	总计	变化	总变化
化学需氧量排放量	2018	4461.25	5586	3400	13447.25	-13.31	/			-17.93
	2017	4374.80	5392.43	3407	13174.23		1408	14582.23	-22.55	
	2016	4842.74	7750.09	4556	17148.83		1680	18828.83		
氨氮排放量	2018	237.81	412	300	949.81	12.55	/			-4.16
	2017	204.69	316.56	216	737.25		94	831.25	-20.87	
	2016	226.51	405.92	318.06	950.49		100	1050.49		

清水江流域包括黔南和黔东南两个州。黔东南州2016年和2018年统计公报中报告了化学需氧量和氨氮排放量数据与下降比例，可以据此推算出2017年数据；黔南州3年的工业污染源控制数据均可以从《黔南州统计年鉴》中获取。根据两州数据，2018年化学需氧量排放量年度削减率为8.81%；氨氮排放量年度削减率

为 7.94%（见表 4—10）。

表 4—10　　　　　　　清水江流域工业污染源控制　　　　单位：吨，%

指标	年份	黔南州	黔东南州	总计	变化
化学需氧量排放量	2018	831	25100	25931	−8.81
	2017	931	24045.8	24976.8	
	2016	2194	29700	31894	
氨氮排放量	2018	28	2800	2828	−7.94
	2017	42	2634.8	2676.8	
	2016	167	3300	3467	

（三）农业污染源控制的测量

新安江流域三市 2018 年农用化肥施用量年度削减率为 6.79%，农药使用量年度削减率为 8.26%（见表 4—11）。东江流域中，东莞市统计年鉴未提供农用化肥折纯量。但是，考虑到 3 年数据具有可比性，予以采纳。《2019 年韶关统计年鉴》未报告农药使用量，且 2017 年和 2018 年《韶关统计年鉴》数据差异不正常（分别为 5788 与 33415 吨），故不采用韶关农药使用量数据。据此计算，东江流域 2018 年化肥施用量下降 36.38%，农药使用量下降 24.77%（见表 4—12）。根据 2017 年至 2019 年渭河流域各市统计年鉴以及《陕西统计年鉴》《甘肃发展年鉴》，天水、定西和宝鸡缺失农药使用量数据，其他数据完整。经计算，2018 渭河流域化肥施用量比前两年削减 2.14%，农药使用量减少 4.66%（见表 4—13）。在太湖流域，《2019 年湖州统计年鉴》未提供农业污染源控制数据，《2019 年嘉兴统计年鉴》未提供农药使用量数据，其他 6 个城市数据完整。据此，湖州不纳入分析，嘉兴不分析农药使用量情况。根据各地统计年鉴数据，2018 年农用化肥施用量削减 8.81%，农药使用量下降 8.23%（见表 4—14）。根据九龙江流域各地 2017—2019 年统计年鉴数据，2018 年农用化肥施用量削减率为 8.07%，农药使用量削减率为8.10%（见表4—15）。清水江流域只可以获得黔南州的农业污染源数据，在此以该州数据进行粗略估测。黔南州2016年至2018年农用化肥施用量分别为118643吨、118508吨和100663吨，年度削减率为15.11%；农药使用量分别为2088吨、2124.3吨和1861吨，年度削减率为11.64%。

表4—11　　　　　　　新安江流域农业污染源控制　　　　　单位：吨,%

指标	年份	黄山	宣城	杭州	总计	变化
农用化肥施用量	2018	34966	115285	87108	237359	-6.79
	2017	36007	122989	92236	251232	
	2016	36794	126871	94408	258073	
农药使用量	2018	2682	3282	6316	12280	-8.26
	2017	2973	3536	6632	13141	
	2016	3088	3766	6776	13630	

表4—12　　　　　　　东江流域农业污染源控制　　　　　单位：吨,%

指标	年份	广州	韶关	赣州	惠州	东莞	总计	变化
农用化肥施用量	2018	105922	97000	179083	88808	21442	492255	-36.38
	2017	303831	97125	229977	99132	22786	752851	
	2016	311402	122807	238533	98341	23498	794581	
农药使用量	2018	3100	/	10065	4620	542	18327	-24.77
	2017	3400	/	14659	5380.02	703	24142.02	
	2016	3341	/	15138	5392	711	24582	

表4—13　　　　　　　渭河流域农业污染源控制　　　　　单位：吨,%

指标	年份	天水	定西	宝鸡	咸阳	西安	渭南	总计	变化
农用化肥施用量	2018	72957	90262	252858	429367	252662	699927	1798033	-2.14
	2017	76891	93692	255267	445085	255267	709163	1835365	
	2016	80336	95788	242871	464914	242871	712513	1839293	

第四章　流域协作治理的绩效　245

续表

指标	年份	天水	定西	宝鸡	咸阳	西安	渭南	总计	变化
农药使用量	2018	/	/	/	1547.404	1506.859	5920.923	8975.186	-4.66
	2017	/	/	/	1565.859	1703.736	6213.673	9483.268	
	2016	/	/	/	1803.245	1126.305	6415.730	9345.28	

表4—14　　　　　太湖流域农业污染源控制　　　　　单位：吨,%

指标	年份	无锡	常州	苏州	镇江	上海	杭州	嘉兴	总计	变化
农用化肥施用量	2018	48939	55404	64400	49449	249200	87108	99650	654150	-8.81
	2017	50736	58070	67807	51138	275200	92200	99700	694851	
	2016	60438	53642	51835	71147	307800	94408	100500	739770	
农药使用量	2018	2170	2742	3458	2159	3200	6316	/	20045	-8.23
	2017	2487	3091	3623	2424	3900	6776	/	22301	
	2016	2310	2940	3739	2264	3500	6632	/	21385	

表4—15　　　　　九龙江流域农业污染源控制　　　　　单位：吨,%

指标	年份	厦门	漳州	泉州	龙岩	三明	总计	变化
农用化肥施用量	2018	11646	355300	136010	107376	124830	735162	-8.07
	2017	12377	375475	145070	110803	129248	772973	
	2016	13124	402500	157185	116892	136750	826451	
农药使用量	2018	349	9800	4792	5050	5003	24994	-8.10
	2017	368	10326	5156	5292	5245	26387	
	2016	417	10900	5480	5635	5574	28006	

（四）生活污染源控制的测量

根据2019年统计年鉴，新安江流域的杭州、黄山和宣城三地2018年的城市污水处理率分别为95.79%、96.2%和94.13%，因此，2018年该区域城市污水处理率均值为95.37%。在清水江流域，根据《2019年黔南州统计年鉴》，2018年黔南州城市污水处理率为90.2%，黔东南州无相关数据。在东江流域中，《2019年广东统计年鉴》只提供了各城市2017年的城市污水处理率数据，2019年各地统计年鉴中仅广州和深圳提供了城市污水处理率的相关数据。2018年广州和深圳的城市污水处理率分别为95.5%和97.0%，平均为96.25%。渭河流域中只有《2019年西安统计年鉴》提供了污水处理数据，因此以西安数据对流域城市污水处理率进行粗略估计。2018年西安城市污水处理率为93.85%。在太湖流域中，根据《2019年江苏统计年鉴》数据，2018年苏州、无锡、常州和镇江的城市污水处理率分别为95.1%、98.1%、97.2%和95.9%；根据上海和湖州市2019年统计年鉴，2018年上海和湖州城市污水处理率分别为95.2%和97.43%。最终，太湖流域城市污水处理率均值为96.49%。九龙江流域中，2019年龙岩和漳州统计年鉴未提供城市污水处理率数据。根据厦门、泉州和三明2019年统计年鉴数据，2018年三市城市污水处理率分别为：厦门96.02%，泉州93.32%，三明85.53%。总体上，该流域城市污水处理率平均为91.62%。

（五）河湖水质的测量

根据《2018年广东省生态环境状况公报》，东江流域赣粤省界断面定南断面和寻乌断面水质均为Ⅱ类水质，得分为2分。根据《2018年安徽省生态环境状况公报》，新安江流域干流水质为优，说明浙江与安徽交界断面水质达到Ⅰ—Ⅱ类标准，得分为2分。根据《2018年甘肃省生态环境状况公报》，渭河流域甘陕交界断面葡萄园断面水质为Ⅲ类，得分为1分。太湖流域根据入太湖河道水质进行评价，基于太湖流域管理局《2018年度太湖湖流域及东南诸河水资源公报》，22条入太湖的主要河道控制断面中，达到Ⅱ类水质的断面有3个，Ⅲ类为9个，Ⅳ类为9个，Ⅴ类为1个，根据不同分数段界面所占比例进行折算并加总，太湖流域最终得分为0.68分。根据《2018年福建省生态环境状况公报》，九龙江23个省控断面中，Ⅰ类水占比为4.3%，Ⅱ类水占比21.8%，Ⅲ类水占比60.9%，Ⅳ类水占比13.0%，根据不同界面所占比例折算并加总可知，九龙江流域得分为1.17分。根据2018年度《贵州省重点流域水质》中有关主要河流跨市（州）界面水质的监测数据，清水江在贵州境内的黔南与黔东南交界处有重安江大桥断面和兴仁桥断面，在12个月中，重安江大桥断面3次Ⅱ类水、7次Ⅲ类水、2次Ⅳ类水，兴仁桥断面Ⅰ类水5次、Ⅱ类水7次。根据不同类型水质所占比例进行折算，清水江流域最终得分为1.75分。

表4—16　　　　　　　　协作结果的测量结果

流域	直接结果					间接结果
	工业污染源控制		农业污染源控制		生活污染源处理	河湖水质
	工业废水中COD排放量削减率（%）	工业废水中氨氮排放量削减率（%）	农用化肥施用量削减率（%）	农药使用量削减率（%）	城市污水处理率（%）	Ⅰ—Ⅲ类水质
新安江	-25.93	-32.74	-6.79	-8.26	95.37	2
东江	-24.78	-28.90	-36.38	-24.77	96.25	2
渭河	-17.37	-56.56	-2.14	-4.66	93.85	1
太湖	-21.51	-31.35	-8.81	-8.23	96.49	0.68
清水江	-8.81	-7.94	-15.11	-11.64	90.20	1.75
九龙江	-17.93	-4.16	-8.07	-8.10	91.62	1.17

六　流域协作治理的整体绩效情况

（一）分项指标下的协作绩效比较

在协作动机方面，"区域统一称呼"指标的绩效表现最佳，"生态补偿共性内容"方面表现最差。这说明流域各方在协作动机方面还处于相对表现化的状态，相互之间还未真正达成协作共识。

在协作能力方面，"制度安排"指标表现最好，特别是行政首脑的联席会议制度绩效表现非常突出，这显然与中央对河长制的大力推动是有关系的。同时，知识方面的"资源动员与组织技术"下各流域的表现也相当不错。相对来说，"上级政府领导的支持"指标的结果方面表现差异很大且绩效最差。仅有太湖流域和九龙江流域的上级政府领导能够提供足够支持。

在协作行动方面，"协作政策调整"方面的指标表现相当完美，"政策制定"下的三个指标的表现也相对较好，表现最差的是协作政策执行下的"水质监测数据报告"以及"不协作行为"两个指标。"政策执行"方面表现差说明流域协作治理仍然相对处于初步发展阶段，各方的着重点还在于协作政策的设计与调整中，并未将注意力真正放在政策执行上。

在协作结果方面，各指标下的绩效结果差异很大。总体来看，各流域在"城市污水处理率"指标下的表现最佳且差异不明显，在"农业污染源控制"指标下的表现明显不如"工业污染源控制"指标。在农业与工业污染源控制指标中，各流域的绩效波动很大。

（二）比例转换后的综合绩效比较

六大流域的协作治理绩效同样通过比例转换进行数据归一化处理。在将各项指标得分进行归一化处理时，各指标得分均表达为相对指标满分值的百分比。不过，考虑到原始数据存在不同情况，归一化处理时以等级进行赋分的协作动机和协作能力、协作行动指标，可以将最高等级视同100%，将最低等级视为0，进而对指标得分进行比例转换。值得一提的是，Ⅰ—Ⅲ类水质得分因为将不同类型水质进行了赋分，出现了最高3分最低0分的得分区间，因此同样可以采用第一种情况进行比例转换。对于以实际结果数据进行评估的指标，原来指标均为百分比数据形式，其中城市污水处理率为正向分值，对此可采用第一种情况的计分方式；另外4个指标测量的是污染年度削减率，该指标为负向得分，可以将下降率的最高值与最低值之间的差值绝对值作为得分区间，各流域下降率与最低值比较的差值与得分区间进行比例转换。分值转换之后的结果汇总同样采用等权重法进行处理。首先在二级指标下对指标进行加总并求出均值，进而再在一级指标下对二级指标加总求均值，最终得到综合得分。根据这一转换步骤对流域生态补偿协作绩效进行综合计算，得到表4—17的结果。

根据表4—17，各流域在协作行动方面的绩效表现差异微小，但是协作动机、协作能力以及协作结果方面的绩效差异却相对明显，因此，流域间的绩效差异更多地取决于它们参与协作治理的动机、在流域协作治理中所具有的能力以及最终的协作治理结果。在这三个方面，东江与九龙江流域的表现不错，而清水江流域的表现则不尽如人意。同时，各流域在不同绩效维度下的表现均存在相对较大的波动。

表4—17　　流域生态补偿协作绩效的比例转换与综合得分

流域	协作动机		协作能力			协作行动			协作结果				综合绩效折算结果
	共同信任与理解	共同承诺	制度安排	上级支持	知识	政策制定	政策调整	政策执行	工业污染控制	农业污染控制	生活污染处理	水质改善	
新安江	0.70	0	0.75	0	0.83	1	1	0.63	0.77	0.16	0.95	1	0.618
	0.350		0.528			0.875			0.721				
东江	0.48	0.83	0.75	0.25	0.83	0.77	1	0.63	0.70	1	0.96	1	0.745
	0.656		0.611			0.797			0.916				
渭河	0.52	0.67	0.75	0.50	0.33	0.87	1	0.5	0.75	0	0.94	0.24	0.598
	0.594		0.528			0.789			0.483				
太湖	0.52	0.17	1	1	0.85	0.93	1	0.71	0.63	0.19	0.96	0	0.654
	0.344		0.944			0.881			0.445				

续表

流域	协作动机		协作能力			协作行动			协作结果				综合绩效折算结果
	共同信任与理解	共同承诺	制度安排	上级支持	知识	政策制定	政策调整	政策执行	工业污染控制	农业污染控制	生活污染处理	水质改善	
九龙江	0.52	0.33	1	1	1	1	1	0.68	0.04	0.36	0.90	0.81	0.712
	0.428		1			0.894			0.528				
清水江	0.41	0.17	0.25	0	0	0.9	1	0.88	0.27	0.17	0.92	0.37	0.432
	0.289		0.083			0.925			0.431				

在协作动机方面,东江流域与渭河流域明显好于另外几个流域。而且,整体来看,省内流域与跨省流域相比,动机得分相对较低。这表明省内流域带有更多的上级包办特征,而跨省流域合作即使有生态环境部的积极推动,为了保证协作顺利各省也需要展现更高的配合度。

在协作能力方面,九龙江流域和太湖流域的表现最好,其次是东江流域、新安江流域和渭河流域,清水江流域的表现最差。在几个跨省生态实偿中,太湖流域协作能力表现最好,说明跨省合作仍然相当大程度上依赖于中央的支持力度。由于水利部设立了专门的太湖流域管理局,从而可以保证该流域在制度安排与上级支持方面拥有先天的良好基础,即使最早尝试实施跨省合作的新安江流域都未能达到太湖流域的协作能力水平。两个省内跨界合作流域虽然都属省内协作,但是,九龙江流域全境都处于福建省内,而清水江流域则只是沅江的一段而已,因此,省内流域管理的便利性以及流域管理的整体性在两个流域之间还是不同的。福建省对于九龙江流域可以实现全流域管理,责任更为清晰,管理也更为便利。但是,清水江流域的省内生态补偿无法回避跨省流域的责任规避风险,贵州省对该流域的管理能力也就无法与福建省相提并论。

在协作行为方面，各流域之间的表现差异不是很明显。相对来说，协作行动方面是省际和省内流域差异最小的领域。这说明，流域生态补偿虽然在协作基础方面会存在相当明显的差异，但是，协作开始后都能够较好地融入到相关部门的日常管理活动中去。

在协作结果方面，各流域之间的绩效表现差异较大。总体来看，东江流域和新安江流域的绩效表现明显好于其他几个流域。东江流域几个指标下的表现相当不错，而渭河流域的绩效波动最大，其工业减排方面的表现非常好，农业减排方面的表现却最差。显然，流域协作结果与生态补偿实施时间以及流域工农业发展水平有很大关系。东江流域与新安江流域生态补偿实施时间长，协作经验的累积有助于提升协作结果；而与其他流域相比，渭河流域工业减排效果更明显，农业减排效果更差，这与该区域属于偏农业区域有关。

从综合折算结果可以看出，东江与九龙江流域的综合得分处于第一梯队，超过了70分；太湖、新安江和渭河流域的综合得分处于第二梯队，在及格线上下；清水江流域处于第三梯队，综合得分刚过40。这一结果揭示出流域生态补偿中存在这样的规律：跨省流域生态补偿绩效更有保障，整体水平较高，而跨市生态补偿绩效则有一定的不确定性。跨省流域的生态补偿效果更好意味着，流域管理只有在将流域内相关地方政府都纳入的情况下，才有可能避免因责任不完整、不清晰带来的协作绩效损失，保证实现协作效果最大化。我国的河流通常都是跨省的，只有实行跨省生态补偿才能够保证流域管理的责任相对完整。九龙江流域虽然是省内流域，但九龙江流域全域均在福建省内，因此它的总体绩效更好。超出一省边界的清水江流域单纯依靠贵州省内的河段生态补偿成效不明显，仍然需要尽可能实现跨省协作。总之，只有确保流域责任的完整性，生态补偿效果才有保障。

当然，流域生态补偿的绩效水平应该与参与方的经济水平也有一定关系。通过对几大流域合作方的经济实力进行简单比较可以看出，清水江流域的两个参与方政府经济实力都相对较弱，其他几个流域则都至少有一个省或市的经济实力相对雄厚。这也意味着，经济实力强的地方政府一方面拥有与外界力量实现经济合作的更多经验与资金，另一方面又更容易受到上级或媒体的关注，更容易吸引其他合作力量，提升参与各方的参与意愿与主动性，从而有助于获得更高协作绩效。

第三节　流域协作治理政策的效果评估：江苏太湖流域

对于流域生态补偿政策效果的评估将根据评估框架中对间接结果的界定，基于河湖水质变化情况进行评估。由于太湖流域水质恶化情况严重，受到中央的高度重视，因此，我们选择将太湖流域作为一个研究样本。同时，考虑到江苏省太湖流域污染治理政策的实施时间最长，政策设计方案也更为丰富，重点考察江苏境内太湖流域的生态补偿政策效果。

一　江苏太湖流域生态补偿政策发展

在国外，农业硝酸盐、磷等营养物的流失会导致地表水质与地下水质受损的研究发现[1]，客观上推进了各国环境政策的实施。我

---

[1] Cartwright, N., L. Clark & P. Bird, "The Impact of Agriculture on Water Quality", *Outlook Agriculture*, Vol. 20, No. 3, 1991, pp. 145–152.

国从中央到地方也力图通过制定环境政策改善河湖水质。近20年来，江苏省针对太湖流域水污染恶化的形势，推出了一系列太湖水污染防治和生态补偿政策。1996年至今，江苏省出台并4次修订了《江苏省太湖水污染防治条例》，明确要求太湖流域要防治工业污染、农业污染和生活污染。针对工业污染源，要求发展节能降耗新兴产业，对落后产能实行项目限批和区域限批制度，对重污染行业的排污企业进行提标改造和深度处理，并提高工业废水集中处理能力；针对农业污染源，要求改进农业生产方式和农民生活方式，发展生态循环和绿色有机农业；针对生活污染源，要求改善污水处理设施，提升城镇污水处理能力。2007年7月，国家环保总局下发《关于开展生态补偿试点工作的指导意见》，为推进我国生态补偿工作的发展提供了指导性意见。2007年年底，为了响应中央的号召，同时应对太湖污染日益严重的问题，江苏省人民政府颁布了《江苏省环境资源区域补偿办法》，规定在江苏省行政区域内太湖流域的部分入湖源流断面试行区域补偿来提升水质。同时出台的《江苏省太湖流域环境资源区域补偿试点方案》，选择了太湖流域的丹金溧漕河、通济河、南溪河、武宜运河、陈东港等河流进行断面水质考核与补偿试点。根据补偿试点方案，流域内各市县需向省里缴纳区域补偿金，省级在扣除必要的水质监测费用之后，根据断面水质改善情况再分配到各市县。此时的补偿实质上是一种单向补偿，通过"建立跨行政区交接断面和入湖断面水质控制目标，上游设区的市出境水质超过跨行政区交接断面控制目标的，由上游设区的市政府对下游设区的市予以资金补偿；上游设区的市入湖河流水质超过入湖断面控制目标的，按规定向省级财政补偿资金。"[1] 这种补偿方案

---

[1] 《2008环境经济政策盘点》，《环境经济》2009年第Z1期；江苏省人民政府：《江苏省太湖流域环境资源区域补偿试点方案》，http://www.chinaenvironment.com/view/ViewNews.aspx?t=News_1&k=20080919163735546，2008年9月19日。

主要针对上游，可以起到约束上游行为的效果。2009年，江苏省在试点基础上出台《江苏省太湖流域环境资源区域补偿方案（试行）》，确保太湖流域监测断面全覆盖。

2013年制定并于2014年10月开始实施的《江苏省水环境区域补偿实施办法（试行）》对太湖生态补偿制度进行创新性调整，从单向补偿转向了"双向补偿"制度，根据新的双向补偿制度规定，如果补偿断面的水质劣于水质目标，仍然由上游地区补偿下游地区，但是，如果补偿断面水质优于水质目标，则反过来由下游补偿上游[1]。前后两种补偿制度相比较，双向补偿明显能够更好地提升上游水质改善动机。这是因为，在原来的单向补偿制度下，上游只有在水质未达标时承担的义务，却未能够从水质达标条件下获取收益，这种不对等性不利于提升上游地区改善水质的积极性。双向补偿制度下，通过增加水质达标后的收益安排，上游不但承受着水质不达标的可能成本，而且还可以享受水质达标后可能的收益，这样就可以实现对上游政府行为的双向约束。基于两年双向补偿的实践，2016年江苏省又对双向补偿制度进行了完善，并且将补偿断面数量增加了近一倍，补偿标准也随之提高。

为了更好确保太湖流域水质改善，在流域市县上缴或支付补偿的同时，江苏省财政自2007年起每年还安排20亿元专项资金投入太湖流域的水环境综合治理，各市县每年也安排资金用于本区域的太湖水污染治理。从2013年起，江苏省还专门设立了省级生态补偿转移支付资金，并逐年加大对太湖流域市县生态补偿资金的支持力度。因此，江苏太湖流域的生态补偿资金来源丰富，资金额也相对较高。

---

[1] 于凯：《江苏不惜重金治理太湖 每年投20亿专项资金》，http://www.chinanews.com/sh/2017/12-26/8409216.shtml，2017年12月26日。

二 政策与水质

环境政策的主要目标是降低环境污染以改善环境质量。针对环境政策对环境质量所产生的影响，学界从不同的角度切入展开研究，均认同环境政策能够在一定程度上改善环境质量。傅伯杰等对中国环境政策进行综合评估，指出环境政策的实施对经济增长带来的环境污染起到了较好的抑制作用[1]；刘强[2]和席汉－康勒（Sheehan-Connor）[3]针对不同环境领域的政策进行评估，同样发现环境政策对改善环境状况发挥了积极影响。水环境政策是典型的环境政策，我国的水环境政策通常包括水污染治理政策和生态补偿政策。水环境政策的主要目标在于减少河湖污染以改善水质，而河湖污染源主要包括工业污染源、农业活污染源和生活污染源。学界对这三类污染源与河湖水质的关系进行研究，证实了三大污染源都会对水质产生显著影响。

在工业污染源方面，学界关注工业发展与工业排污对河湖水质恶化的影响。埃本斯坦（Ebenstein）对中国工业发展的影响进行研究后指出，工业发展会造成地表水和地下水的污染，进而影响居民健康[4]；纳斯（Nath）分析指出工业污染会导致河流水质恶化，并在此基础上提出系统化的水质优化管理政策，以确保政策对工业发

---

[1] 傅伯杰、马克明：《中国的环境政策效应与污染治理效果分析》，《环境科学》1998年第3期。

[2] 刘强：《能源环境政策评价模型的比较分析》，《中国能源》2008年第3期。

[3] Sheehan-Connor, D., "Environmental Policy and Vehicle Safety: The Impact of Gasoline Taxes", *Economic Inquiry*, Vol. 53, No. 3, 2015, pp. 1606 – 1629.

[4] Ebenstein, A., "The Consequences of Industrialization: Evidence from Water Pollution and Digestive Cancers in China", *Review of Economic Statistics*, Vol. 94, No. 1, 2012, pp. 186 – 201.

展阻力较小且能够实现水质改善[①]。在农业污染源方面，学界较为关注农业生产活动对水质的影响。人们通过研究发现，农业集约化发展使用的大量化肥和农药借助农业径流和大气沉降将一些营养物带入河湖，成为地表水质的非点源性污染源。奇雷洛（Cirello）等的研究就发现，农业生产中硝酸盐等的大量使用与地表水质恶化之间存在明显的因果联系[②]。研究者还发现，农业可耕地面积的增加有可能扩大污染范围，从而导致地表水质恶化。例如马提凯里（Mattikalli）等的研究发现地表水中硝酸盐含量增长与可耕地数量上升有关[③]。最后，学界还发现，土地利用方式特别是农业用地和城市用地的差异性，会直接导致不同的污染物注入地表水。童（Tong）等的研究证明，农业用地和城市防渗性用地导致更高水平的硝酸盐和磷注入河道[④]；费舍（Fisher）等则发现，家禽养殖区域附近的地表水中的磷、氮和粪便大肠菌群的含量明显高于城市污水[⑤]。在生活污染源方面，学界关注生活排污、空气污染和污水

[①] Nath, K., "Water Pollution and Industrial Development: A Systems Approach", *IFAC Proceedings Volumes*, Vol. 10, No. 14, 1977, pp. 609 - 612.

[②] Cirello, J., R. A. Rapaport, P. F. Storm, V. A. Matulewich, M. Morris, S. Goetz & M. S. Finstein., "The Question of Nitrification in the Passiac River, New Jersey: An Analysis of Historical Data and Experimental Investigation", *Water Research*, Vol. 13, No. 6, 1979, pp. 525 - 537.

[③] Mattikalli, Nandish M. & Keith S. Richards, "Estimation of Surface Water Quality Changes in Response to Land Use Change: Application of the Export Coefficient Model Using Remote Sensing and Geographical Information System", *Journal of Environmental Management*, Vol. 48, No. 3, 1996, pp. 263 - 282.

[④] Tong S., & Chen W., "Modeling the Relationship between Land Use and Surface Water Quality", *Journal of Environmental Management*, Vol. 66, No. 4, 2002, pp. 377 - 393.

[⑤] Fisher, D. S., J. L. Steiner, D. M. Endale, J. A. Stuedemann, H. H. Schomberg, A. J. Franzluebbers & S. R. Wilkinson, "The Relationship of Land Use Practices to Surface Water Quality in the Upper Oconee Watershed of Georgia", *Forest Ecology and Management*, Vol. 128, No. 1 - 2, 2000, pp. 39 - 48.

处理等对河流水质的影响。刘（Liu）等对太湖流域的污染源进行分析，发现城市和乡村的生活排污是太湖水质氮和磷含量的最大污染源，且大气沉降将空气污染带给地表水，导致太湖水质氮含量增多[1]；科恩（Chon）等研究则指出，污水处理厂的排水会导致河流重金属含量增高[2]。

为了提升河湖水质，政府针对河湖水质的污染源进行了污染防治政策的设计，从而将学者们的研究重点导向水环境政策的效果评估。学者们研究发现，水污染防治政策和生态补偿政策的实施能够取得不同程度的政策效果。泰勒（Taylor）等评估发现地表水功能转换（从农业水转换为城市用水）对环境产生了显著影响[3]；张培培[4]和闫晶晶等[5]对城市污水治理政策和流域水污染治理政策等进行评估，发现水污染治理取得了一定成效，强调应研发新的污水治理技术等以促进污水治理政策目标的达成；吴（Wu）等研究了潮白流域通过生态补偿鼓励农民弃种水稻而转种旱作物所产生的影响，发现这一生态补偿项目的实施降低了化肥和农药的应用，使得

---

[1] Liu, B. B., Liu H., Zhang B., Bi J., "Modeling Nutrient Release in the Tai Lake Basin of China: Source Identification and Policy Implications", *Environmental Management*, Vol. 51, No. 3, 2013, pp. 724 – 737.

[2] Chon, Ho-Sik, Dieudonn-Guy Ohandja & Nikolaos Voulvoulis, "Assessing the Relative Contribution of Wastewater Treatment Plants to Levels of Metals in Receiving Waters for Catchment Management", *Water Air & Soil Pollution*, Vol. 223, No. 7, 2012, pp. 3987 – 4006.

[3] Taylor, R. G. & Robert A. Y., "Rural-to-urban Water Transfers: Measuring Direct Foregone Benefits of Irrigation Water under Uncertain Water Supplies", *Journal of Agriculture Economics*, Vol. 20, No. 2, 1995, pp. 247 – 262.

[4] 张培培、王侬、石岩等：《流域污染物总量控制政策评估——以松花江流域为例》，《中国人口·资源与环境》2016年第S1期。

[5] 闫晶晶、肖荣阁、沙景华：《水污染物质排放减量化环境综合政策的模拟分析与评价》，《中国人口·资源与环境》2010年第S1期。

河流中氮和硝酸盐的含量减少,进而改善了密云水库支流的水质[①]。

但是,学界对影响河湖水质的具体政策的研究相对薄弱。目前,环境政策影响评估的相关研究较为关注经济发展和环境污染之间的关系,对环境政策和环境质量改善之间的关系重视不足,侧重于分析环境政策实施带来的经济影响[②]。同时,学界研究河湖水质污染时侧重于识别具体的污染物(源),在环境质量的监测中将政策视为测量的外在条件,未将政策直接纳入环境绩效测量中,即使专门对太湖流域水环境保护政策进行分析的相关文献也未针对具体政策对太湖水质改善产生的影响进行深入剖析。

江苏省在太湖流域实施的水污染防治和生态补偿政策也专门针对工业污染源、农业污染源和生活污染源进行治理。数据显示,在相关政策颁布实施的同时,江苏省境内太湖流域的水质明显好转。我们以2008年第三季度实施生态补偿政策为时间节点,根据江苏省生态环境厅网站提供的断面水质数据进行统计分析,可以发现Ⅰ—Ⅲ类、Ⅳ类和Ⅴ类水质月均占比分别从2.56%、17.52%和17.44%上升至22.45%、36.97%和19.39%,而劣Ⅴ类水质月均占比则从62.79%下降到21.64%。对于太湖流域水质改善的原因,相关政府部门和政府工作人员倾向于将其归因于水污染治理政策的

[①] Wu, Wenyong, Suchuang Di, Qianheng Chen, Shengli Yang, Xingyao Pan & Honglu Liu, "The Compensation Mechanism and Water Quality Impacts of Agriculture-Urban Water Transfers: A Case Study in China's Chaobai Watershed", *Water Resource Management*, Vol. 27, 2013, pp. 187 – 197.

[②] Albrizio, S., T. Kozluk, V. Zipperer, "Environmental Policies and Productivity Growth: Evidence across Industries and Firms", *Journal of Environmental Economics and Management*, Vol. 81, No. C, 2017, pp. 209 – 226; Kozluk, T., V. Zipperer, "Environmental Policies and Productivity Growth: A Critical Review of Empirical Findings", *Economic Studies*, Vol. 2014, 2015, pp. 155 – 185; 吴玉萍、董锁成:《北京市环境政策评价研究》,《城市环境与城市生态》2002年第2期;马树才、李国柱:《中国经济增长与环境污染关系的Kuznets曲线》,《统计研究》2006年第8期。

实施。如《太湖流域水环境综合治理总体方案（2013年修编）》将2010年和2005年太湖湖体及环湖河流的年度水质数据在高锰酸钾、氨氮、总磷、总氮指标上进行比较后，指出太湖水质治理成效显著[1]；江苏省太湖水污染防治办公室的朱玫比较分析了2016年和2007年太湖湖体、15条主要入湖河流以及65个重点断面的水质变化，指出太湖流域水质改善效果明显，并进一步分析指出太湖流域水质改善主要得益于江苏省太湖治理政策的实施[2]。但是，通过简单地比较相关政策实施前后的太湖水质，得出太湖水质改善与政策相关的结论不够客观，具有一定的武断性。而且，太湖流域水污染防治和生态补偿政策涵盖了工业污染源防治、农业污染源防治、生活污染源防治、不同生态补偿方式等多方面的内容，该推论并未进一步分析具体政策对太湖水质改善的影响效果。

综上所述，我们将以江苏省太湖流域的政策与水质数据为基础，从太湖流域水污染防治和生态补偿政策文本中提取政策变量，进一步分析这些变量与太湖水质改善的关系，从而揭示出太湖水质改善的政策影响因素。

三 方法与数据

（一）变量与测量

1. 因变量：水质数据。由于以江苏省环境质量状况年报为基

---

[1] 国家发展和改革委员会、环境保护部、住房和城乡建设部、水利部、农业部：《关于印发太湖流域水环境综合治理总体方案（2013年修编）的通知》（发改地区〔2013〕2684号），2014年1月14日。

[2] 水专项管理办公室：《水专项"十一五"太湖项目成效突出 支撑了太湖流域水污染防治，太湖富营养化程度由中度改善为轻度》，《水体污染控制与治理科技重大专项工作简报》2014年第110期。

础的数据容量较少，太湖流域重点断面水质自动监测周报的数据起点较晚，江苏省水环境质量状况月报到了2014年则只有定性语言的描述，因此，本研究重点关注江苏水质自动监测周报。江苏水质自动监测周报的数据是江苏省内重点水质自动站在PH值、溶解氧、高锰酸盐指数以及氨氮4项指标下对水质状况的监测报告，这些监测数据报告主要是将相关站点分别归入不同水质大类（劣Ⅴ类、Ⅴ类、Ⅳ类、Ⅲ类、Ⅱ类以及Ⅰ类）。自2006年以来，四项水质监测指标一直保持不变，数据具有内在稳定性。为水质周报提供水质数据的自动监测站中，有10个自动监测站处于太湖流域，即武进港、白塔、五牧、潘家坝、望亭、凤凰、大浦港、直湖港、百渎港和鸟嘴桥。由于这10个自动监测站的水质少有达到Ⅰ类和Ⅱ类的情况，因此，本研究在考察这些站点的水质时将Ⅰ至Ⅲ类水质数据合并，其他水质数据保持原有分类。数据截取的起止时间为2006年2月至2018年12月。水质数据以月度进行汇总，统计各大类水质的占比；同时，对水质进行总分折算，将Ⅰ—Ⅲ类水质合并且赋值为4，Ⅳ类赋值为3，Ⅴ类赋值为2，劣Ⅴ类赋值为1，在此基础上逐月计算出水质总分。

2. 自变量：政策变量。政策变量根据政策文本提取，并根据数据可获得性筛选确定。生态补偿政策变量的核心在于两种补偿方式的转换，因此，根据单向补偿与双向补偿各自的实施时间设置2个虚拟变量。在补偿政策时间节点的截取方面，双向补偿政策的时间节点依据政策出台的时间设定为2014年11月；单项补偿政策的时间节点依据政策实际实施的时间设定为2008年9月。这2个指标在赋值时，时间节点之前均为0，时间节点开始后均为1。

水污染防治政策主要针对工业污染源、农业污染源以及生活污染源进行设计，因此，水污染防治政策变量的提取也相应从这三方面切入。(1) 工业污染防治政策方面。江苏省的政策重点在于发展新兴产业，淘汰落后产能与实现工业废水集中处理。由于新兴产业发展数据相对难以获取，而淘汰落后产能数据可以通过污染型企业的数量加以测量，因此，选择污染型企业数量这一负向指标加以测量。污染型企业数量指标由流域内各市的造纸和纸制品业、石油加工、炼焦和核燃料加工业、化学原料和化学制品制造业、化学纤维制造业、橡胶和塑料制品业、医药制造业、黑色金属冶炼和压延加工业、有色金属冶炼和压延加工业、金属制造业的企业数量加总求均值获得。工业废水集中处理数据无法直接获取，但工业废水排放以及工业废水中污染物的含量可以间接反映政策的控制效果，因此，提取工业废水排放量、工业化学需氧量排放量、工业氨氮排放量等3个负向指标加以测量。（2）农业污染源防治政策方面。江苏省相关政策要求太湖流域实现农业生产方式转变，在太湖区域设立禁养区、限养区和适养区的分类管理，降低农药和化肥施用量，推广有机肥和绿肥。因此，农业污染防治政策方面提取了淡水养殖面积、农业化肥施用量和农业氨氮施用量等3个负向指标。其中，淡水养殖面积为替代性指标，用以替代难以获得数据的养殖区域类型划分指标。（3）生活污染源防治政策方面。江苏省的相关政策强调要加强城市污水与垃圾处理工程建设力度，改善城市污水处理设施，提升城市污水处理能力，因此，生活污染防治政策方面提取了污水处理率、城市污水日处理能力和生活垃圾无害化处理量3个正向指标。同时，为了确保三类污染源的防治工作顺利开展，江苏省相关政策中涉及了水污染治理的资金保障问题，因此，提取环境治理投资额测量工业污染源、农业污染源和生活污染源治理的投入水平。水污染防治政策的相关指标数据均以流域内苏州、无锡、南通和南京的统计年鉴（2007—2019 年）为基础，每个变量数据均为这些城市数据的均值。

3. 控制变量：气候变量。气候变化是学界最为关注的河流水质的自然影响因素。气候对水质的影响主要体现在气温与降水方面。伯特（Burt）等早在 1988 年就将 1976 年后英国西南部地区地表水中硝酸盐含量的极速攀升归因于气候变化[1];莱特(Wright)等研究揭示了气候变化对水质变化的作用,通过实验模拟显示,气温升高会导致储藏在土壤中的氮活性增强,释放更多的氮,从而对水质产生影响[2];国际气候变化小组的研究者分析了全球气候变化对水资源的影响,指出全球气温升高导致的水体温度上升改变了河湖的化学反应过程,洪水与干旱的发生也严重影响了地表水质[3]。基于此,本研究选取气温和降水量作为控制变量。气温与降水量数据来源于世界气象组织发布的世界城市日均值的月度数据,其中,气温取最高温与最低温的平均数。

(二)数据处理

首先对污染防治政策变量、控制变量和水质变量进行相关分析,识别出与水质变量存在显著相关关系的变量;继而将识别出的变量、生态补偿政策变量和水质变量纳入逐步回归分析,以判断哪些具体政策因素对水质改善产生了显著影响。

四 政策效果的评估结果

(一)政策变量、气候变量与水质变量的相关性分析

表4—18是除生态补偿政策的两个虚拟变量外,其他变量间的相关性分析结果。从结果可以看出,虽然Ⅴ类水质占比仅与4个变

---

[1] Burt, T. P., B. P. Arkell, S. T. Trudgill, D. E. Walling, "Stream Nitrate Levels in A Small Catchment in Southwest England over A Period of Fifteen Years", *Hydrological Processes*, Vol. 2, No. 3, 1988, pp. 267–284.

[2] Wright, R. F., O. Kaste, H. A. De Wit, T. Tjomsland, M. Bloemerts, J. Molvær, J. R. Selvik, "Effect of Climate Change on Fluxes of Nitrogen from the Tovdal River Basin, Norway, to Adjoining Marine Areas", *Ambio*, Vol. 37, No. 1, 2008, pp. 64–72.

[3] Bates, B. C., Z. W. Kundzewicz, Wu S. & J. P. Palutikof eds., *Climate Change and Water*, IPCC Secretariat, Geneva, Jun. 1, 2008, p. 43.

第四章　流域协作治理的绩效　263

表 4—18　变量均值、标准差及相关性

序号	均值	标准差	1	2	3	4	5	6	7	8	9	10	11	12	13
1	15.85	8.96	1												
2	83.90	45.47	0.845**	1											
3	231558.70	472267.09	−0.012	0.000	1										
4	90.16	4.64	−0.019	−0.014	−0.630**	1									
5	109.15	8.43	−0.024	−0.017	−0.716**	0.854**	1								
6	325.98	54.56	0.018	0.000	−0.064	0.718**	0.172	1							
7	3336.18	570.32	0.019	0.013	0.704**	−0.927**	−0.789**	−0.681**	1						
8	2213.40	580.33	0.016	0.011	0.130	−0.745**	−0.525**	−0.699**	0.907**	1					
9	116.29	19.24	0.012	0.000	−0.024	−0.325**	0.267**	−0.547**	0.133	0.788**	1				
10	2134.00	178.97	0.000	0.000	−0.831**	−0.456**	−0.181*	−0.615**	0.662**	0.852**	0.388**	1			
11	45.36	2.08	0.017	0.012	0.266*	−0.894**	−0.650**	−0.907**	0.866**	0.804**	0.615**	0.572**	1		
12	6116.40	762.82	0.027	0.019	0.317**	−0.929**	−0.810**	−0.831**	0.923**	0.814**	0.598**	0.465**	0.864**	1	
13	321.60	58.58	0.025	0.018	0.443**	−0.957**	−0.835**	−0.751**	0.925**	0.777**	0.545**	0.453**	0.852**	0.987**	1
14	17.56	18.34	0.140	−0.068	0.073	0.568**	0.370**	0.458**	−0.560**	−0.570**	−0.467**	−0.478**	−0.614**	−0.564**	−0.566**
15	32.17	16.16	0.362**	0.162	−0.122	0.485**	0.441**	0.141	−0.480**	−0.374**	0.109	−0.215**	−0.399**	−0.488**	−0.500**
16	18.86	9.67	0.174	0.250**	−0.142	−0.027	0.063	−0.200*	0.086	0.181*	0.142	0.257**	0.106	0.032	0.019
17	31.64	27.23	−0.368**	−0.142	0.115	−0.662**	−0.539**	−0.401**	0.634**	0.541**	0.323**	0.349**	0.613**	0.661**	0.674**
18	236.11	71.24	0.290*	0.054	0.005	0.654**	0.492**	0.439**	−0.638**	−0.586**	−0.380**	−0.436**	−0.640**	−0.651**	−0.660**

注：(1) **、* 分别表示两个指标的相关性在 99%、95% 的水平上显著；(2) 1—18 分别代表气温、降水量、环境治理投资额、污水处理率、城市污水日处理能力、生活垃圾无害化处理量、工业废水排放量、工业化学需氧量排放量、工业氨氮排放量、污染型企业数量均值、淡水养殖面积、农用化肥施用量、农药使用量、Ⅰ—Ⅲ类水占比、Ⅳ类水占比、Ⅴ类水占比、劣Ⅴ类水占比、水质总分。

量显著相关,但其他水质数据均与9个以上变量显著相关。从水质角度来看,Ⅰ—Ⅲ类水质和劣Ⅴ类水质的占比以及水质总分与工业污染源控制、农业污染源控制和生活污染源控制的相关指标均显著相关;Ⅳ类水质占比在生活污染控制和工业污染源控制下分别有1个指标相关性不显著;Ⅴ类水质占比与工业污染源控制和生活污染源控制的部分指标显著相关,但与农业污染源控制指标均不相关。从政策与气候角度来看,投资指标与Ⅰ—Ⅲ类水占比、Ⅳ类水占比、Ⅴ类水占比、劣Ⅴ类水占比、水质总分指标均不存在显著相关关系;除Ⅰ—Ⅲ类水质占比外,气候因素与其他水质数据均呈现一定的相关性。从各变量对水质影响的角度来看,生活污染源控制的3个指标为正向指标,皆有助于提高Ⅰ—Ⅲ类和Ⅳ类水质的占比以及水质总分,降低Ⅴ类和劣Ⅴ类水质的占比;工业污染源控制的4个指标为负向指标,与Ⅰ—Ⅲ类水占比、Ⅳ类水占比、Ⅴ类水占比、劣Ⅴ类水占比、水质总分指标的相关性方向和生活污染控制措施正好相反;农业污染控制的3个指标为负向指标,与Ⅰ—Ⅲ类水占比、Ⅳ类水占比、Ⅴ类水占比、劣Ⅴ类水占比、水质总分指标的相关性方向和工业污染控制措施相一致。显然,各变量的影响方向符合人们对政策的预期。

(二)各变量与水质的逐步回归分析结果

根据各变量之间的相关性分析结果,分别对Ⅰ—Ⅲ类水占比、Ⅳ类水占比、Ⅴ类水占比、劣Ⅴ类水占比、水质总分和与其显著相关的因素进行逐步回归分析。在对每一类水质变量进行回归分析时,两个生态补偿方式变量均被纳入逐步回归分析中。逐步回归分析结果(表4—19)显示:5个回归方程均达到显著性要求,其中,Ⅰ—Ⅲ类水占比和Ⅳ类水占比的逐步回归方程拟合优度在20%以上,Ⅴ类水占比、劣Ⅴ类水占比和水质总分的逐步回归分析方程拟合优度在15%左右。

表4-19 水质与气候、政策因素的逐步回归分析结果

变量	Ⅰ—Ⅲ类水占比 标准B(B)	Ⅰ—Ⅲ类水占比 t	Ⅳ类水占比 标准B(B)	Ⅳ类水占比 t	Ⅴ类水占比 标准B(B)	Ⅴ类水占比 t	劣Ⅴ类水占比 标准B(B)	劣Ⅴ类水占比 t	水质总分 标准B(B)	水质总分 t
工业氨氮排放量	-0.467(-0.460)	-4.422***								
工业废水排放量			-0.224(-0.005)	-2.170*						
污染型企业数量			0.364(13.592)	3.512***	0.332(0.046)	3.507***				
单向补偿政策									0.408(50.057)	3.744***
双向补偿政策							-0.387(-14.929)	-3.510***		
降水量					0.227(0.013)	2.401**				
调整R^2	0.218		0.287		0.145		0.137		0.155	
标准误差	16.871		13.656		9.012		17.336		54.496	
F	19.551***		26.887***		9.076***		12.318***		14.016***	

注：***、**、* 分别表示变量的回归系数 t 值和方程的 F 值在99.9%、99%、95%的水平上显著。

根据回归分析结果，政策因素对太湖流域水质的影响显著，但不同政策措施对水质的影响存在明显差异。工业污染源控制政策对Ⅰ—Ⅲ类水占比、Ⅳ类水占比和Ⅴ类水占比影响显著，生态补偿政策对Ⅳ类水占比、劣Ⅴ类水质占比和水质总分影响显著，生活污染源控制政策和农业污染源控制政策对水质的影响不显著。具体来说，水污染防治政策变量中，工业废水排放量在95%的水平上显著负向影响Ⅳ类水质占比；工业氨氮排放量在99.9%的水平上显著降低Ⅰ—Ⅲ类水占比；污染型企业数量均值在99.9%的水平上显著正向影响Ⅴ类水质占比。生态补偿政策变量中，单向补偿政策在99.9%的水平上显著正向影响Ⅳ类水质占比；双向补偿政策在99.9%的水平上分别显著负向影响劣Ⅴ类水质占比和显著正向影响水质总分。如果将Ⅳ类及以上水质视为较好水质，将Ⅴ类和劣Ⅴ类水质视为较差水质，根据研究结果，测量工业污染源控制政策的三个负向指标会显著降低较好水质占比，增加较差水质占比；单向补偿政策有助于提高较好水质占比，双向补偿政策有助于降低较差水质占比；降水量会显著提高较差水质占比。

回归分析结果同时表明，气温和降水量对水质的影响差异显著。气温对Ⅰ—Ⅲ类水占比、Ⅳ类水占比、Ⅴ类水占比、劣Ⅴ类水占比和水质总分的影响均不显著；降水量在99%的水平上显著正向影响Ⅴ类水占比，即降水量的增加会导致较差水质占比的提高。这主要是缘于太湖流域雨季跨度相对较长，降雨量丰富，而梅雨季节正值农作物生长迅速且农药和化肥施用量较多的季节；同时，这一时期天气炎热，各种易挥发的大气污染物易通过降水注入河流中，因此，降水虽然有助于净化空气和地面，但也导致大量污染物随着降水注入河流中，从而加大太湖流域的水污染程度，导致其水质恶化。

五 评估结果讨论

通过研究发现，工业污染源控制政策对Ⅰ—Ⅲ类水占比、Ⅳ类水占比和Ⅴ类水占比影响显著，生态补偿政策对Ⅳ类水占比、劣Ⅴ类水质占比和水质总分影响显著，农业污染源控制政策和生活污染源控制政策对水质的影响不显著。

研究结果说明，太湖流域水污染防治政策中的工业污染源控制政策至关重要，加强工业污染源控制，降低工业污染源，减少废水排放量和工业氨氮排放量将有助于提高Ⅰ—Ⅲ类和Ⅳ类水质的占比，减少流域各城市的污染型企业数量将有助于降低Ⅴ类水占比，即工业污染源控制政策的实施能够促进流域水质改善。太湖流域工业污染源控制政策对水质改善影响显著与该地区工业发达以及工业污染源控制政策的较好执行密切相关。太湖流域所在的苏南地区是我国典型的工业强区。工业发展程度高导致工业污染排放量大，政策对工业污染的影响空间也相应增大，因此，旨在降低工业污染排放量和减少污染型企业数量的工业污染控制政策如果能够有效实施，将明显改善太湖流域水质。同时，江苏省为太湖流域制定的工业污染源控制政策也得到了较好落实。根据近20年的《江苏省环境状况公报》，为了保障工业污染防治政策的贯彻落实，江苏省自2007年开始，省财政每年安排20亿元专项资金用于太湖治污；在流域各地推行"河长制"并在流域重点断面建立"断面长制"，由各地党政主要领导担任"河长""断面长"；强化治污力度，关注流域内工业企业的清洁生产审核，提高化工行业的准入门槛，督促化工和印染行业采用更严格的地方排放标准；注重行政执法工作，加强对重点污染企业的专项执法检查。

研究结果同时表明，虽然工业发达地区的工业污染控制政策能够显著改善水质，但是，此类地区的农业污染控制政策却难以对水质改善产生显著影响。首先，农业污染控制政策的弱效应与农业污染程度低密切相关。在工业发达地区，农业在三大产业中所占的比重通常是最小的，太湖流域同样如此。农业比重小，农业污染程度也相对较小。工业与农业发展带来的不同污染程度，为污染控制政策效果大小奠定了基础。工业污染程度大，控制工业污染的政策见效快且效果显著；农业污染程度小，农业污染控制政策的效果也相对小且其效用空间会受到工业污染控制政策挤压。其次，农业污染控制政策的弱效应也与政府对农业污染的关注度低有关。由于工业发达地区的农业污染程度较小，政府通常难以持续关注农业污染控制问题。从江苏省生态环境保护厅的官方网站上可以看出，江苏省在太湖流域推出农业污染源防治举措及采取行动的时间集中于2008年和2009年，后来的10年间均未出现新举措或采取农业污染治理行动。相比较之下，工业污染问题受到的关注更为持久，有关工业污染防治以及工业污染执法检查的话题始终未间断。这就说明，农业污染治理带有明显的运动式特征，无法发挥长效作用，因此难以显著影响太湖水质。

根据研究结果，单向补偿政策可以显著提高Ⅳ类水占比，双向补偿政策能够显著减少劣Ⅴ类水占比，从而促进水质改善。这是因为生态补偿政策在治污资金筹集方面改变了单纯依赖上级拨款的模式，流域地方政府必须为污染埋单，这种惩戒式的制度设计明晰了水质污染的责任，并以补偿金缴交方式督促地方政府采取治污行动。不过，从研究结果可以看出，两种生态补偿政策对水质的影响存在差异。与单向补偿政策相比，双向补偿政策更有助于降低劣质水比重，并且能够显著影响水质总分。两种生态补偿政策的政策效果差异与污染治理资金来源以及数额方面的差异有关。在单向补偿机制下，上游水质未达标时需要补偿下游；而在双向补偿机制下，上游水质未达标时，上游要补偿下游，上游水质达标时，下游则需要补偿上游。两种补偿机制对于上游水污染治理资金的来源与数额影响显著。在单向补偿机制下，上游水污染治理的资金主要来源于本地，而且在水污染治理成效不理想时还需额外支付补偿资金；而在双向补偿机制下，如果上游水质达标，水污染治理的资金来源则包括本地资金和下游补偿资金。显然，两种补偿机制下，双向补偿对于上游地区具有正向和负向的双重激励作用；而且，在双向补偿机制下，上游污染治理资金来源更多、数额更大，有助于上游对水污染实现更深层次更全面的治理，从而能够更为显著地减少劣Ⅴ类水质的占比，从根本上推动水质好转。

第四节 流域协作治理政策模式的效果比较：闽江和赣江流域

在我国各级政府推进流域生态补偿的过程中，各地根据自身的情况，不断摸索实践，构建了多元化的流域生态补偿模式[1]。这些生态补偿模式，从主体上看可以区分为政府补偿、市场补偿与社会补偿[2]；从生态补偿客体的差异性出发可以划分为流域跨界断面水质生态补偿与水源地保护生态补偿[3]；根据生态补偿资金来源不同可以划分为上下游政府间协商交易的流域生态补偿模式、政府间财政转移支付的流域生态补偿模式、上下游政府间共同出资的流域生

---

[1] 赵玉山、朱桂香：《国外流域生态补偿的实践模式及对中国的借鉴意义》，《世界农业》2008年第4期。

[2] 高玫：《流域生态补偿模式比较与选择》，《江西社会科学》2013年第11期。

[3] 刘桂环、文一惠、张惠远：《中国流域生态补偿地方实践解析》，《环境保护》2010年第23期。

态补偿模式以及基于出境水质的政府间强制性扣缴流域生态补偿模式[①]；根据生态补偿标准的设计特征划分为基于流域跨界监测断面水质目标考核的生态补偿标准模式、基于流域跨界监测断面超标污染物通量计量的生态补偿标准模式，以及基于提供生态环境服务效益的投入成本测算的生态补偿标准模式[②]。

生态补偿政策的设计差异肯定会带来不同的政策效果，相比之下，到底什么模式更有可能产生良好的政策效果呢？对于这一问题，目前学术界进行了一些尝试性的研究。高玫[③]认为，政府补偿、市场补偿以及社会补偿各自有其优缺点，需要针对跨界大型流域、跨省中型流域以及小型流域的特点，组合使用3种不同的生态补偿模式。程滨等[④]的态度更为明确，他们指出，流域跨界断面超标污染物通量计量模式更为合理。不过，以上学者的关注点是模式本身的设计差异性，并非模式效果差异。马莹[⑤]通过模型建构，专门比较了横向转移支付补偿与异地开发模式的激励相容性，认为两种方式的激励相容度大小程度具有不确定性，横向转移支付方式的激励度和相容度受到认可度的影响，异地开发模式的激励度与相容度则受到费用比例和减排成本比的影响。可惜，作者并未通过实证数据来验证其所建构的模型。真正通过实证数据来比较生态补偿政策效

[①] 王军锋、侯超波：《中国流域生态补偿机制实施框架与补偿模式研究——基于补偿资金来源的视角》，《中国人口·资源与环境》2013年第2期。

[②] 程滨、田仁生、董战峰：《我国流域生态补偿标准实践：模式与评价》，《生态经济》2012年第4期。

[③] 高玫：《流域生态补偿模式比较与选择》，《江西社会科学》2013年第11期。

[④] 程滨、田仁生、董战峰：《我国流域生态补偿标准实践：模式与评价》，《生态经济》2012年第4期。

[⑤] 马莹：《流域生态补偿方式激励相容性的比较研究》，《财经论丛》2012年第5期。

果的是刘等[①]，他们分析了几个农业重点项目对农民收入的影响，发现坡地保护项目对增加农民收入产生的影响最为突出，野生动物保护和自然保护区建设项目所产生的影响却是负面的。可是，他们的研究涉及的并非流域生态补偿政策。当然，国外学者在对环境保护政策的评估中通常会涉及对不同政策实施策略的效果比较，这对我们的研究有极大的助益。

一 河流样本选择

为研究不同流域生态补偿模式对河流水质的影响效果存在何种差异，并借助差异分析确定何种补偿模式的效果较为突出，本研究将选择两条河流进行比较研究，河流选择的原则是：(1) 两河流所采用的流域生态补偿政策模式存在明显差异；(2) 两河流除政策模式存在明显差异，其余包括自然环境条件和社会经济条件在内的因素都较为接近。鉴于此，我们选取闽江和赣江进行比较研究。

(一) 两江流域自然环境与社会经济条件的相似性

在自然环境条件方面，两江所处的福建省和江西省恰为邻省，同处亚热带季风气候区，气候温和，雨量充足：闽江的多年平均径流量为1980立方米/秒，居全国第7位；赣江则为2130立方米/秒。就河流长度和流域面积来看，闽江是福建省最大的河流，主干流全长562千米，流经省内36个县（市），流域面积60992平方千米，约占福建省陆域总面积的50%；赣江则是江西省的第一大河流，主干流全长788千米，省内有47个县（市）在其流

[①] Liu, C., Jinzhi Lu &, Runsheng Yin, "An Estimation of the Effects of China's Priority Forestry Programs on Farmers Income", *Environmental Management*, Vol. 45, No. 3, 2010, pp. 526 – 540.

域之内,[①] 流域面积82809平方千米,约占全省陆域面积的48%。两江流域在气候类型、流量、河流长度和流域面积方面的相似性可以较好地控制住与这些变量相关的降水、汛期和污染物浓度等因素对河流水质数据的影响,从而有助于评估政策效果。

在社会经济条件方面,两江都为本省的重要经济区,流域工业化和城市化水平较高。闽江的流域经济总量约占全省的40%,流域人口则占全省的35%;赣江的两个数据则都高达50%。除了经济数据上的相似性,补偿政策实施前两江的河流污染程度都较为严重,水质型缺水突出。经济社会条件上的相似性则可确保流域污染排放量的相对一致性,避免因污染排放程度不同而导致水质变化。

(二) 两江流域生态补偿政策的差异性

1. 补偿主客体差异

2005年,福建省出台了《闽江流域水环境保护规划》(以下简称《规划》),闽江流域开始实施共享生态利益、共担治理成本的生态补偿政策,集中体现为上下游生态补偿。由于采用上下游共同出资设立专项资金的补偿方式,因此生态补偿在处于流域上游的三明和南平两市市政府以及处于流域下游的福州市政府之间进行。其中福州市承担了最大数额的专项资金,成为最主要的补偿主体;补偿客体则为流域上游的三明和南平两市。

2008年,江西省人民政府在《关于加强"五河一湖"及东江源头环境保护的若干意见》(以下简称《意见》)指导下制定了本省流域生态补偿政策实施方案。补偿范围包括"五河一湖"源头保护区和东江源头保护区,"五河"为赣江、饶河、信江、修河和抚河;"一湖"即五河最终汇入的鄱阳湖。"五河"及东江源头共有12个县被划入补偿范围,赣江作为汇入鄱阳湖的"五河"之首,

---

[①] 徐丽媛:《试论赣江流域生态补偿机制的建立》,《江西社会科学》2011年第10期。

其源头石城、瑞金、崇义、大余4个县划入全省"五河"源头保护区，占据了专项资金奖励对象的1/3，4县面积约占全市面积的3.78%。因此，赣江流域的生态补偿主体为江西省政府，补偿客体为赣江源头的4个县政府。

2. 补偿方式差异

闽江流域的生态补偿方式为政府专项资金补偿，专项资金由上下游政府共同出资设立。福建省政府确定在2005—2010年，由处于流域下游的福州市政府每年安排1000万元流域生态保护专项资金；处于流域上游的三明、南平两市各配套500万元，每年合计2000万元专款用于闽江三明段和南平段的治理。同时，福建省发改委和环保厅各安排1500万元，每年合计3000万元专项用于闽江全流域的治理[1]。3个城市市政府的出资通过财政结算上交省财政，与省发改委和环保厅的出资总计5000万元由省财政设立专门账户管理。为确保该项资金能得到合理使用，省财政厅和省环保厅制定了《福建省闽江、九龙江流域水环境保护专项资金管理办法》，对资金的使用范围作出限定："重点用于工业污染整治、规模化畜禽养殖业污染治理、饮用水源保护以及环保基础设施项目的建设。"[2] 2015年福建省人民政府又颁发了《福建省重点流域生态补偿办法》，确定市、县出资要与财政收入同步增长的机制，并加大省级财政性资金支持力度[3]。

赣江流域采用的则是政府纵向转移支付这一补偿方式。与闽江

---

[1] 杜强、陈光、陈美玲：《海峡西岸经济区流域生态补偿机制初探》，《发展研究》2013年第5期。

[2] 《关于印发〈闽江、九龙江流域水环境保护专项资金管理办法〉的通知》（闽财建〔2007〕41号），2007年4月25日。

[3] 新浪网：《闽重点流域生态补偿办法出台 筹集补偿金超10亿》，http://mn.sina.com.cn/news/b/2015-02-07/detail-iccz mvun5908175.shtml，2015年2月7日。

省、市共同出资建立专项资金所不同的是，赣江的专项资金完全来源于省政府。为确保资金合理使用，江西省人民政府出台了《江西省"五河"和东江源头保护区生态环境保护奖励资金管理办法》（以下简称《办法》），对奖励资金的使用范围、计算方法、扣除规则以及奖励资金的监督管理都作出明确规定。2008年，江西省财政出资5000万元作为补偿资金建立激励机制，对生态保护工作突出的"五河一湖"源头保护区所在县进行奖励。2009年，江西省加大奖励力度，增加安排3000万元对源头的生态保护工作进行奖励，奖励资金总额达到8000万元。截至2012年，江西省已累计投入5.44亿元奖励资金，奖励资金由县财政统筹安排，主要用于和生态保护及污染防治有关的支出[①]。

3. 补偿标准差异

闽江流域以项目形式对专项补偿资金进行安排。流域有关县（区）、市每年向省财政厅和省环保厅申报项目。项目获批后，省财政将直接拨付补偿资金给项目实施单位。受资助项目的实施进度将会受到省财政厅和省环保厅的监督。若发现项目进度缓慢或未在规定期限内完成整治任务，省财政厅和环保厅将责成项目实施单位主管部门督促其限期完成；若经整改仍未到位，将暂缓拨付奖励资金；若发现项目实施单位有虚报、挪用、挤占、侵吞奖励资金等情况，将停止拨付或收回资金。此外，2007年的《福建省闽江、九龙江流域水环境保护专项资金管理办法》指出，"鼓励流域上下游各设区市通过协商确定出境水质目标，并签订协议明确双方的治理任务和补偿责任，以保护流域水环境、改善水质、保障生态需水量

---

① 新华网：《江西继续对"五河"和东江源头实施生态补偿》，http://news.xinhuanet.com/local/2012-02/05/c_111489175.htm，2012年2月5日。

为考核要求，确保资金发挥效益"①。因此，在实践中，流域接壤地区探索出根据水环境绩效考评中确定的区域交界断面水质达标和改善情况，在已建立协商平台和机制的前提下，对处于相对上游的县市实施奖惩的做法。

赣江的补偿标准由两部分构成，补偿资金的30%按保护区面积分配，70%按出境水质分配，出境水质低于Ⅱ类标准时将会被取消补偿资金。同时，奖励资金的发放还依据环境污染与生态破坏事件的发生情况设置了扣罚条款，在保护区内新建影响和破坏生态环境的项目或发生特别重大环境污染事件（Ⅰ级）的县将被扣除100%的奖励资金；发生重大环境事件（Ⅱ级）的县将只能得到30%的奖励资金；发生较大环境事件（Ⅲ级）的县将被扣除50%的奖励资金；发生一般环境事件（Ⅳ级）的县将被扣除40%的奖励资金。此外，"在源头保护区内新建将对生态环境造成影响和破坏的项目将扣除所在县全部奖励资金"②。奖励资金的总额从2008年的5000万，调整为2009年的8000万，到2011年达到1.352亿元③。

对比闽江与赣江的生态补偿政策，不难发现二者在水质标准、补偿资金来源以及政策对地方政府行为的约束力等方面存在着明显的差异性。

首先，在水质标准上，除源头外，江西赣江的水质标准要求明显高于福建闽江。闽江的水质标准高低取决于流域各功能区的定

---

① 《关于印发〈闽江、九龙江流域水环境保护专项资金管理办法〉的通知》（闽财建〔2007〕41号），2007年4月25日。

② 请参阅《江西省"五河"和东江源头保护区生态环境保护奖励资金管理办法》；袁思东、李萍：《江西1.35亿元治理"五河一湖" 全国首创立法保护江河湖泊》，http：//jiangxi.jxnews.com.cn/system/2011/01/19/011569884.shtml，2011年1月19日。

③ 李冬明：《"五河一湖"获1.35亿元资金保护》，http：//www.jxnews.com.cn/jxrb/system/2011/09/29/011784851.shtml，2011年9月29日。

位，当达到功能区水质标准时，就可以获得补偿资金。而根据我国《地表水环境质量标准》（GB3838－2002）的相关规定，依据地表水水域功能和保护的目标，水域功能划分为5类：Ⅰ类主要适用于源头水和国家自然保护区，Ⅱ和Ⅲ类主要适用于集中式生活饮用水地表水源地，Ⅳ类主要适用于一般工业用水区及人体非直接接触的娱乐用水区，Ⅴ类主要适用于农业用水区及一般景观要求水域。闽江除了一个源头水要求Ⅰ类之处，大多数功能区的水质要求应该是在Ⅱ、Ⅲ类甚至以下。相比之下，江西对赣江水质的要求统一采用Ⅱ类标准，要求只有在出境水质达到Ⅱ类及以上时才能得到补偿资金。这就意味着，闽江除源头水质要求高于赣江外，大多数条件下，赣江水质要求要高于闽江水质要求。

其次，在补偿资金来源的稳定性上，江西赣江优于福建闽江。在我国现有财政体系下，上级财政的资金来源稳定性通常好于下级财政。江西赣江生态补偿的资金来源于省财政，资金来源具有相对的稳定性。相比之下，福建闽江的生态补偿资金主要依赖于各地级市财政，一方面上下游地级市之间实施生态相互补偿，另一方面，各地级市还需要再安排资金形成专项资金用于对上游与水源地的生态保护。专项资金实施强制性的资金摊派，有明确的省政府文件保证资金筹集到位，资金来源的稳定性相对较高；相对而言，上下游之间的补偿虽然有一定的政策要求，却并未像专项资金那样有明确的文件规定；明显依赖于上下游地方政府之间的合作意愿，其资金来源具有明显的非稳定性。

最后，在政策对流域上游地方政府行为的约束力上，福建闽江要优于江西赣江。对于福建闽江流域来说，因为存在上下游相互补偿的机制，在功能区水质达标的情况下，下游要补偿上游，而在水质不达标的情况下，上游则要补偿下游，这种双向补偿的制度安排对于上游地方政府形成了双重的激励约束作用，对地方政府行为的约束作用更强。而在江西赣江流域，生态补偿所采用的以奖代补方式下，出境水质达到Ⅱ类标准时上游政府就可以拿到奖金，低于Ⅱ类标准时只会导致奖金取消，并未有进一步的惩戒，因此，上游地方政府受到的是单向的激励约束。与福建闽江的激励惩戒并存的机制相比，约束力相应减半。

由于江西赣江的生态补偿政策在水质标准要求以及补偿资金来源稳定性这两方面都要优于福建闽江，而福建闽江的生态补偿政策优势只是政策对地方政府行为的约束力更强一些，因此，从理论上讲，具有两方面政策优势的江西赣江水质改善情况应该比闽江更为明显一些。但是，两江在源头水质的具体要求上的不同则可能导致闽江在源头水质改善方面取得更为明显的成绩。

二 方法与数据

关于河流水质的评价，宋国君[1]认为水质等级是最为直接的水质评价标准，与水质目标有关的中间目标还包括各类污染物的排放量、入河量和通量等。对于水质等级，如何设计水质基准是生态补偿政策的重要问题。程滨认为，基于我国当前的经济现状和流域水污染形势，"将Ⅲ类水质标准作为跨界水质目标基准较为合适"[2]。在实践中，绝大多数省份的做法是设置上游地区出界水质目标基准，根据上游来水是否达标来进行相应的奖惩；只有少部分省份同时设置了污染物通量来计算水质超标时生态补偿金的扣缴数额。对于需评估污染物的选取，在流域生态补偿政策的实践中，大部分地区选择了化学耗氧量和氨氮两种污染物作为补偿标准设计的测量对

---

[1] 宋国君、金书秦：《淮河流域水环境保护政策评估》，《环境污染与防治》2008年第4期。

[2] 程滨、田仁生、董战锋：《我国流域生态补偿标准实践：模式与评价》，《生态经济》2012年第4期。

象，如陕西省规定监测断面的 COD 每超标 1mg/L 需缴纳 10 万元；少数地区也将总磷和氟化物作为测量对象，如江苏和贵州。

对于水质的界定，各地环保部门通常都是以国家的《地表水环境质量标准》作为依据，通过测量地表水中一些元素的含量来确定水质的等级。江西与福建两省同样采用这样的水质标准并通过省环保厅的网站对数据进行公布。但是，在数据收集过程中，未能获得污染物排放量的完整数据，因此本研究选择水质等级作为主要变量，主要参考Ⅰ—Ⅲ类达标水质占比。福建省环保厅提供了水质的年报、季报以及周报，江西省环保厅提供的是年报、月报与周报数据。不过，年报数据中，江西省只有 2010—2012 年的数据；周报数据中，福建的数据则有着较多的数据缺失。同时，水质变化由于较多地受到季节性降水因素的影响，用年度或周度数据也不能很好地反映出这种变化来，因此，本项研究将分别采用月度和季度数据，季度数据用以观测政策对全流域水质产生的影响，而月度数据则重点考虑源头水质在政策影响下的变动趋势。

在季度数据方面，根据福建省《环境质量状况季报》，闽江水质的报告指标为断面Ⅰ—Ⅲ类水质所占比重，相关数据可以上溯至 2006 年第一季度。江西省的水质数据只能依据月报数据进行汇总转换为季度数据。不过，江西省的水质月报并非直接汇报Ⅰ—Ⅲ类水质所占比重，而是分别汇报了赣江各个省级水质监控断面的水质类别，因此，在季度汇总时，还需要通过计算一个季度内达到Ⅰ—Ⅲ类水质的赣江的省控断面数量占赣江省控断面总量的比重，计算出赣江Ⅰ—Ⅲ类水质所占比重的季度数据。同时，江西省《环境质量状况月报》开始于 2008 年第三季度。鉴于本项研究的目的在于测量不同生态补偿政策对水质产生的影响，而两大流域生态补偿政策开始时间不同，因此，季度数据使用中首先通过原始水质数据的变化趋势，直观判断生态补偿政策实施后，流域水质总体是否发生了明显的改善。其次，考虑到我们的关注重点是政策导致的流域水质变化程度，而水质变化受季节性因素的影响较大，我们又对两组季度水质数据进行了季节性差分，以便排除季节因素的影响，更清楚地反映出政策结果。在对数据进行季节性差分处理后，两项政策效应的比较统一从 2009 年第三季度开始，此时两大流域都已经实施了生态补偿政策，政策间的比较重在揭示政策实施对水质变化所产生的影响是否存在显著差异。

在月度数据部分，本研究收集了每月两江重点监测断面的水质等级数据。赣江月度数据来源于《江西省环境质量月报》，月报早期报告了 4 个重点监测断面的数据：自来水厂、新庙前、生米和滁槎，其中自来水厂断面是处于赣江流域最上游的断面，其水质情况可近似视为源头的水质情况。不过，江西省在 2016 年对《江西省环境质量月报》的数据报告模式进行了调整，所提供的断面数据中不再包括自来水厂。闽江月度数据来源于《福建省水质周报》，周报早期报告了 3 个重点监测断面的数据：水汾桥（三明—南平断面）、闽侯竹岐（南平—福州断面）和长乐白岩潭（闽江入海口），其中的水汾桥断面则大致代表了闽江的源头。由于断面月度水质数据用于比较源头水质变动情况，因此本研究只选取赣江的自来水厂数据和闽江的水汾桥数据。两江源头月度数据起始点和终结点的选择原则是：起始点选择政策开始前一个月的数据作为初始数据；数据终结点根据江西省数据报告形式的变化，统一定为 2015 年 12 月。两组月度水质数据之间的比较主要关注总体的影响趋势，即水质等级的大致变动趋势。笔者将以第一个数据（政策前）为参照点，分析后续数据（政策后）中不同等级水质的分布情况，通过与第一个数据的差异，观察政策产生的影响。

在数据使用的过程中涉及对数据的合并处理，如在进行月度数据分析时，无法获得闽江水质等级占比的月度数据，但《福建省水质周报》报告了闽江每周主要监测断面的水质等级数据，由此可直接计算Ⅰ—Ⅲ水质的断面数占总断面数的比例来计算水质占比，月度数据也可由周数据合并而成。

本研究在 SPSS 之下对数据进行分析处理，针对两江流域生态补偿政策差异主要通过单变量描述统计以及独立样本 T 检验加以辨别。

三 研究结果

（一）两江源头监测断面水质等级变动差异

表 4—20 是两江源头监测断面水质等级在每一年的频次分布数据。可以看出，自来水厂断面水质最初的等级为 II 类水质（2008 年 10 月），该断面水质等级虽然在政策实施后的一年半时间内得到一定程度的提升，出现了 3 次 I 类水质，但是，在观测时间内，III 类水质出现的频率高达 48 次，与初始水质持平的机会达到了 37 次，因此，总体来说，政策并未促使源头水质明显改善。相比之下，闽江源头水质的变化相当明显。水汾桥的初始水质为 V 类（2005 年 4 月），之后的一年半时间里水质缓慢改善，并逐渐稳定下来，虽然在 2011 年和 2013 年夏季又连续出现过几次 IV 类水质，但在整个观察时间段内，水汾桥水质未出现过下降情况，大多数时间都达到了 III 类或者 II 类，这两类水质的占比达到了 77% 以上，因此，闽江流域的政策效果相当明显。

表 4—20　　两江源头监测断面月度水质变动频次情况

水质等级	赣江源头水质（自来水厂）初始水质 = II（2008.10）			闽江源头水质（水汾桥）初始水质 = V（2005.4）			
	I	II	III	I	II	III	IV	V
2005 年				0	1	2	2	0
2006 年				0	2	6	4	0
2007 年				0	4	8	0	0

续表

	赣江源头水质（自来水厂）			闽江源头水质（水汾桥）				
	初始水质 = Ⅱ（2008.10）			初始水质 = Ⅴ（2005.4）				
水质等级	Ⅰ	Ⅱ	Ⅲ	Ⅰ	Ⅱ	Ⅲ	Ⅳ	Ⅴ
2008 年	1	0	1	0	4	8	0	0
2009 年	1	10	1	0	4	8	0	0
2010 年	1	7	4	0	8	4	0	0
2011 年	0	6	6	0	4	2	6	0
2012 年	0	4	8	0	5	3	0	0
2013 年	0	4	8	0	2	5	5	0
2014 年	0	3	9	0	7	5	0	0
2015 年	0	3	9	0	9	3	0	0

注：闽江个别年份数据不完整，因此月份计数未达到12。

（二）两江全流域水质变动差异

为了对闽江与赣江在不同生态补偿政策模式下的全流域水质变动情况进行全面的把握，我们分别使用季度原始和变化数据来考察不同政策模式产生的影响。两大流域的原始数据均从政策实施最初开始，主要帮助我们直观地判断水质的整体波动趋势；季节差分数据则从2009年第三季度开始，意在帮助我们看清排除季节因素影响后，不同政策模式是否水质变化产生了明显的影响。

图4—1是处于不同流域生态补偿政策下闽江和赣江全流域季度水质（Ⅰ—Ⅲ类水质占比）的原始数据折线图。从图中可以看出，闽江流域自政策实施初期到实施10年的时间，水质都保持在高位平稳直线运行状态，无法让我们看出政策影响导致的任何明显波动。而赣江在生态补偿政策实施初期虽然经历了几个季度的水质波动，但是，整体的趋势是水质在生态补偿政策实施出现了良性发展，Ⅰ—Ⅲ类水质所占比重从最初的50%左右，发展至后期的90%以上，水质改善非常明显。

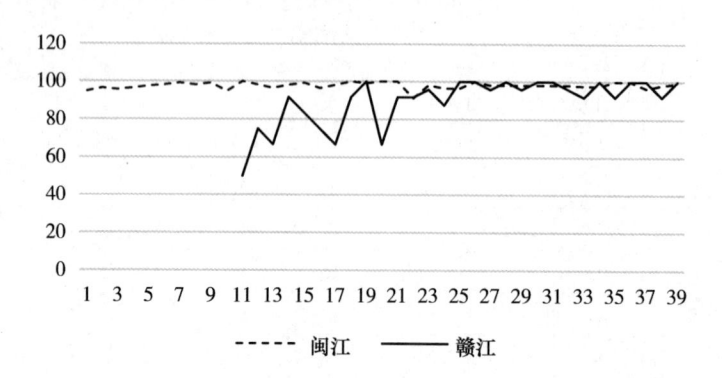

图 4—1　赣江与闽江 Ⅰ—Ⅲ类水质占比的季度数据折线图

图4—2是赣江与闽江总体水质季度差分变化折线图。根据这一折线图，我们可以非常清楚地看出，赣江与闽江的水质季度变化趋势有着相当明显的差异性。首先，从水质变化的波动趋势上看，闽江水质季度变化的波动明显小于赣江。除2011年第二季度较2010年同期Ⅰ—Ⅲ类水质所占比重下降了接近9%，2012年第二季度较2011年同期Ⅰ—Ⅲ类水质所占比重上升了8.3%，闽江其他时间点的水质季度变化都在5%之内，变动趋势相当平稳；赣江的水质季度变化却表现出了极为明显的振荡性，波动的最大幅度达到了35%，除了少数时点如2009年第四季度至2010年第二季度的波动较小之外，其他时间点的波动幅度都相当剧烈，说明政策模式对这一流域的非常明显。不过，总体上看，赣江的这种水质季度变化波动趋势逐渐走向了收敛。其次，从水质季度变化的总体水平上看，赣江水质变化好于闽江的时间节点更多，且变动的程度也更为明显，显然，赣江水质变化的总体水平要高于闽江。

通过对闽江与赣江水质季度变化数据进行独立样本的T检验发现，在方差齐性的情况下，不同的流域生态补偿政策对赣江与闽江水质的影响在95%的置信度下具有统计显著性。赣江水质的季度变化水平在均值上显著高于闽江，两者的均值差距超过了4个百分点（见表4—21）。因此，两大流域之间在生态补偿效果上表现出来的

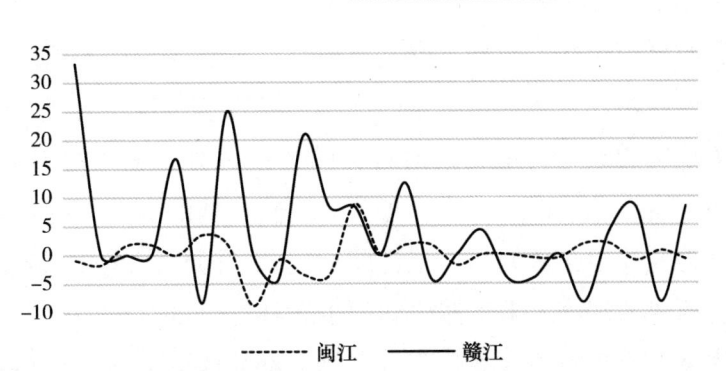

图 4—2　赣江与闽江水质季度变化折线图

差异并非是样本选择导致的,而是具有统计显著性的差异。

值得关注的是,无论是赣江还是闽江,两大流域的水质季节差分数据的均值都是正值(赣江 = 4.3320,闽江 = 0.0360)。这暗示着,生态补偿政策在两大流域都阻止了水质的恶化,促进了水质改善。

表 4—21　闽江、赣江的水质季度变化的独立样本 T 检验结果分析

	闽江（标准差）	赣江（标准差）	均值差距	T 值	T 值显著水平
水质季度变化	0.0360 (3.05558)	4.3320 (10.64533)	-4.2960	-1.939	0.048

四　研究结果讨论

根据数据分析的结果,江西赣江的生态补偿政策效果整体上要优于福建闽江,但是,在促使源头水质改善方面,闽江的生态补偿政策效果更为突出。

如果我们具体分析两大政策在设计与实施上的差异性,就会发现,这种政策影响的结果差异是很容易预测的。江西赣江的政策优势在于其水质标准要求高于福建闽江,同时,江西省财政的资金来

源具有明显稳定性且数额不断上调也是客观事实,这两项政策设计保证了江西赣江生态补偿政策的优势。相比较而言,闽江的政策优势所体现出的政策对地方政府行为的约束力有着很大的不确定性。一方面,赣江流域地方政府为了获得以奖代补的资金也有调整地方政府行为的冲动,从而在一定程度上削弱了闽江的政策优势;另一方面,福建闽江流域上下流之间的生态补偿政策对相关地方政府行为的约束力要受限于地方政府对支付生态补偿资金的主观意愿。当这种资金支付有强大的外界压力(主要是来自省政府)时,补偿资金支付的主观意愿就可以被忽视,政策的行为约束力就很强;如果外界压力较小或者欠缺有效的资金未支付的惩戒机制,补偿资金支付的主观意愿会发挥明显的支配作用,这时流域水质就无法通过资金补偿得到改善,政策对地方政府行为的约束力将明显下降。事实上,福建省领导推动下建立的闽江生态补偿机制在确保各地方政府上交给省财政的专项资金方面是有保障的,但是,上下游之间相互补偿的保障体系却很薄弱。这是因为,2005年出台的《闽江流域水环境保护规划》虽然明确了闽江流域设立流域整治专项资金与上下游环境保护补偿机制[1],但是,从之后的政策落实情况来看,流域整治专项资金的省政府文件数量颇多,而且,还将水环境保护绩效考评的结果与专项资金的发放挂钩[2],上下游环境保护补偿机制却并未发布任何确保政策实施的省级文件。因此,闽江上下游环境保护补偿机制的具体实施完全依赖于各地方政府的自觉性。这种情况导致上下游相互补偿政策在理论上应该具有的对地方政府行为的约束力,无法在现实中很好地体现。在此意义上,福建闽江生态补

---

[1] 福建省人民政府办公厅:《福建省人民政府办公厅转发省环保局关于闽江流域水环境保护规划的通知》,2005年5月20日。

[2] 福建省闽江、九龙江流域水环境综合整治联席会议办公室:《关于印发〈闽江、九龙江流域水环境综合整治考核办法〉的通知》,2008年1月17日。

偿政策的优势在现实中被极大削弱，从而促使江西赣江的政策优势更为突出。也就是这样的政策优势差异确保了江西赣江水质整体变化情况明显好于福建闽江。

对于源头水质改善，闽江的政策效果更好这一点，我们可以提供两种解释。第一种解释，正如政策差异性比较中所指出的，闽江的水质要求是根据功能区来区分的，源头水质要求是Ⅰ类水，而赣江水质要求是统一的Ⅱ类水，这种水质标准要求上的差异性，会对地方政府的水质保护目标产生明显的限定作用。第二种解释与初始水质有关，因为我们的观察是以初始数据为基点，而初始数据受到两省水质数据报告结果的限制，只能用之前一个月的数据作为初始数据。就两江的初始数据时间截点来看，闽江的数据截点为4月（枯水期），赣江的数据截点为10月（丰水期），时间不同对水质的影响也不一样，闽江的初始数据相应会比较低，而赣江的初始数据相应会比较好，这也可能会造成政策结果的不同。不过，考虑到闽江源头之后的观察时间段内再未出现过低于Ⅳ类的水质，我们可以确定政策还是发挥了相当大的效果的。

赣江与闽江生态补偿政策效果比较的结果表明，在当前条件下，纵向财政转移支付模式比横向生态补偿模式的效果更为明显。流域所在地的地方政府更希望通过上级政府财政来解决流域生态问题，而不是将希望寄托于相互间的生态激励与补偿，这明显地受到了地方主义自利心理的影响，与中国长期以来中央控制地方、地方相互孤立态势的传统是分不开的。在流域生态补偿实践框架下，自利的地方政府既希望以财政上缴的现实为依据从上级财政资金中多分得"一杯羹"，又希望避免因流域生态问题向同级地方政府提供财政补偿，从而导致纵向转移支付更受地方政府青睐，实施空间更大，效果也更明显。这一点明显呼应了我国当前流域生态补偿的现实困境。根据李忠峰和全来龙等的报道，当前中国省际的流域生态补偿相当难以开展，跨省河流的生态补偿实践中，地方通常寄希望于中央财政的转移支付①。2012年年底，我国内地首例省际流域生态补偿即浙江与安徽就钱塘江上游新安江安排的生态补偿，虽然有中央部委的干预，但是生态补偿机制的形成也是困难重重。②更多的生态补偿实践是在省内进行的，而且省内的主要补偿形式基本上都与省财政的转移支付有关（比如浙江、江西等），至少部分地与省财政相关（如福建）。真正上下游之间对等实体之间的生态补偿机制在中国生态补偿实践中相当难以出现并发挥实效，因此本研究的结论也是对这种流域生态补偿困境的印证。

---

① 李忠峰：《流域生态补偿艰难破题》，《中国财经报》2010年7月17日第04版；全来龙：《建立跨省流域生态补偿机制加快〈生态补偿条例〉立法进程》，《新法制报》2013年3月8日第02版。

② 吕明合：《亿元对赌水质——中国首例跨省流域生态补偿破题》，《南方周末》2012年3月19日第05版。

第五章　走向更有效的跨区域公共事务协作治理

研究我国当前跨区域协作治理绩效的最终目的，是帮助我们探寻走向更有效的区域公共事务协作治理的路径。基于对三大典型公共事务领域的跨区域协作治理绩效的研究，我们可以发现，区域协作治理的绩效评估框架稍加调整就可应用于不同的公共事务领域。这些区域协作治理绩效评估的结果，能够引导我们去关注跨区域协作治理中的一些规律性的、共性的问题。在把握这些问题的基础上，我们就可以去探寻影响跨区域公共事务协作治理绩效的关键因素，从而为实现更有效的跨区域协作治理提供发展思路。

第一节　跨区域公共事务协作治理绩效存在的问题

虽然旅游、流域和大气污染防治在公共事务的连续统一体上是三个差异相对明显的节点，但是，在这三大公共事务领域中展开的跨区域协作却存在着一些类似或关联的问题。这些问题有的展现于不同协作区之间，有的则凸显于协作区内部不同参与方之间。

一 区域协作治理中存在绩效短板问题

根据美国管理学家彼得的短板理论,一个木桶的装水量取决于木桶的短板而非长板。相应的,在组织管理过程中,一个组织的绩效短板决定着组织的整体绩效水平。因此,绩效短板作为绩效表现的弱势,能够帮助管理者精准地发现绩效问题所在,是提升绩效的着力点。我国跨区域协作治理中也普遍存在着绩效短板。在三大公共事务协作领域中,所有协作区域均不同程度地存在着自身的绩效短板,从而使得绩效短板成为一个客观存在的、不可忽视的问题。

首先,在旅游协作区中,绩效短板问题是影响旅游协作区整体绩效的一个重要问题。长江旅游推广联盟和泛珠三角旅游协作区虽然在协作能力方面表现相当不错,但是在协作动机方面的短板却相当突出。京陕旅游协作区尽管在协作行动方面取得了不错的绩效,协作结果与协作能力却不尽如人意。另外,整体上看,京津冀旅游协同发展区与京陕旅游协作区都存在协作结果方面的短板现象。也就是说,将两个旅游协作区的协作结果与综合得分进行比较可以发现,两个旅游协作区的协作结果得分均低于综合得分。绩效短板现象的存在说明,虽然旅游协作在我国非常兴盛,跨区域协作也经常在旅游领域试水,但是,各大旅游协作区在发展中还不能很好地兼顾不同指标领域的发展。

其次,与跨区域旅游协作的绩效表现情况类似,各大气污染防治协作区域也未能摆脱绩效短板困境。比如,京津冀及周边地区、珠三角以及长三角地区在协作结果方面绩效表现明显限制了区域整体绩效水平。不过,与旅游协作区的情况不同的是,大气污染防治协作区的绩效短板具有明显的一致性,即各区域的绩效短板均集中于协作动机与协作结果方面,不像旅游协作区那样各区域有各区域不同的绩效短板。大气污染防治协作领域的这种情况说明,大气污染防治的区域协作绩效短板是带有同质性的面上问题。

最后,流域协作治理绩效同样存在明显的绩效短板问题。绩效短板在不同流域间的表现存在较为明显的差异。相对来说,清水江流域除协作行动外,其他几个方面的绩效表现都比较差,均是此流域的绩效短板;太湖流域、九龙江流域的绩效短板是协作动机与协作结果;新安江流域的绩效短板是协作动机,协作结果则限制了渭河流域的整体绩效水平。不过,总体来看,除东江流域外,其他流域均存在着协作行动密集但协作结果不显的现象,也就是说协作行动的绩效水平较高,但协作结果却普遍较低。

虽然三个公共事务领域中不同协作区域均出现了不同程度的绩效短板问题,但是,导致绩效短板的原因却可能是多样化的。在旅游协作过程中,不同协作区域的类型或者协作关注点的差异,可能是导致协作绩效表现出绩效板块间不均衡的重要原因。比如长江旅游推广联盟和泛珠三角旅游协作区都带有规模庞大、由核心点(长三角、珠三角)极力向外扩散的特点,这样的旅游协作区域与其他区域相比肯定更为松散,也就无法在协作动机方面体现出足够的共同信任与理解、共同承诺。京陕旅游协作也是一种比较特殊的旅游协作区,两地地理位置的非连片性很难获得中央的重视,因此,协作能力方面先天不足。至于区域大气污染防治与流域生态补偿协作中出现协作动机这一绩效短板,应该与此类公共事务跨区域协作中的上级强力推动有关。与旅游协作更多地带有内生性特点不同的是,环境保护方面的协作更多的是在上级推动下产生的。上级推动虽然能够较快地产生协作行动,但是,却无法保证各大协作区域内部的参与方都能够具有较强的参与动机。相应的,在具有更明显的内生性特征的协作区域中,协作动机的表现就会相对更好。比如珠三角地区的区域大气污染协作并非是由中央政府推动的,但是,广东省政府的强势推动作用也非常明显,结果导致其协作动机得分并不突出;同样与珠三角相关的东江流域生态补偿则带有更为明显的内生性特点，相应的，协作动机方面的表现明显更为突出。

二 区域协作治理中绩效涓滴效应弱而虹吸效应强

组织管理学中的涓滴效应（trickle-down effect）是指组织中的上级对下级的感知所产生的从上往下逐层渗透的影响。[1] 跨区域协作的研究者将此概念引入对中心城市和其他城市关系的探讨中，并认为涓滴效应就是中心参与方利用自身优势而辐射带动周边参与方发展从而提高区域整体发展的一种优势溢出[2]，因此，涓滴效应的存在是区域协作中弱势参与方积极参与协作的动力所在。虹吸效应与涓滴效应正好相反。物理学中的虹吸现象指的是在虹吸管内，由于位能高度差导致水柱承受空气压力大小不一，从而使得高处的水柱向低处流动。区域协作中的虹吸现象则强调一个地方基于自身强大吸引力而导致其他地方的资源等向该地方流动，是一种核心参与方从周边参与方吸走发展机会，导致周边参与方发展机会缺失的马太效应。[3] 虹吸效应的存在是弱化区域协作基础和降低区域协作整体绩效的重要因素。

在区域协作治理中，绩效虹吸与绩效涓滴效应更多地发生在资源或优势等绩效要素可以流动的公共事务中。根据学术界有关这两种效应的研究可以看出，区域协作中的虹吸与涓滴效应常见于经济

---

[1] Ambrose, M. L., M. Schminke, & D. M. Mayer, "Trickle-down Effects of Supervisor Perceptions of Interactional Justice: A Moderated Mediation Approach", *Journal of Applied Psychology*, Vol. 98, No. 4, 2013, pp. 678–689.

[2] 蔡永龙、陈忠暖、刘松：《近10年珠三角城市群经济承载力及空间分异》，《华南师范大学学报》（自然科学版）2017年第5期。

[3] 陈玉、孙斌栋：《京津冀存在"集聚阴影"吗？——大城市的区域经济影响》，《地理研究》2017年第10期。

发展[1]、地方创新[2]与公共交通[3]等领域。旅游产业是经济发展的一个重要领域，在跨区域旅游协作治理中，绩效虹吸与涓滴效应也相当明显。我们通过旅游协作政策的效果评估就发现，在一个旅游协作区域内部，核心城市通过旅游协作而长期受益的程度明显高于非核心区域，从而形成了绩效虹吸现象。具体来说，长三角区域的上海以及闽南地区的厦门都在一定程度上对区域内其他城市产生了这种绩效虹吸效应。绩效虹吸现象的存在说明，通过区域旅游协作各参与方可以打破区域内部的旅游壁垒，旅行社在分割市场下因为旅游便利性不足而导致的所接待游客限于特定区域的现象得以极大疏解。借此，旅游者在区域内流动更为畅通，此时核心地区旅游资源禀赋的吸引力就会翻倍，发挥更强的游客与旅游收入的吸引效应，最终将分割市场下其他地区的游客也引入自身旅游市场。如此一来，区域内旅游资源禀赋充足的核心地区就会成为游客以及旅行业的首选旅游地，进而促使旅游区域协作中发生绩效虹吸现象。

如果区域旅游协作导致了绩效虹吸现象，客源与旅游收入向旅游核心区域汇聚，那么非核心区域为什么还存在参与跨区域旅游协作的动力呢？这是因为，在区域旅游协作中也一定程度地存在着绩效涓滴效应，从而导致无论是核心地区还是非核心地区都会在一定程度上实现绩效获益。对于跨区域旅游协作中的核心地区而言，绩效虹吸现象主要表现在政策的长期影响方面。也就是说，从长期来看，由于区域旅游协作政策的实施，核心地区会通过自身资源禀赋条件的优越性，吸附客源与旅游收入。但是，短期内仍然存在着一

---

[1] 刘浩、马琳：《1992—2013年京津冀地区经济发展失衡的溢出效应》，《经济问题探索》2016年第11期。

[2] 周灵玥、彭华涛：《中心城市对城市群协同创新效应影响的比较》，《统计与决策》2019年第11期。

[3] 范子英、张航、陈杰：《公共交通对住房市场的溢出效应与虹吸效应：以地铁为例》，《中国工业经济》2018年第5期。

定程度的旅游客源和收入从核心地区向周边地区扩散的绩效涓滴效应。从实践中来看，协作政策的实施在短期内通常会推动非核心地区的绩效提升，但从长期来看，更有益于核心地区的绩效增长。正是因为短期内政策的效果比较明显，非核心地区才有动力参与到协作中来。这一结果说明，区域旅游协作与各参与方的旅游产业发展绩效之间并不存在线性关系。有意思的是，该研究结果与经济学家有关大城市对周边城市的影响会从初期的虹吸效应演化为涓滴效应[1]不同，却与赵（Zhao）等从新经济地理学视角的研究发现有异曲同工之处。他们的研究证明，核心城市对周边城市的经济影响是先发生涓滴效应，再转化为虹吸效应，然后又发生涓滴效应，从而呈现一种非线性的波动关系[2]。不过，根据我们的研究，跨区域协作治理中的虹吸效应与涓滴效应并非是不断交替出现的，而是涓滴效应仅是短期内存在着，长期来看虹吸效应的影响更为明显，这就说明，涓滴效应相对更弱，而虹吸效应影响更长远。

当然，绩效虹吸与绩效涓滴现象的此消彼长并不是绝对的，如果区域内部各参与方旅游资源禀赋差异不是特别明显，相对优势的核心地区与非核心地区之间就会出现这种短期与长期政策效应的差异性，即短期具有涓滴效应，长期产生虹吸现象；如果区域内部各参与方旅游资源禀赋差异更为明显，核心区的受益程度就可能更大，虹吸现象就更为突出。从我们所考察的长三角区域来看，上海的核心地位无法撼动，相对于其他几个地区的优势过于突出，结果，协作政策不但对上海旅游绩效的提升具有显著长远影响，短期

---

[1] 孙斌栋、丁嵩：《大城市有利于小城市的经济增长吗？来自长三角城市群的证据》，《地理研究》2016年第9期。

[2] Zhao C., "A Core-Periphery Model of Urban Economic Growth: Empirical Evidence Using Chinese City-Level Data, 1990 – 2006", *Global COE Hi-Stat Discussion Paper Series 206*, 2011, https://core.ac.uk/reader/6612108.

来看也未导致负向影响，仍然是正向作用，因此，上海的虹吸效应更为突出。相对而言，作为非核心区的江苏就明显表现出政策具有的另一向度的影响。长期来看，政策对江苏产生的是显著负影响（虹吸效应），客源与旅游收入被吸走；从短期来看，政策影响却是正向作用（涓滴效应），只是短期影响不显著。闽南金三角地区的三个城市间不存在类似上海那样的强核心地区，因此，旅游协作政策不会自始至终为相对的核心城市厦门带来收益，而是在核心与非核心城市间存在更为明显的虹吸效应和涓滴效应更替，即协作政策短期内对厦门旅游绩效产生显著负影响，客流与旅游收入向泉州汇聚，绩效涓滴现象显现；但是，长期来看，政策对厦门旅游绩效发挥了促进作用，不利于泉州旅游绩效的提升，绩效虹吸现象作用突出。

绩效虹吸现象非常不利于协作治理网络的稳定性，即使在绩效涓滴效应下，非核心区的受益也仅是有条件的、短暂的，因此，各地方政府在长期利益与短期利益的权衡过程中，很难一直重视协作治理网络，从而导致协作治理绩效也会受到影响。

三 区域协作治理中存在绩效过滤现象

在物理学视野中，过滤理论（filtering theory）是研究混浊液体如何通过过滤介质的筛滤机理而实现悬浮颗粒去除、剥离浊质等作用的一种理论。[1] 过滤理论也应用于社会科学的研究领域内。布罗德班特[2]就用过滤器理论解释人们的注意选择作用，认为人类神经

---

[1] 王文铃：《过滤的理论和实验研究》，《过滤与分离》1994 年第 2 期；白户纹平、村濑敏朗、入谷英司等：《过滤理论的研究及其工业应用》，《流体工程》1992 年第 12 期。

[2] Lachter, Joel, Kenneth I. Forster, Eric Ruthruff, "Forty-five Years after Broadbent (1958): Still No Identification without Attention", *Psychological Review*, Vol. 111, No. 4, 2004, pp. 880 – 913.

系统存在过滤机制，能够实现对信息的选择，并接受信息加工，从而导致部分信息在过滤中遗失。也有学者①利用过滤理论解释住房市场的变动情况，认为住房会按照社会等级由上向下过滤，即高收入居民迁居后其原有住房会由低收入居民租住。虽然研究视角不同，但是，不同视角下的过滤理论都强调过滤机制或过滤介质（或滤饼）所产生的筛滤作用，透过过滤机制或介质，原有的液体、信息或人群被选择和筛滤。当我们将过滤理论引入绩效领域时，绩效过滤是指绩效在形成过程中受到的由行为方自身条件或外在条件构成的过滤介质产生筛滤作用而表现出的绩效不确定性，换言之，绩效过滤现象的核心在于绩效会受到过滤介质的筛滤，从而不会呈现出预期绩效水平。在跨区域公共事务协作治理过程中，绩效过滤现象主要表现为区域协作政策效果受到各协作参与方自身条件与外在因素（过滤介质）的干扰，在不同协作区以及同一协作区域内部不同参与方之间产生绩效的不确定性或者非均衡性表达。

区域协作过程中绩效经过过滤介质的筛滤而产生的过滤现象，既表现为整个协作区域所展示的政策效果会受到筛滤，也表现为协作政策中的不同措施对协作区域不同参与方能够产生不同的影响。

大气污染防治领域的区域协作治理政策在改善协作参与方空气质量方面的绩效就表现出明显的绩效过滤现象。对于京津冀这种原本污染程度较深的地区，协作政策能够对各参与方都产生显著正影响；对于相对污染程度较低的长三角区域，协作政策的影响则仅体现在上海市，其他省份均未受到政策的显著影响；在污染程度更低的珠三角区域，协作政策并未对空气质量改善产生显著影响。这些政策效果的评估结果说明，外部气象条件和区域经济发展条件导致

---

① Gray, F. & M. Boddy, "The Origins and Use of Theory in Urban Geography: Household Mobility and Filtering Theory", *Geoforum*, Vol. 10. No. 1, 1979, pp. 117–127; 陈果：《住房市场过滤模型初探》，《湖南房地产》2002 年第 11 期。

的区域原有污染程度是大气污染防治政策效果的绩效过滤介质，协作政策是否能够产生预期政策效果受到绩效过滤介质的影响而呈现明显的不确定性。同时，由于区域内部不同协作方自身经济发展条件以及外在环境条件的差异，即使在协作政策能够发挥显著影响的条件下，一个协作区域内部也并非所有参与方都会受到政策影响。我国大气污染的区域协作中，政策效果的不确定性在很大程度上与区域原有的污染程度有很大关系。当区域原有污染程度较高时，政策效果就更明显（如京津冀），如果区域原有污染程度较低，政策效果就不明显（如珠三角）。从长三角来看，协作政策短期内仅对上海产生显著影响，显然也与上海相对于其他几省的污染程度更高有关。

在不同区域协作政策措施发挥作用的过程中，过滤介质同样会对政策措施的影响产生滤筛作用，从而导致绩效过滤现象。根据我们对大气污染防治的区域协作政策实施的效果评估，虽然协作政策作为一个整体可能会对协作治理参与方的空气质量产生显著正影响，但是，作为政策组成部分的各项政策措施在作用发挥时却明显会受到过滤介质的筛滤。京津冀地区协作政策的效果评估显示，区域协作的具体政策措施中，只有部分政策措施能够对空气质量改善产生显著影响，而且，这些具有决定性作用的因素也并非作用于所有地方，而是各自在不同地方发挥着作用。比如，供热方面的政策措施影响着北京的空气质量，能源消耗方面的因素影响着天津的空气质量，河北空气质量的政策影响因素却是公交客运量。不同参与方受到政策不同措施的影响说明，各参与方之间的自身条件与环境因素差异，构成了不同的绩效过滤介质，从而导致政策措施无法均衡地作用于所有参与方。流域生态补偿政策效果的评估同样证明了绩效过滤现象作用突出。从太湖流域的生态补偿政策评估结果来看，太湖流域作为工业发达地区的产业布局与发展重心条件成为政策效果发生的过滤介质，从而导致该区域的工业污染控制政策效果要明显好于农业污染控制政策和生活污染控制政策。

第二节　跨区域公共事务协作治理绩效的影响因素

虽然我们对跨区域协作治理绩效的评估是从三个典型公共事务领域切入的，但是，区域协作治理的绩效问题却具有一定的普遍性。首先，就绩效短板与绩效过滤现象来看，不同公共事务区域协作治理中应该普遍存在这两种现象。我们的研究表明，虽然不同区域间差异性极大，但是旅游、大气污染防治和流域管理中均存在突出的绩效短板问题，说明绩效短板是当前我国区域协作中难以避免的问题，区域协作治理中要实现绩效各维度相对均衡发展还需要不断推进实践进展；绩效过滤现象也相当普遍，毕竟每个协作区域所具有的资源条件禀赋以及环境条件均有着明显差异，区域内部不同参与方也不会铁板一块。其次，就绩效虹吸现象来看，由于这种现象发生在资源要素与优势可以流动的领域，因此，旅游、经济发展、区域创新、公共交通、医疗以及人才发展等领域的跨区域协作治理中应该都会发生绩效虹吸现象。

跨区域协作治理绩效问题的普遍存在意味着，要解决或降低这些绩效问题的不利影响，必须揭示绩效问题产生的原因，并且深入探究影响协作治理绩效的要素。总体来看，绩效短板问题通常与区域协作网络的构造方式和合作模式、区域协作发起方式以及区域旅游协作政策的制定与执行等因素相关；绩效虹吸现象与协作各方的社会经济发展条件、资源禀赋等有直接关联，同时，协作政策的制定与执行也会导致绩效虹吸效应发生；绩效过滤现象则与协作各方自身条件与环境条件密切相关。

一 区域协作网络的构造与协作社会资本效用的发挥

区域协作网络的构造方式与结合模式如果不合理，就不能有效发挥区域协作治理的桥梁资本和结合资本效用，协作绩效就难以彰显，从而也容易造成绩效短板问题。

（一）区域协作网络构造方式

区域协作治理网络构造方式在两个方面影响着跨区域公共事务的协作治理绩效：协作网络的范围大小以及协作网络从基点向外的扩散方式。

1. 区域协作网络范围大小

相对而言，区域协作网络的范围越大，跨区域协作治理的绩效也会更好。当然，大范围的区域协作网络构造也要根据具体的公共事务领域加以确定。

我们的评估结果证明，在区域旅游协作治理中，大范围连片区域的旅游协作治理绩效要好于较小范围的旅游协作。由于旅游协作范围表现在地理条件上就是协作区的地理面积，通常地理面积越大，旅游资源越丰富，不同旅游条件的互补性也越强。因此，跨省的大范围旅游协作区绩效通常好于省内小范围的旅游协作区。

与旅游区域协作的情况类似，大范围的流域生态补偿效果同样优于小范围生态补偿。不过，流域的范围并非受制于省级范围，而是受制于江河的长度。首先，跨省的大范围流域生态补偿协作效果要好于省内的小范围流域生态补偿。我们对几个不同流域生态补偿进行的绩效测量结果是这一论点的佐证。众所周知，流域生态补偿是流域范围内不同地方政府之间的合作，由于江河的长度通常都会超出一个省的边界，因此，跨省协作有利于打破不同省份的行政辖区范围对河流的粗暴分割，实现流域内不同省级单位在流域水污染治理上的行动协调，从而提升生态补偿的整体绩效。虽然我国省内的流域生态补偿工作开展更早，但是省内生态补偿的绩效承受着较多的不可控因素的影响，因为一个省的边界范围经常不足以将整条河流包容在内，结果就导致了流域管理上的行政分割。在这种条件下，即使实现省内协调一致，仍然不能摆脱流域在省外河段所要承受的污染情况。2010年，广东推进省内实施东江流域生态补偿时，这种省内生态补偿的局限性就暴露出来。处于粤赣边界的河源为了拿到补偿金，需要保证出境水质达到Ⅱ级，但是，当时从江西赣州东江源头流入河源的水质却经常是Ⅳ类甚至Ⅴ类，需要河源花大力气利用水库进行净化[1]，而这也就成了推动广东与江西自发探索跨省生态补偿的客观动力。其次，如果省内流域生态补偿所针对的河流全境均在一个省内，外部不可控因素就可以大大降低，流域管理的整体性就可以保证水污染治理的协调一致，这种情况下的流域生态补偿绩效也被证明不会低于跨省的生态补偿协作。总之，流域生态补偿的协作范围其实与责任完整性是联结为一体的。最佳的协作范围是能够保证流域管理中的责任完整性，也就是实现全流域管理协作。如果流域协作范围选择不当，协作绩效就会受损。

2. 协作网络扩散方式

协作网络的扩散方式一般是指从一个基点出发向外的发散方式，它通常可以划分为两种扩散方式：单线扩散方式和多线辐射扩散方式。单线扩散方式是指区域协作网络从一个点出发经过一条直线或曲线到达另外一个点结束。这种单线扩散方式比较多地应用于流域中，因为流域中的区域协作就沿着江河以单一曲线方式串起不同的协作者。流域生态补偿中，协作网络的单线扩散方式要确保绩效，关键点在于保证这一线条的完整性，从起点到终点均含纳

---

[1] 安卓：《东江流域生态补偿困局》，《第一财经日报》2011年7月20日A06版。

其中。

多线辐射扩散方式则强调从相对的基点出发向外发散出多条直线或曲线，从而将不同地方政府联结起来的扩散方式，这是一种从中心向外晕染的联结方式。多线辐射扩散方式有着广泛的适用性，大多数公共事务的跨区域协作治理网络构造都选用了这种多线辐射扩散方式。现实中，单线扩散方式较少用于除流域之外的其他公共事务领域中。比较特殊的情况是在区域旅游协作治理中，有些协作区域是沿着江河或者高铁、道路（如丝绸之路）而建构起来的，可是这种单线扩散方式的绩效显然不如多线辐射扩散方式。比如，长江旅游推广联盟的协作网络扩散方式就采用了单线扩散方式，但我们的评估结果证明，其绩效与其他跨省大范围旅游协作区相比明显更低。导致两者绩效差异的原因很简单，从一个基点向外辐射扩散的协作网络构造方式其实是一个协作桥梁资本的效用发散方式。这一基点所具有的桥梁资本在向外发散的过程中，多线辐射构造方式能够缩小桥梁资本的影响半径，其作用衰减的可能性会相对较低，而单线扩散构造方式却可能会导致桥梁资本在过长的距离中逐渐衰减，无法发挥良好的绩效保障作用。

(二) 协作社会资本的作用

在跨区域公共事务的协作治理中，协作社会资本对于提升区域协作治理绩效有着重要意义。如果协作区域拥有充足的桥梁资本或者累积了大量的结合资本，协作治理绩效就得到了保障。

首先，桥梁资本在区域旅游协作治理绩效的提升中作用相当突出。改革开放不久我国就推进了长三角、珠三角、京津冀等区域的经济合作，这些经济合作网络经过长达三四十年的磨合，已经形成了特定的合作思维与合作资本。这些桥梁资本的积累对于新的合作网络的形成以及运行至关重要。我们在跨区域协作治理的绩效评估中就发现，以京津冀、珠三角和长三角为基础衍生出来的旅游协作区能够将经济协作网络中累积的合作技能与思维移植到旅游协作中，从而获得更加突出的绩效表现；大气污染防治的区域协作中，这三个区域的桥梁资本不但保证了区域协作能力明显好于海西城市群，三个区域的总分也均高于桥梁资本欠缺的海西城市群。

其次，结合资本累积对于区域协作治理绩效具有明显影响作用。与桥梁资本将一个协作领域的合作经验移植到另一协作领域不同的是，结合资本的累积依赖于随着协作时间的增加而在同一协作领域不断累加的协作经验与协作技巧。我们在三大公共事务领域所选择的研究样本，在协作实施时间上均存在一定程度的差异，有些样本的区域协作时间相对较长，有助于累积协作的结合资本。比如，在区域旅游协作中，西北旅游协作区经过30多年的旅游区域协作，不断累积旅游协作的结合资本，最终保证西北旅游协作区取得了更好的绩效；在流域生态补偿中，东江和九龙江流域的生态补偿实践经历了近20年的结合资本累积，也获得了超出其他流域的高绩效；大气污染防治协作中，珠三角区域的大气污染防治工作比其他三个区域早了三四年时间，相应的也就累积了更多的结合资本，并确保该协作区域的绩效表现明显好于另外三个区域。

二 区域协作治理政策的合理制定与有效执行

区域协作治理政策制定是否合理以及是否得到有效实施，对于缓解绩效短板与绩效虹吸现象具有重要作用。我们的研究显示，在三大公共事务领域中，协作治理政策的制定与实施对区域协作治理绩效影响显著。

首先，在区域旅游协作中，区域协作治理政策是否合理是区域协作得以顺利开展的基础。由于区域内部不同参与方在旅游实力或经济条件等方面的客观差异，在区域旅游协议签订过程中，经常会出现一些相对落后地区为了加入跨区域旅游协作网络，而作出适当让步的协议，比如接受区域旅游产品推介更偏向于较大或实力更强的地区（省或市）这样的条款。这种不合理的区域协作政策会为后期执行埋下隐患，不利于区域旅游协作的正常开展与协作绩效呈现。同时，合理的区域旅游协作政策的关键在于建构起良好的协作机制，这样才能够保障区域旅游协作中实现必要的信息沟通，才能更好地推动旅游协作中的无障碍旅游区域建设，也才能避免一些不合作行为。

区域旅游协作政策的执行则决定了区域旅游协作的持续性与成效。签订旅游协议是相对简单的，但是要保证协议得到切实执行就需要各级领导能够切实重视区域旅游协作。我国当前从中央到地方各级旅游部门都相当重视区域旅游协作，正是在这一大背景下，诸多旅游协作网络得以成形。但是，区域旅游协作中必然会存在一些摩擦，利益不均衡现象也是难以避免的。为此，旅游协作要切实执行到位，必须要有一定的惩罚机制。然而，目前各地的旅游合作协议中，却更多地关注如何合作，相对忽视旅游协作中机会主义的抵制与惩戒问题。

其次，在区域大气污染防治协作中，区域协作政策能够发挥显著影响作用，但是不同区域之间的情况有所差异。从现实中看，政策的设计与实施情况难免存在诸多不同，从而导致政策在不同区域之间产生的影响作用存在明显差异。比如京津冀区域协作政策所发挥的作用与海西城市群相比就更为突出；而在长三角内部，区域协作政策对于提升上海市的大气质量产生的影响作用更为显著。政策在区域间产生不同程度的影响作用说明，政策设计上存在的差异可能会导致一些区域在大气污染方面的协作更为顺畅。以京津冀地区的大气污染区域协作来看，该区域的协作政策由中央直接制定，并且成为其他协作区的政策参考范本。当我们将京津冀的政策与其他区域的政策进行比较就可以发现，有些区域对于大气污染中如何实现区域联合规定的相对空泛，只是简单地提及联防联控、联合执法，却缺少更为具体的制度安排。京津冀地区则在此方面有专门的政策文件，且在中央推动下多次实施联合行动。另外，在同一个区域内部，不同参与主体受到的政策影响有时也会存在差异。比如京津冀地区大气污染防治协作政策就对三省空气质量改善产生了不同的影响作用。在同一个协作区域内部政策影响作用存在显著差异说明，不同参与主体之间在执行区域协作政策方面可能着力点不同，导致有些措施在一些参与者的辖区内落实更好，而在别的辖区则可能被消极对待，从而无法保证政策均衡地发挥影响作用。

区域协作政策设计能否将一些直接影响空气质量的社会与自然因素考虑进去，也会极大地左右区域大气污染协作治理绩效。学术界对于影响空气质量的社会与自然因素的研究证明，许多社会与自然条件都会影响大气质量。就社会因素来看，诸如城市发展水平相关的地区生产总值、城市建成区面积、第二产业占 GDP 比重、公路客运量、人均城市道路面积和人均绿地面积、社会科技水平进步等因素[①]，都会显著影响空气质量。同时，自然因素中的气象条件影响也非常值得关注。我们在检验大气污染区域协作政策效果时发现，气象条件这样的自然因素确实一直在稳定发挥着影响作用，而其他影响空气质量的因素如冬季取暖的生活需求等也明显制约着空气质量的改善。应该说，当前区域大气污染协作政策在设计时，已经将有些方面考虑在内，比如推进科技水平进步和增加人均绿地面积，但是，还有许多方面的因素未能很好地吸纳进对策考虑中去。特别值得关注的是，虽然气象因素的作用极大，但是区域大气污染协作政策中对这一影响的作用控制对策还明显欠缺，不能很好地依据空气质量的影响因素适时调整和更新的协作政策，大气污染协作的绩效因此而受到限制。

---

① 杨阳、沈泽昊、郑天立等：《中国当前城市空气综合质量的主要影响因素分析》，《北京大学学报》（自然科学版）2016 年第 6 期。

最后，在流域生态补偿方面，由于流域生态补偿模式都是地方政府基于横向的沟通与协商和多方讨价还价完成要素选择的，因此，流域生态补偿模式在我国实践中多种多样。从理论上讲，不同的流域生态补偿模式产生于不同的背景，也适用于不同的条件。但是，如果一个流域选择了恰当的流域生态补偿模式，流域协作绩效就会得到必要的保障。我们对闽江和赣江流域生态补偿模式的绩效对比研究就发现，不同生态补偿模式之间的绩效差异还是客观存在着的，这说明生态补偿模式的选择直接影响着流域生态补偿绩效。当然，如同我们在研究中所发现的，我们无法简单粗暴地将各种生态补偿模式归类于绩效好或者绩效差的标签下。每种模式都有其适用空间，它们会在不同的领域和不同的条件下发挥其相应作用。也就是说，每种模式都不是万能的，每种模式都有表现不尽如人意的地方。在闽江与赣江的生态补偿模式中，针对水源地实施补偿的赣江生态补偿模式在水源地保护上却不如闽江，而着眼于全流域保护的闽江生态补偿模式在流域整体绩效表现方面却不如赣江。这种预期结果与现实结果的错位，与两种生态补偿模式下生态补偿政策设定的水质目标有很大关系，赣江对水源地水质的控制目标是Ⅱ类水而闽江则是Ⅰ类水。

流域生态补偿政策设计中的资本保障也至关重要。流域水污染治理需要花费大笔资金，而且随着污染程度的加大，治理成本也相应提高。如果缺乏稳定的资金来源，通常难以保障地方政府的协作意愿。从现实的生态补偿实践来看，资金不充足就无法保证相对落后的源头地区补偿到位，而源头地区对水源的保护无法得到收益，这种协作就难以为继。正是因为考虑到充足资金对生态补偿持续性的重要意义，当前我国各地在生态补偿设计上压倒性地采用了成本补偿理念，对具体生态补偿模式的选择偏好政府补偿模式，明显依赖于上级政府的资金支持。无论是跨省的生态补偿还是省内的生态补偿，通过共同出资、财政转移支付、强制扣缴等模式来实现流域生态补偿成为不同政府的首选。但是，地方政府在流域生态补偿资金筹集中过多依赖于财政特别是上级财政直接制约着地方政府实现跨界补偿的主动性。同时，生态补偿资金不充足问题在一些落后地区仍然是一个大问题。由于中央在向跨省生态补偿区域提供资助时，重点关注那些相对发达的地区，导致落后地区生态补偿资金不充足问题相当突出。比如渭河流域的生态补偿额对于天水和定西来说都只有300万元[①]，金额明显偏小。

三 区域协作治理中的内生性与上级推动

区域协作治理的发生通常可能受到两种力量的推动：内在自发性力量与外在推动性力量（特别是上级推动）。这种内生性与上级推动不但影响着区域协作的发生，也影响到协作的运行与绩效。绩效短板问题的产生在相当大程度上就与协作治理是内生的还是上级推动的存在明显关联。

（一）区域协作的内生性

内生性的区域协作通常是地方政府基于各方利益考量而自动加入到协作中的。在协作初期的磨合中，各方会基于自身利益进行相当多的博弈，因此，从理论上讲，协作区域早期绩效表现应该并不出色，绩效短板现象也更容易产生。但是，内生性协作区的各参与方协作主动性强，协作过程中的抵触相对更少，因此，随着时间的推进，协作过程中累积的结合资本会产生显著影响，相互间的协作更容易走向规范化，从而促使协作区域绩效全面提升。与大气污染和流域管理相比，旅游是一个明显有助于催生内生性区域协作的公共事务领域，这一领域中的很多典型案例都在相当大程度上是通过

---

① 程云：《告别上游排污下游"买单" 细说六大流域生态补偿方案》，http://www.h2o-china.com/news/view?id=265102&page=2，2017年10月20日。

内生性发展需求而走向跨区域协作的。我们的研究结果证明，区域旅游协作中，协作时间最长的西北旅游协作区与其他自发形成的旅游协作区域相比，整体绩效明显更高，绩效短板问题也更小；同样是大型跨省协作，长江旅游推广联盟和泛珠三角旅游协作区在协作时间上的磨合期仍然未能过去，总体绩效较低，绩效短板问题也相对明显。

虽然大气污染防治与流域管理领域中的上级推动特色相对显著，但是，内生性发展动力促成的区域协作表现也不俗。比如在大气污染防治领域中，珠三角区域作为唯一一个非中央推动而是自发形成的大气污染防治协作区域，其绩效表现更为突出。这不仅受益于其在经济协作等领域中获得的区域协作桥梁资本转移至大气污染防治领域，它的成功还说明，大气污染防治领域中的内生性发展动力也相当重要，能够极大地推动协作绩效的提升。不过，由于珠三角在大气污染防治区域的协作时间并不长，因此其绩效短板问题还是比较明显的。

（二）上级政府的高度重视与积极推动

上级政府推动是我国区域协作形成和发展的常态。在当前中国的单一制国家结构形式下，上级政府的推动在区域协作网络形成中发挥着不可或缺的重要作用，跨区域协作治理绩效也深受上级推动的影响。一般来说，在上级政府的强势推动与高度关注下，下级政府的协作更容易在相对较短的时间内实现绩效提升，因此，与自发性产生的协作区域相比，上级推动下的区域协作磨合期明显缩短，协作行动更为密集高效发生，协作结果的呈现时间较短。但是，上级推动也会导致地方政府过多依赖上级或者上级过多干涉协作过程，从而更有可能出现协作区域在协作动机方面的绩效短板。

上级政府的推动对于大气污染协作治理绩效的影响显著。大气污染防治工作在短期内与经济发展具有对立性，地方自发自主地实现跨区域协作以推进大气污染防治协作治理的情况很难出现，因此，大气污染防治的跨区域协作治理几乎都是在中央的积极推动下才产生并发展起来的。但是，从当前中央政府对不同协作区域的关注程度来看，区域之间的差异性还是相当明显的。"三区十群"中的京津冀、长三角和珠三角明显受到更多关注，直到 2018 年环保部才因珠三角空气质量明显好转而将注意力从珠三角转向汾渭平原。对于京津冀及周边地区的大气污染防治工作，中央的关注程度甚至已经到了事无巨细、大包大揽的地步了。从协作政策制定到联席会议召开，再到协作治理绩效的进度信息报告，环保部都一力承担。正是在中央的高度关注与推动下，这三个区域的大气污染防治绩效不同程度优于海西城市群。这一结果说明，虽然跨区域协作强调各参与方的平等协商与互惠互利，但是，面对日益严重的大气污染和地方难以摆脱的经济角逐思维，大气污染防治的跨区域协作绩效仍然极大程度地依赖于高层政府的政策供给、资源调动与监督管控水平。不过，由于大气污染防治方面的区域协作带有更为明显的上级强势推动特色，因此，各协作区域的绩效强势与绩效短板问题也就更为突出、更为普遍：协作动机是几个协作区域共同面对的绩效短板，而协作行动则是它们共同的绩效强势。

　　我国目前各流域的生态补偿实践也在一定程度上离不开上级政府的推动与支持。即使一些地方经过多年的横向自主协商，最终能够促成合作的也是上级政府。比如新安江流域就是在多年地方政府商谈无果的情况下，经环保部力促形成并成为我国第一个跨省流域生态补偿样本。环保部还通过生态补偿试点流域的选择，影响着省级政府的决策。它不但推动着其他几个跨省流域生态补偿的形成，而且也直接影响到省级政府对省内跨市流域生态补偿的关注，间接推动了市际流域生态补偿。同时，省级政府在推动省内流域生态补偿实践中的作用也相当突出。目前各地省内流域生态补偿如果没有省级政府的努力，基本上不可能出现。流域协作过程中，上级不但直接或间拉推动流域生态补偿的形成，而且还在政策、资金以及监督方面提供了多种支持，直接决定着流域生态补偿绩效。环保部下发的《关于开展生态补偿试点工作的指导意见》作为生态补偿的指标性意见，对于各地生态补偿起了推波助澜的作用；水利部内设的太湖流域管理局确保了太湖流域的区域协作治理绩效表现良好；中央与省级提供的生态补偿资金以及对流域相关行政单位上缴资金的管理，对水污染治理的监督检查，也都直接影响着流域生态补偿的绩效。但是，从各流域的绩效表现情况来看，上级推动的负面影响也比较明显，主要表现为协作动机成为流域治理中的绩效短板。同时，各流域在协作行动方面的绩效差距非常微弱，这也向我们证明了在对上负责体制下，地方政府必须对上级推动与关注作出高度的行为回应。

四 环境条件的影响作用

自然与社会环境条件均能以绩效介质的方式干扰区域协作的政策效果。不同区域以及区域中不同地方政府所面对的自然与社会环境条件不同，从而能够对绩效产生不同的绩效过滤作用。

自然因素所发挥的绩效介质作用在大气污染与流域管理中相当突出。大气流动与降水条件对于缓解空气污染能够起到正向影响作用。我们对长三角和京津冀地区的大气污染防治政策所实施的效果评估结果就显示，虽然政策效果在城市间变化较大，但是气象条件在所有城市都与空气污染指数显著相关且成反比，表明气象条件能够提升空气质量。由于各地的地理环境导致的降水与风力、风向情况差异很大，因此，在这些绩效介质的干扰下，京津冀及周边地区、长三角、珠三角之间在协作结果方面呈现出明显的梯次性。在流域生态补偿协作中，一些洪涝灾害等不利气象条件则会在相当短的时间内将地方通过长期努力促成的降污减排效果抵消掉。如南方的台风天气就会将远离江河区域的污染物吹进或者通过强降水冲进水流中。在这种条件下，即使地方政府已经将河流附近的农业养殖等搬迁到较远区域，也无法阻止水质的下降。反过来，有利的气候则会放大生态补偿的协作绩效。比如，降水可能会淡化工业排污造成的影响。正是自然因素的这种绩效过滤作用，有时会掩盖生态补偿协作努力的效果。

社会经济发展因素作为区域协作的绩效介质在环境保护领域中展现得淋漓尽致。所有大气污染和河流污染严重的地区通常都是经济发达的地区，经济发展带来的排污导致污染治理政策的出台。然而，因为地方经济发展的内在需求与大气污染协作治理、流域生态补偿政策之间存在一定程度的冲突，导致地方经济发展会对政策效果产生滤筛作用。社会经济发展因素同样会影响区域旅游协作，毕竟区域旅游协作不是在真空中发展出来的。区域旅游协作网络构建的前提就是要有一定的社会经济条件的支持，如果社会经济发展条件好，就能保证政府有能力提供更多的旅游基础设施，开发更多的旅游项目，也才能保证民众有更强烈的旅游冲动，形成更雄厚的旅游客源。比如居民人均收入、居民消费水平直接影响游客的出行意愿，进而影响客流量与旅游收入；交通条件的改善可以方便游客出行，使旅游区域辐射范围更广。在这样的背景下，区域旅游协作其实是在协作互惠政策下，为有旅游消费需求和冲动的民众提供更为多样化的旅游资源。当前我国各地区域旅游协作动力充足，各种旅游合作政策不断出台，均是得益于我国社会经济发展带来的区域旅游协作机遇。同时，旅游协作的顺畅开展也直接受制于社会经济发展条件。在跨区域的旅游协作中，旅游协作参与者如果在旅游资源方面差距过于显著，很难形成持久稳定的协作关系。而且，跨区域旅游协作中，政府必须要投入相应的资金改善旅游设施，以形成区域内旅游条件的相对均等性，这样客源才会有序流动，区域旅游协作也才能顺畅进行。总之，社会经济条件的发展，不但为区域旅游协作提供机会，直接影响着区域旅游协作是否能够出现，而且也能够保证区域旅游协作的良性发展，从而制约区域旅游的协作治理绩效。

第三节 提升跨区域公共事务协作治理绩效的建议

一 科学设计区域协作治理网络

（一）充分发挥社会协作资本作用

在区域协作网络的构造过程中，中央政府应该有意识地推动一些有着较多桥梁资本的区域借助辐射延伸方式进行新的协作网络构建。除了传统的长三角、珠三角、京津冀等地区外，我国还有其他一些典型的通过经济网络协作累积了丰富桥梁资本的区域，比如中部的成渝地区等，这些地方协作区域的发展更应该得到中央的高度重视。同时，鉴于区域协作中桥梁资本的重要意义，中央各部门在推动不同公共事务领域的区域协作时，应该有意识地保持一定的协调，以便帮助地方在不同协作网络中更快、更多地累积桥梁资本。

鉴于结合资本在区域协作治理绩效提升中的重要作用，地方政府间已经建构起的协作网络需要细心经营，积极破解协作中的问题与困难，以累积结合资本。不易在协作中浅尝辄止，不断地改弦更张。在协作网络为内生性自发形成的条件下，各方在协作网络构建之初就要做好充分的心理准备，并且能够在区域合作协议中规定清楚一些特殊情况的应对策略和机会主义行为的惩戒机制。在协作进行中，必须要强调信息沟通的重要作用，确保采用固定沟通方式，设立常设沟通机构，并通过协作方行政首长的年度联席会议等方式，保持及时有效的信息沟通。在协作网络为上级推动形成的情况下，上级需要提供充足的关注、支持与监督，并积极引导参与方主动合作，增强内生性动力。当各方渡过参与磨合期后，上级的关注重心可以有所调整，重点强调监督作用，但应避免在支持过程中对区域的关注度波动过大，特别是不宜在各方未形成内在合作动力时就明显降低关注度。

（二）积极推进大范围区域协作

由于旅游与流域等领域的绩效评估结果表明，大范围全流域的跨区域协作绩效更佳，因此，协作网络构建时，应该更多地关注如何实现大范围区域协作。在旅游协作治理方面，协作区域过小会限制旅游资源的多样性，旅游资源重复则会导致区域旅游协作网络中参与主体间的竞争，因此，旅游协作区域应该尽可能扩大，并且尽量保证区域旅游规划、旅游产品开发等活动的步调一致。从现实的旅游协作网络来看，在省级基础上构建的旅游协作网络绩效表现更好，因此，可以尽可能推进省级间的旅游协作。城市间的协作则需要结合旅游资源的分布情况、互补性等实现连片跨省的城市间旅游协作。

流域生态补偿必须尽可能突破行政辖区限制，实现全流域覆盖。目前我国跨省流域生态补偿范围基本上还只是限于两个省份之间，像黄河、长江这样的大水系因为涉及省份过多，一直难以实现全流域生态补偿。在此条件下，我国环保部对不同水系采取了不同的管理策略：七大水系由中央直接管理，省内水系放手由省级政府实行省内生态补偿，跨省小水系则通过试点推进生态补偿。虽然目前还难以实现七大水系的生态补偿全覆盖，但是，对于流经较少省份的跨界河流应该积极实现全流域生态补偿。为此，在最初建构流域生态补机制时，就要以全流域为焦点，实现流域相关地方政府的共同协商与讨论，以便促成全流域的生态补偿。现实中，被分割的流域在某一河段的生态补偿最终会因为无法阻止其他河段的影响，而不得不为了将不可控因素转变为可控因素，演化为全流域生态补偿。比如东江流域的生态补偿就从粤港之间的跨境补偿和广东省内的跨市补偿，扩展为目前的全流域补偿。当然，东江流域的生态补偿全流域机制的建立经过了很长的摸索阶段。如果要压缩这一从跨境河段生态补偿到全流域生态补偿的进程，除了依靠流域相关地方政府的努力协商与思想转变之外，还需要依靠上级政府的积极引导和社会力量的主动参与。东江流域最早的跨省生态补偿就是在企业层面实现的，当时的广东粤海集团为了保证向香港提供的东江水达标，每年向上游支付1.5亿元补偿金，用于东江源区的生态保护[①]，这说明社会力量对于促进全流域生态补偿有着明显的利益诉求。当然，东江流域全流域生态补偿最终能够建立起来与生态环境部的积极推动也不无关系。因此，在全流域生态补偿机制的建立过程中，上下级政府要有效配合，同时，政府要积极吸纳并因势利导社会力量，让社会力量发挥应有的作用。

除了流域与旅游外，其他领域的公共事务跨区域协作也适于进行大范围协作网络设计。比如公共安全服务中对于传销活动的打击如果只是一个城市或者一个省的单打独斗，传销组织会向其他地区流动，如果通过跨区域协作治理将打击范围扩大则收效会更为明显。医疗保险服务的统筹方式也会随着区域协作网络范围从市内统筹、省内统筹到全国统筹的扩大而产生更便利的公共服务和更高水平的百姓满意度。只是区域协作到底应该实现多大范围的协作，仍然需要根据当前能够实现区域协作的基础与条件来确定。

(三) 审慎确定协作网络扩散模式

在不同的公共事务领域中可以基于不同的基点实现协作网络扩

[①] 安卓：《东江流域生态补偿困局》，《第一财经日报》2011年7月20日第A06版。

散。流域只能采取单线扩散方式进行协作网络构造，其他公共事务领域的区域协作网络构造方式需要审慎设计。

首先，基于桥梁资本实现原协作网络转换。这是发挥桥梁资本作用的最有效和直接的协作网络扩散模式。这种协作网络扩散其实是将协作治理领域从一项公共事务扩散至另一项公共事务，是原协作网络的直接转换。如果有些区域在特定公共事务协作治理中积累了桥梁资本，那么，它们就可以根据公共事务的发展情况以及协作治理的需求，适时将桥梁资本扩散至新的公共事务协作领域。当前许多协作区域都会以阶段性的协作领域扩展方式实现这种桥梁资本转换。比如厦漳泉协作区就在不同年度会议上根据协作情况，适时扩展协作领域，推动协作网络基于桥梁资本适时进行转换。

其次，基于桥梁资本进行多线辐射扩散。这一扩散模式强调将桥梁资本通过多线辐射扩散方式延展出去，形成更大区域的协作网络。基于桥梁资本进行协作网络扩散会受到桥梁资本累积程度的影响。一般来说，如果某个区域桥梁资本累积较多，协作网络扩散的范围可以更大一些，反之，则协作网络扩散范围相对较小。比如在区域旅游协作中，基于珠三角的协作网络扩散就可以将大约三分之一的国土面积和省份包含进来，形成泛珠三角的旅游协作网络；而闽南地区的桥梁资本相对较少，协作网络扩散时通常仅涉及周边的厦门、漳州、泉州和龙岩、三明等地。

最后，基于中心城市进行协作网络扩散。这种扩散方式适用于尚未累积起必要的桥梁资本的地区。此类网络构造的第一步是确定有一定辐射力的中心城市或核心城市。中心城市或核心城市是能够在相关公共事务领域产生带动作用的城市。当然，中心城市不一定是经济发达城市，但一定是相关公共事务领域中资源丰富且设施完善的城市。以区域旅游协作为例，许多研究者在探讨区域旅游协作模式时，都强调以区域旅游的中心城市为原点，沿空间进行辐射扩散，将中心城市的旅游要素集聚效应通过辐射轴线，扩散放大至周边邻近地方，从而构造成区域旅游合作网络。在这样的中心城市带动下形成的区域旅游协作网络相对比较稳定，中心城市能够明显带动周边旅游区域的发展，如上海在长三角所发挥的带动作用就相当明显。当然，基于中心城市进行扩散的方式可以适用于诸多公共事务领域。在公共交通的区域协作方面，就非常适于采用这种协作方式，将中心城市与周边城市或地区联结起来，形成区域交通协作网络。在实际生活中，每个省的省会城市也确实能够在一定程度上成为公共交通协作的中心城市，形成以省会城市为中心的区域公共交通协作网络。

当然，除了基于中心城市向外扩散的区域网络构造模式，理论界也有人倡导多核心协作网络构建的意义。比如吴国清[1]与苏建军[2]就强调以多城市区连绵而出的多核心城市密集地域构建区域旅游协作系统的重要性，形成"多中心＋网络化"的区域旅游协作模式。不过，在多核心下实力相当的城市建构的协作网络短期内通常是不稳定的，各方互不相让的情况容易出现，在协作规划设计以及实施中甚至协作网络中各方的定位方面都会出现竞争。比如旅游领域中多核心城市协作网络就容易出现对旅游资源的竞争以及旅游客源的竞争。更为稳定的协作网络构建模式是一个核心城市加几个实力相当的非核心城市，这样可以将两种构建模式的优势都发挥出来，同时又可以在一定程度上抑制两种模式的不利影响。

---

[1] 吴国清：《区域旅游城市化与城市旅游区域化研究——兼论长三角区域一体化的旅游互动》，《地域研究与开发》2008年第1期。

[2] 苏建军：《基于旅游城市化视角下的城市旅游区域一体化研究——以晋陕豫黄河金三角地区为例》，《山西财经大学学报》2010年第1期。

二 合理制定和有效实施区域协作政策

(一) 提升区域协作政策的合理性

1. 加强协作政策设计与调整前的评估论证工作

在协作政策出台之前，要加强对政策的理论论证，积极通过理论探讨、实验、调查分析等多种方法和手段，科学、客观地考察影响公共事务绩效的因素，尤其是人为因素。探讨这些因素的前因变量和后因变量，并结合协作区域的公共服务提供结果信息，统筹全局，制定出相对客观、科学的区域协作治理政策。比如，通过对京津冀区域大气污染政策的影响评估，可以确定降低煤耗、实现能源清洁化替代等的政策措施对于改善空气质量具有显著作用。那么，在今后的政策调整中，这些政策的存在以及进一步的细化就是不可或缺的。为此，今后需要进一步加快散煤治理，实现燃煤替代化，充分利用区域优势，因地制宜大力推广使用风能、天然气等清洁能源。在协作政策制定与调整之前，这种政策效果的评估以及政策需求评估等所提供的信息相当重要，能够直陈政策方案的不合理之处，对提升和改进协作政策合理性至关重要。

2. 积极促进公众参与协作政策设计

公众参与能有效减少官僚主义和行政低效率，同时可以在一定程度上集思广义，减少政策设计缺陷，降低跨区域协作治理风险。在区域协作政策设计中将公众充分吸纳进来，明显有助于提升政策合理性。然而，目前我国跨区域协作政策设计仍然以政府为主导，未能充分发挥民众的力量，今后需要在政策设计中切实强化公众参与。为此，我国各地在推进区域协作中应该做好以下几项工作：一是在实施跨区域协作治理前，要畅通渠道，充分了解公众意见。可以通过座谈会、问卷调查等方式收集群众意见，让公众在协作伙伴选择、协作项目确定等方面能够表达相关的见解。二是在协作条款沟通协商与政策设计过程中，要通过听证会等方式征集群众意见，并及时向公众反馈相关信息。三是要加大区域协作政策的信息公开程度，设立专门的政府网站公开政策的具体内容和实施情况，增加政策透明度，以发挥公众对政策制定、执行等环节的监督作用。四是要完善公共服务结果的信息公开制度。制定详细的信息公开规范，扩大相关信息公开的范围，增加信息公开的渠道，满足公众对特定公共服务的知情诉求。五是确保媒体承担起社会责任，加大对政策的宣传力度。鼓励媒体在重要时段和重要版面帮助公众解读区域协作政策各方面的内容，报道各地区在公共事务协作治理中采取的行动和取得的成效，引导全社会积极参与进来。

3. 协作政策方案中适当发挥社会力量的作用

对于偏政府主导和上级主导的跨区域公共事务协作治理而言，在政策方案中适当发挥社会力量的作用有助于实现区域协作的长效性。政府主导与上级主导的跨区域协作通常会伴随着政府包括上级政府资金的大量投入，造成协作方过多地依赖财政资助的情况。这一问题在流域生态补偿实践中相当突出。生态补偿实践的成功取决于补偿资金的稳定性。在我国的生态补偿实践中，政府专项资金、财政转移支付等政策措施一直占据我国生态补偿方式的主要地位，资金来源的稳定性通常是通过省级财政甚至中央财政来保证的，这种上级政府的财政转移支付确实具有更强的财政稳定性。不过，生态补偿政策下过于依赖上级财政转移支付已经受到世人的诟病。[①]因此，完善生态补偿机制的设计重心在于保证资金来源的稳定性，而不在于资金来源于哪里。当前我国生态补偿中，借鉴了国外的排污权交易方式，但是这种市场补偿仅发挥了非常有限的作用，社会

---

① 李忠峰：《流域生态补偿艰难破题》，《中国财经报》2010年7月17日第04版。

补偿则呈现缺失状态。但是，无论是政府补偿还是市场补偿采用的都是"输血型"的资金补偿方式，导致流域协作治理过度依赖政府资金实现生态补偿。同时，资金来源的单一化也违背了"谁受益谁补偿"的生态补偿基本原则，致使我国生态补偿标准过低，流域保护与发展的矛盾无法解决。对此，需要在实践中积极探索多元化的资金来源渠道，尤其要发展目前处于缺失状态的社会补偿，推动金融机构、环保社团、民间基金会等力量参与生态补偿。同时，单纯的资金补偿长久以往必将难以为继，因此，除了资金补偿，更应探索产业补偿、智力补偿等"造血型"生态补偿方式。

4. 增加政策设计弹性以控制绩效介质影响

由于自然与社会经济因素作为绩效介质会对区域协作绩效产生过滤作用，因此，在设计具体的政策行动方案时必须保证一定的弹性，为控制绩效介质的影响作用提供操作空间。比如，针对自然因素对流域生态补偿效果的影响，设计流域治理措施时就必须充分考虑流域内各种不同的自然因素，并且在流域污染防治措施中将这些因素考虑进去，保证治理措施能够在不同的自然条件下有一定的差异性和弹性。例如，在协作政策设计时要确保排污治污工作与气候条件变化之间相互协调，就需要特别注意在河流枯水期的排污监控与联合执法措施的设计。

5. 完善区域协作政策中的监控措施

区域协作治理难免会存在机会主义等不合作行为，如果政策设计中对此类行为的约束措施未能充分细化，协作政策就难以转化为具体的协作效果。我国当前区域协作政策设计时，虽然在上级强力推动的公共事务领域会设计相关的不合作惩戒措施，但是，在更多地具有内生性特征的区域协作中，此类约束机制通常是缺失的。比如在旅游协作中，目前我国各旅游协作区基本上都形成了从宏观到微观的决策层—协调层—执行层的区域旅游协作机制，包括行政首长座谈会或联席会议，并且建立了联席会议办公室或重点合作专题小组。但是，旅游协作政策中有关不协作行为的惩戒性措施却相对缺乏。为了保证区域旅游协作顺畅，需要在制定旅游协作政策时，就将从旅游发展规划的制定到旅游协作中不协作行为的惩治等事项都深入讨论和细致规定，并在合作协议中予以体现，这样才能保证协作政策的完备性。从表现形式上看，惩治机制可以是罚金、剥夺协作参与者资格、临时取消协作会议投票权等。

(二) 推进区域协作政策有效实施

1. 完善区域协作政策的配套制度与措施

配套措施是否到位是区域协作政策能否有效实施的重要保障和前提。任何政策的执行过程都会受到各种外在条件的约束，配套措施是对这些外在条件的调整。配套措施的制定可以在协作政策执行过程中，根据协作绩效反馈情况适时展开。比如在大气污染防治中，各协作区域为了控制移动污染源，积极倡导公交出行。但是，近几年各地公交客运量却在不断下降，导致该项协作措施无法产生预期的政策效果。从这一情况可以看出，协作政策本身的设计没有问题，但是，政策执行环境的特殊性决定了协作政策效果受制于是否有配套的公交发展措施。显然，公交出行率低在很大程度上是因为随着人们生活水平提高，私人汽车拥有量大量增加。如果要保证人们能够更多地选择公交出行，就必须切实保证公交出行的便利性与快捷程度超出私人汽车。为此，必须要制定促进公交发展的配套措施，尽可能在城市中推广并扩大公交优先的覆盖范围以及公交与地铁换乘的便利性，同时适当提高政府的公交补贴政策，并提高城市中心区的停车成本。

2. 完善区域协作的协调机构

区域协作的协调机构在促使协作区域各方切实执行协作政策中扮演着重要的角色。虽然当前各类区域协作过程中，地方政府根据协作治理需求设置了一定形式的协调机构，但是，不同类型公共事务中的协调机构差异相当明显。在区域旅游协作中，各协作区域通常设立秘书处负责日常联络和协作工作；在流域管理中，则是河长办或流域管理局负责处理各方协作任务；大气污染防治协作中，各区域建立了协作小组用于协调沟通。不同协调机构在区域协作中所发挥的效用也存在明显差异。相对来说，流域管理局所能够发挥的协调作用明显高于其他几种机构形式，而大气污染防治协作中的领导小组仍处于尝试性阶段，存在诸多问题。即使是在同一公共事务领域中，不同协调机构由于职责范围界定、运作方式等的不同，在区域协作中也发挥着非常不同的作用。比如流域管理中，流域管理局能够发挥的作用肯定优于河长办，因为河长办仍然带有行政分割的特色，而流域管理局能够实现跨行政区管理的效果，在流域内的协调作用更为直接。当然，从各流域设立流域管理局的情况来看，太湖流域管理局所能发挥的协调作用肯定超过广东省内的东江流域管理局和陕西省内的渭河流域管理局。基于这种情况，跨区域协作中要完善协调机构的设置应该选择更为适当的协调方式和协调范围，确保协调机构有足够的权限实现区域协调目的。换言之，流域管理中应该尝试建立全流域的管理局，大气污染防治协作中也应该以现有的协作小组为基础，建立起能够发挥统筹、协调、联动作用的、完善的区域大气污染协作治理机构体系。

3. 实现政策信息公开，强化政策监察问责

为保障区域协作政策的实施，还需要进一步加强信息平台建设，理顺沟通渠道，接受公众监督。具体而言，可以在信息公开平台上，及时公布区域协作政策执行中的相关情况，如及时曝光大气污染违法行为及其处罚措施、发布区域内重污染天气预警信息等；鼓励媒体、公众对区域协作中的不当行为进行报道和举报，并在核实基础上实现问责。比如对区域旅游协作中旅行社、景点管理的不当收费行为或者大气污染防治协作中污染型企业的违法行为、各级政府部门在大气污染治理过程中的主体失职渎职行为等进行监督举

报,确保协作政策顺利执行。

三 合理发挥上级政府作用,促进区域协作的内生性发展

(一) 上级政府要提供持续的多样化支持

上级政府对区域协作治理的支持应该重点关注持续性与多样化两个方面。首先,上级支持的持续性有助于帮助协作区域累积结合资本。对于由上级推动形成的协作区域,上级从最初促成地方政府协作到培养、扶持各方协作治理活动步入正轨,并逐步引导地方政府实现良性互动是一个相对较长的过程。这一过程中,上级必须有专门的部门和人员专注于相关工作,且在地方政府良性互动产生之前,上级的支持力度不能断续或突然消失。其次,上级支持要多样化,不能仅限于行政强制与资金扶持等。以流域生态补偿为例。当前上级政府对流域生态补偿的支持主要是政策引导、资金扶持和检查督导,今后应该提供更多渠道、更多形式和更多样化的支持。在政策引导方面要尽可能拔高档次,尽快出台跨境生态补偿的法律法规,以规范目前生态补偿实践中上、中、下游之间的博弈过程和补偿制度设计理念与流程,制定必要的不合作行为惩罚措施与良好合作精神激励措施。同时,要借助媒体宣传作用,组织对话活动等媒体宣介活动,引导公众舆论导向,创造良好的氛围与环境,创设多种可行的通道,推动和动员社会力量参与生态补偿实践。还可以开放地方间的平等对话,推进地方间的平等协商机制建设。甚至可以考虑通过设立跨境生态补偿创新竞赛等活动,激发地方政府积极性,形成跨境生态补偿的创新,提升生态补偿持续性。在生态补偿资金方面,也应该引导和协助下级政府拓宽生态补偿资金的筹集渠道,多方位筹措生态补偿金,帮助下级政府摆脱对上级财政资金的过度依赖。

（二）上级政府要适时转换区域扶持对象

虽然上级支持要持续多样，但是，作为一种稀缺资源的上级支持也需要适时转换扶持对象。通常，在一个协作区域中，随着结合资本的增多各方协作可以顺畅进行时，上级政府的支持就可以适时调整，转换至其他协作区域。以大气污染防治领域为例。为了保证地方政府能够继续通过区域协作来共同防治大气污染，环保部门采取了许多从上至下的监管督促举措，并通过地方政府首脑的责任制，促使地方政府高度重视空气质量改善。但是，当前中央对大气污染防治协作区域的关注重心仍在传统的"三区"，这明显不利于推动其他区域的大气污染协作治理实践。即使在《大气污染防治行动计划》所重点推动的"三区十群"中，目前真正实现区域大气污染协作的也只有三区，十个城市群的联合行动非常少见，甚至都未签订任何合作协议或者召开行政首长碰头会。基于这种情况，为扩大区域协作效果，中央对不同协作区域的重视程度应该根据各协作区的发展进程在区域间实现一定的转换，避免长期只关注一两个协作区。在这一过程中，中央政府发挥着重要的培育与扶持作用。不过，将一个区域扶持起来之后，中央就应该适时转换注意力，转而去扶持那些大气污染协作的未成熟区域，以保证将上级重视所产生的大气质量收益范围扩大到传统的三区之外。

（三）上级推动与内生性发展的协调

上级推动与内生性发展之间需要实现一定程度的协调发展。首先，上级推动到了一定程度需要诱发出下级政府间区域协作的内生性驱动力。上级推动的作用更多地体现在促使区域协作发生以及初期发展方面，随着区域协作步入正轨，上级政府如果仍然涉入太多，事无巨细地插手区域协作事宜，就会损伤下级政府协作的主动性。因此，当区域协作政策制定出来且得到初步实施后，上级政府就应该推动下级政府根据政策执行中的问题自行调整协作政策；当协作沟通机制运行顺畅后，一些区域协作会议的主导权就应该适当下放给下级政府。只有上级政府逐步放手，区域协作各方的主动性与协作能力才能得以提升。其次，区域协作的内生性发展要求上级政府的监控方式根据下级政府间的协作情况加以调整。早期上级政府更适于以行政命令、资金支持、上级督察督办等方式强势推动，随后此类监控方式应该相继淡化，而信息发布、对话探讨、视察考察、出席会议等方式应逐渐扮演更重要的角色。最后，对于具有内生性发展特色的区域协作活动，上级政府可以通过领导视察、宣传推广、座谈交流等多种方式加以扶持，促使其更好地发展。在内生性发展基础上，上级政府也可以适当发挥助推作用，在地方政府间扮演协调人角色，促成相关的区域协作，比如新安江流域的生态补偿实践就是环保部在该流域内生性发展基础上顺势而为促成的区域协作典范。

主要参考文献

一 中文论著

安祺：《环境问题分析与相关政策评估：经济学分析方法及应用》，中国经济出版社2020年版。

包国宪、鲍静：《政府绩效评价与行政管理体制改革》，中国社会科学出版社2008年版。

包国宪、［美］道格拉斯·摩根：《政府绩效管理学：以公共价值为基础的政府绩效治理理论与方法》，高等教育出版社2015年版。

陈汉宣、马骏、包国宪：《中国政府绩效评估30年》，中央编译出版社2011年版。

陈龙桂：《区域发展评价方法研究》，中国市场出版社2011年版。

陈前虎：《多中心城市区域空间协调发展研究——以长三角为例》，浙江大学出版社2010年版。

陈思霞：《政府投资激励政策的效应评估与优化路径研究》，中国财政经济出版社2019年版。

陈天祥：《政府绩效评估与管理：政治、过程与技术》，中山大学出版社2015年版。

陈新：《中国政府绩效评估方法理论与实践：基于政府职能转变视角开展绩效评估》，天津人民出版社2016年版。

崔强：《航空碳排放政策评估方法与应用》，吉林大学出版社 2020 年版。

董幼鸿：《我国地方政府政策评估制度化建设研究》，上海人民出版社 2012 年版。

董战峰、王军锋、璩爱玉等：《环境政策评估：方法与实证研究》，中国环境出版社 2019 年版。

范柏乃：《政府绩效评估理论与实务》，人民出版社 2005 年版。

范恒山：《中国区域协同发展研究》，商务印书馆 2012 年版。

范俊玉：《区域生态治理中的政府与政治》，广东人民出版社 2011 年版。

高树婷、龙凤、杨琦佳：《水污染物排污收费政策评估与改革研究》，中国环境出版社 2013 年版。

葛察忠：《中国水污染控制的经济政策》，中国环境科学出版社 2011 年版。

顾建光：《公共政策分析学》，上海人民出版社 2004 年版。

黄森：《区域环境治理》，中国环境科学出版社 2009 年版。

荆玲玲：《公共政策分析：理论与案例》，哈尔滨工程大学出版社 2014 年版。

雷家骕：《经济及科技政策评估：方法与案例》，清华大学出版社 2011 年版。

李广成：《新亚欧大陆桥政策的评估和优化研究》，中国经济出版社 2004 年版。

李国平、陈红霞：《协调发展与区域治理：京津冀地区的实践》，北京大学出版社 2012 年版。

李良贤：《基于共生理论的中小企业竞合成长研究》，经济管理出版社 2011 年版。

李善同、周南：《"十三五"时期中国发展规划实施评估的理论方法与对策研究》，科学出版社 2019 年版。

李涛、王洋洋：《我国流域水质达标规划制度评估与设计》，中国经济出版社 2020 年版。

李志军：《重大公共政策评估理论、方法与实践（第 2 版）》，中国发展出版社 2016 年版。

刘诚、李红勋：《中国退耕还林政策系统性评估研究》，经济管理出版社 2010 年版。

刘亦文：《能源消费、碳排放与经济发展的一般均衡分析与政策优化》，中国经济出版社 2017 年版。

刘志辉：《共生理论视域下政府与社会组织关系研究》，天津出版社传媒集团、天津人民出版社 2017 年版。

罗峰：《区域一体化中的政府与治理：对武汉城市圈的实证研究》，中国社会科学出版社 2012 年版。

马林、曹阳：《东北老工业基地振兴与内蒙古经济发展的区域协作研究》，东北财经大学出版社 2009 年版。

孟华：《政府绩效评估：美国的经验与中国的实践》，上海人民出版社 2006 年版。

南宇：《西北丝绸之路五省区跨区域旅游合作开发战略研究》，科学出版社 2012 年版。

倪星：《中国地方政府绩效评估创新研究》，人民出版社 2013 年版。

上海社会科学院政府绩效评估中心：《非营利组织绩效评估》，上海社会科学院出版社 2015 年版。

上海社会科学院政府绩效评估中心：《公共政策绩效评估：理论与实践》，上海社会科学院出版社 2017 年版。

施从美、沈承诚：《区域生态治理中的府际关系研究》，广东人民出版社 2011 年版。

宋国君、谭炳卿等：《中国淮河流域水环境保护政策评估》，中国人民大学出版社 2007 年版。

王达梅、张文礼：《公共政策分析的理论与方法》，南开大学出版社

2009年版。

王建冬、童楠楠、易成岐：《大数据时代公共政策评估的变革：理论、方法与实践》，社会科学文献出版社2019年版。

魏后凯：《中国区域协调发展研究》，中国社会科学出版社2012年版。

吴超：《局部规则与共生秩序："城市区域"协调发展的博弈分析》，中国建筑工业出版社2016年版。

吴舜泽、于雷、徐毅等：《水污染防治管理政策集成及综合示范研究》，中国环境出版社2016年版。

夏训峰、王明新、席北斗：《农村水污染控制技术与政策评估》，中国环境科学出版社2013年版。

肖庆业：《南方地区退耕还林工程效益组合评价研究》，清华大学出版社2016年版。

谢鹏飞等：《泛珠三角区域合作研究》，广东人民出版社2004年版。

许凤冉、阮本清、王成丽：《流域生态补偿理论探索与案例研究》，中国水利水电出版社2010年版。

贠杰、杨诚虎：《公共政策评估：理论与方法》，中国社会科学出版社2006年版。

曾珍香：《基于复杂系统的区域协调发展——以京津冀为例》，科学出版社2010年版。

张和清：《旅游业跨区域联合发展的竞合机制及其绩效评价研究——以湘桂黔"侗文化"旅游圈为例》，中国经济出版社2013年版。

张紧跟：《当代中国地方政府间横向关系协调研究》，中国社会科学出版社2006年版。

张满银：《中国区域规划评估理论与实践研究》，经济管理出版社2020年版。

张小峰、刘显睿：《高效能政府绩效评估体系》，复旦大学出版社2020年版。

张远增:《公共政策执行评估学理》,中国社会科学出版社2018年版。

周建国:《公共视域中的水治理》,南京大学出版社2012年版。

周凯:《政府绩效评估导论》,中国人民大学出版社2006年版。

朱传耿、仇方道、孟召宜:《省际边界区域协调发展研究》,科学出版社2012年版。

朱俊峰、窦菲菲、王健:《中国地方政府绩效评估研究:基于广义模糊综合评价模型的分析》,复旦大学出版社2012年版。

[美]弗兰克·费希尔:《公共政策评估》,吴爱明、李平等译,中国人民大学出版社2003年版。

[美]克里斯蒂纳·阿尔恩特、查尔斯·欧曼:《政府治理指标》,金名译,清华大学出版社2007年版。

[美]理查德·D.宾厄姆、克莱尔·L.菲尔宾格:《项目与政策评估:方法与应用》,朱春奎、杨国庆等译,复旦大学出版社2008年版。

二 中文论文

白户纹平、村濑敏朗、入谷英司等:《过滤理论的研究及其工业应用》,《流体工程》1992年第12期。

包群、邵敏、杨大利:《环境管制抑制了污染排放吗?》,《经济研究》2013年第12期。

薄湘平、薛晶晶:《中国旅游业绩效评价》,《吉林工业大学自然科学学报》2001年第4期。

蔡邦成、陆根法、宋莉娟:《生态建设补偿的定量标准——以南水北调东线水源地保护区一期生态建设工程为例》,《生态学报》2008年第5期。

蔡永龙、陈忠暖、刘松:《近10年珠三角城市群经济承载力及空间分异》,《华南师范大学学报》(自然科学版) 2017 年第 5 期。

曹静、王鑫、钟笑寒:《限行政策是否改善了北京市的空气质量》,《经济学(季刊)》2014 年第 3 期。

曹淑艳、宋豫秦、程必定等:《淮河流域可持续发展状态评价》,《中国人口·资源与环境》2002 年第 4 期。

曹颖、曹国志:《中国省级环境绩效评估指标体系的构建》,《统计与决策》2012 年第 22 期。

陈朝兵:《公共服务质量的概念界定》,《长白学刊》2017 年第 1 期。

陈强、孙丰凯、徐艳娴:《冬季供暖导致雾霾?来自华北城市面板的证据》,《南开经济研究》2017 年第 4 期。

陈瑞莲:《论区域公共管理研究的缘起与发展》,《政治学研究》2003 年第 4 期。

陈瑞莲:《欧盟国家的区域协调发展:经验与启示》,《政治学研究》2006 年第 3 期。

陈玉、孙斌栋:《京津冀存在"集聚阴影"吗?——大城市的区域经济影响》,《地理研究》2017 年第 10 期。

陈兆开、施国庆、毛春梅:《流域水资源生态补偿问题研究》,《科技进步与对策》2008 年第 3 期。

程滨、田仁生、董战锋:《我国流域生态补偿标准实践:模式与评价》,《生态经济》2012 年第 4 期。

程巧莲:《东北地区旅游一体化与黑龙江旅游业的发展》,《黑龙江社会科学》2005 年第 6 期。

崔学海、王崇举:《协作视域下长江经济带创新绩效评价与治理研究》,《华东经济管理》2018 年第 11 期。

邓秀勤、郑伟民:《基于海西的厦漳泉大都市区旅游同城化研究》,《泉州师范学院学报》2012 年第 6 期。

丁红梅:《旅游产业与区域经济发展耦合协调度实证分析——以黄

山市为例》,《商业经济与管理》2013年第7期。

丁忠毅:《府际协作治理能力建设的现实性》,《理论视野》2017年第2期。

董川永、高俊峰:《太湖流域西部圩区陆地生态系统维持和调节功能量化评估》,《自然资源学报》2014年第3期。

董圆媛、张涛、顾进伟等:《太湖流域水污染物总量减排绩效评估体系建立》,《中国环境监测》2015年第5期。

董战峰:《环境政策评估制度框架应涵盖哪些内容?》,《环境经济》2015年第7期。

董战锋、林健枝、陈永勤:《论东江流域生态补偿机制建设》,《环境保护》2012年第1期。

杜国祥:《基于AQI指数的城市空气质量变化趋势及空间差异——以京津冀城市群为代表》,《城市发展研究》2017年第8期。

杜强、陈光、陈美玲:《海峡西岸经济区流域生态补偿机制初探》,《发展研究》2013年第5期。

范子英、张航、陈杰:《公共交通对住房市场的溢出效应与虹吸效应:以地铁为例》,《中国工业经济》2018年第5期。

方瑜、欧阳志云、肖燚等:《海河流域草地生态系统服务功能及其价值评估》,《自然资源学报》2011年第10期。

房巧玲、刘长翠、肖振东:《环境保护支出绩效评价指标体系构建研究》,《审计研究》2010年第3期。

付意成:《流域治理修复型水生态补偿研究》,博士学位论文,中国水利水电科学研究院,2013年。

傅伯杰、马克明:《中国的环境政策效应与污染治理效果分析》,《环境科学》1998年第3期。

高辉、姚顺波:《基于NSE方法的生态补偿标准理论模型研究》,《河南社会科学》2014年第12期。

高玫:《流域生态补偿模式比较与选择》,《江西社会科学》2013年第 11 期。

高艳丽、董捷、李璐等:《碳排放权交易政策的有效性及作用机制研究——基于建设用地碳排放强度省际差异视角》,《长江流域资源与环境》2019 年第 4 期。

葛颜祥:《流域生态补偿:政府补偿与市场补偿比较与选择》,《山东农业大学学报》(社会科学版) 2007 年第 4 期。

郭道久:《协作治理是适合中国现实需求的治理模式》,《政治学研究》2016 年第 1 期。

郭捷、盛庆辉、胥悦红:《DSS 在公共环境政策评估研究中的应用》,《江苏商论》2008 年第 2 期。

贺灿飞、张腾、杨晟朗:《环境规制效果与中国城市空气污染》,《自然资源学报》2013 年第 10 期。

洪秋艳:《基于流体动力学的厦漳泉城市旅游联盟探讨》,《黎明职业大学学报》2014 年第 2 期。

胡熠、黎元生:《完善闽江流域立法机制的思考》,《福建论坛》(人文社会科学版) 2007 年第 11 期。

黄昌硕、耿雷华、王淑云:《水源区生态补偿的方式和政策研究》,《生态经济》2009 年第 3 期。

黄进、张金池:《苏州市空气质量的时间序列变化过程研究》,《环境科学与技术》2009 年第 6 期。

金蓉:《黑河流域生态补偿机制及效益评估研究》,《人民黄河》2005 年第 7 期。

靳诚、徐菁、陆玉麒:《长三角区域旅游合作演化动力机制探讨》,《旅游学刊》2006 年第 12 期。

荆田芬、余艳红:《基于 InVest 模型的高原湖泊生态系统服务功能评估体系构建》,《生态经济》2016 年第 5 期。

郎龙兴、喻冬琪:《公民参与能够否带来治理绩效?》,《中共浙江省委党校学报》2014 年第 6 期。

黎元生、胡熠：《闽江流域区际生态补偿标准探析》，《农业现代化研究》2007年第3期。

李变花：《"厦漳泉"同城化发展飞地经济的模式分析》，《特区经济》2012年第11期。

李冬：《京津冀地区公共服务质量评价》，《地域研究与开发》2018年第2期。

李红祥、徐鹤、董战峰等：《环境政策实施的成本效益分析框架研究》，《环境保护》2017年第2期。

李如友、黄常州：《中国交通基础设施对区域旅游发展的影响研究——基于门槛回归模型的证据》，《旅游科学》2015年第2期。

李涛、杨喆、马中等：《公共政策视角下官厅水库流域水环境保护规划评估》，《干旱区资源与环境》2018年第1期。

李婷婷：《协作治理：国内研究和域外进展综论》，《社会主义研究》2018年第3期。

李艺玲：《同城化视角下的厦漳泉旅游合作研究》，《福建论坛》2014年第7期。

李永友、沈坤荣：《我国污染控制政策的减排效果——基于省际工业污染数据的实证分析》，《管理世界》2008年第7期。

林丽梅、刘振滨、许佳贤等：《水源地保护区农村生活环境治理效果评价分析》，《生态经济》2016年第11期。

林晓桃、揭筱纹：《我国跨省界区域旅游目的地合作运行机制研究》，《经济问题探索》2016年第4期。

刘桂环、文一惠、张惠远：《中国流域生态补偿地方实践解析》，《环境保护》2010年第23期。

刘浩、马琳：《1992—2013年京津冀地区经济发展失衡的溢出效应》，《经济问题探索》2016年第11期。

刘娜、金小伟、薛荔栋等：《太湖流域药物和个人护理品污染调查与生态风险评估》，《中国环境科学》2017年第9期。

刘强：《能源环境政策评价模型的比较分析》，《中国能源》2008年第3期。

刘涛、韩轩、蒋辉：《跨域治理理论比较与启示》，《资源开发与市场》2011年第9期。

刘艳新：《跨省流域生态补偿横向转移支付机制研究》，《知识经济》2017年第18期。

刘郁、陈钊：《中国的环境规制：政策及其成效》，《经济社会体制比较》2016年第1期。

卢文刚、张雨荷：《中美雾霾应急治理比较研究——基于灾害系统结构体系理论的视角》，《广州大学学报》（社会科学版）2015年第10期。

卢亚灵、周佳、程曦等：《京津冀地区黄标车政策的总量减排效益评估》，《环境科学》2018年第6期。

卢扬帆：《国家治理绩效：概念、类型及其法治化》，《行政论坛》2018年第1期。

鲁继通：《京津冀区域协同创新能力测度与评价——基于复合系统协同度模型》，《科技管理研究》2015年第24期。

鲁明勇：《区域旅游合作绩效的定量评价方法探讨》，《统计与决策》2011年第16期。

吕维霞：《论公众对政府公共服务质量的感知与评价》，《华东经济管理》2010年第9期。

麻智辉、李小玉：《流域生态补偿的难点与途径》，《福州大学学报》（哲学社会科学版）2012年第6期。

马庆华、杜鹏飞：《新安江流域生态补偿效果评价研究》，《中国环境管理》2015年第3期。

马树才、李国柱：《中国经济增长与环境污染关系的Kuznets曲线》，《统计研究》2006年第8期。

马莹：《流域生态补偿方式激励相容性的比较研究》，《财经论丛》

2012年第5期。

孟华：《推进以公共服务为主要内容的政府绩效评估》，《中国行政管理》2009年第2期。

聂倩、匡小平：《完善我国流域生态补偿模式的政策思考》，《观察思考》2014年第10期。

潘光、王震：《国际反恐怖合作：新态势、新发展和绩效评估》，《社会科学》2010年第11期。

彭丹妮：《蓝天下的污染：臭氧来袭》，《中国新闻周刊》2020年第955期。

彭丽娟、李奇伟：《〈湖南省湘江流域生态补偿（水质水量奖罚）暂行办法〉实施评估研究》，《环境保护》2018年第24期。

朴胜任、李健：《京津冀区域碳减排能力测度与评价》，《科技管理研究》2016年第5期。

尚虎平、杨娟：《我国政府绩效中的潜绩：生成、类型与主要评估维度》，《南京社会科学》2016年第11期。

沈坚、杜河清：《生态水利工程系统服务功能的评价方法与指标体系建立》，《生态经济》2006年第4期。

石敏俊、李元杰、张晓玲等：《基于环境承载力的京津冀雾霾治理政策效果评估》，《中国人口·资源与环境》2017年第9期。

宋国君、金书秦、冯时：《论环境政策评估的一般模式》，《环境污染与防治》2011年第5期。

宋国君、金书秦：《淮河流域水环境保护政策评估》，《环境污染与防治》2008年第4期。

宋国君、马中、姜妮：《环境政策评估及对中国环境保护的意义》，《环境保护》2003年第12期。

苏建军、黄解宇：《基于主成分分析法的旅游业经济绩效评价指标体系实证研究——以山西省为例》，《技术经济》2008年第3期。

苏建军：《基于旅游城市化视角下的城市旅游区域一体化研究——

以晋陕豫黄河金三角地区为例》,《山西财经大学学报》2010年第1期。

隋玉正、李淑娟、王蒙:《山东半岛蓝色经济区旅游景区绩效评价研究》,《中国海洋大学学报》(社会科学版)2015年第5期。

孙斌栋、丁嵩:《大城市有利于小城市的经济增长吗？来自长三角城市群的证据》,《地理研究》2016年第9期。

孙丽文、张蝶、李少帅:《京津冀协同创新能力测度及评价》,《经济与管理》2018年第3期。

陶希东:《跨界区域治理理论视野下的青少年研究创新策略》,《当代青年研究》2009年第6期。

田义超、黄远林、张强等:《北部湾钦江流域土壤侵蚀及其硒元素流失评估》,《中国环境科学》2019年第1期。

王慧娴、张辉:《中国旅游政策评估模型构建与政策变量分析》,《旅游科学》2015年第5期。

王镜:《国际金融危机对地市旅游政策调整的启迪——以洛阳市为例》,《西南民族大学学报》(人文社科版)2010年第4期。

王军锋、侯超波:《中国流域生态补偿机制实施框架与补偿模式研究——基于补偿资金来源的视角》,《中国人口·资源与环境》2013年第2期。

王军锋、邱野、关丽斯等:《中国环境政策与社会经济影响评估——评估内容与评估框架的思考》,《发展研究》2017年第2期。

王军、吴雅晴、关丽斯等:《国外环境政策评估体系研究——基于美国、欧盟的比较》,《环境保护科学》2016年第1期。

王莉、赵渊、杨显明等:《基于时间序列模型与残差控制图的兰州市空气质量研究》,《高原气象》2015年第1期。

王利鑫、张元标、王祥超:《上海世博会对周边城市旅游辐射效应研究》,《地理与地理信息科学》2011年第3期。

王文铃：《过滤的理论和实验研究》，《过滤与分离》1994年第2期。

王亚华、吴丹：《淮河流域水环境管理绩效动态评价》，《中国人口·资源与环境》2012年第12期。

王艳芳、张俊：《奥运会对北京空气质量的影响：基于合成控制法的研究》，《中国人口·资源与环境》2014年第5期。

王永刚、李萌：《旅游一体化进程中跨行政区利益博弈研究——以长江三角洲地区为例》，《旅游学刊》2011年第1期。

王兆峰、刘红：《突发事件对旅游产业发展的影响研究》，《财经理论与实践》2012年第1期。

王兆峰：《区域旅游产业发展潜力评价指标体系构建研究》，《华东经济管理》2008年第10期。

王忠、阎友兵：《基于TOPSIS方法的红色旅游绩效评价——以领袖故里红三角为例》，《经济地理》2009年第3期。

魏伟、石培基、周俊菊等：《基于GIS的石羊河流域可持续发展能力评估》，《地域研究与开发》2014年第6期。

邬恒东：《浅议影响城市大气污染质量的气象因素》，《科技向导》2010年第6期。

吴丹、王亚华：《中国七大流域水资源综合管理绩效动态评价》，《长江流域资源与环境》2014年第1期。

吴国清：《区域旅游城市化与城市旅游区域化研究——兼论长三角区域一体化的旅游互动》，《地域研究与开发》2008年第1期。

吴玉萍、董锁成：《北京市环境政策评价研究》，《城市环境与城市生态》2002年第2期。

武晓利：《环保技术、节能减排政策对生态环境质量的动态效应及传导机制研究——基于三部门DSGE模型的数值分析》，《中国管理科学》2017年第12期。

夏永久、陈兴鹏、李娜：《西北河谷型城市环境政策评价研究——

以兰州市为例》,《兰州大学学报》(自然科学版) 2006 年第 2 期。

肖光明:《珠三角地区旅游空间一体化发展水平量化评价》,《地域研究与开发》2010 年第 8 期。

熊海峰、祁吟墨:《基于共生理论的文化和旅游融合发展策略研究——以大运河文化带建设为例》,《同济大学学报》(社会科学版) 2020 年第 1 期。

熊鹰、工克林、蓝万炼等:《洞庭湖区湿地恢复的生态补偿效应评估》,《地理学报》2004 年第 5 期。

胥春雷、胥春文:《西部生态建设的有效补偿及评价机制研究》,《云南师范大学学报》2006 年第 6 期。

徐虹、秦达郅:《我国区域旅游一体化发展比较研究——以京津冀和长三角旅游区为例》,《天津商业大学学报》2015 年第 1 期。

徐丽媛:《试论赣江流域生态补偿机制的建立》,《江西社会科学》2011 年第 10 期。

闫晶晶、肖荣阁、沙景华:《水污染物质排放减量化环境综合政策的模拟分析与评价》,《中国人口·资源与环境》2010 年第 S1 期。

闫云霞、程东升、王随继等:《模块化的水污染防治政策评估模式探讨》,《中国人口·资源与环境》2012 年第 12 期。

杨爱平、陈瑞莲:《从"行政区行政"到"区域公共管理"——政府治理形态嬗变的一种比较分析》,《江西社会科学》2004 年第 11 期。

杨光梅、李文华、闵庆文:《基于生态系统服务价值评估进行生态补偿研究的探讨》,《生态经济学报》2006 年第 3 期。

杨小溪:《山东省旅游业"假期效应"的实证研究》,《现代经济信息》2013 年第 21 期。

杨阳、沈泽昊、郑天立等:《中国当前城市空气综合质量的主要影响因素分析》,《北京大学学报》(自然科学版) 2016 年第 6 期。

禹雪中、冯时:《中国流域生态补偿标准核算方法分析》,《中国人口·资源与环境》2011 年第 9 期。

袁瑞娟、李凯琳:《基于意愿调查评估法的东苕溪水质改善的社会效益评估》,《地理科学》2018 年第 7 期。

原青青、叶堂林:《我国三大城市群发展质量评价研究》,《前线》2018 年第 7 期。

翟博文、梁川、张俊玲:《基于持续型的流域管理绩效量化综合评价方法研究》,《水力发电学报》2013 年第 1 期。

张补宏、徐施:《长三角区域旅游合作问题及对策探讨》,《地理与地理信息科学》2009 年第 6 期。

张成福、李昊城、边晓慧:《跨域治理:模式、机制与困境》,《中国行政管理》2012 年第 3 期。

张丛林、乔海娟、王毅等:《生态文明背景下流域/跨区域水环境管理政策评估》,《中国人口·资源与环境》2018 年第 7 期。

张存厚、李福胜、朝鲁门等:《呼和浩特市空气质量状况及与气象因子的相关性分析》,《干旱区资源与环境》2018 年第 2 期。

张广海、刘真真、李盈昌:《中国沿海省份旅游产业发展水平综合评价及时空格局演变》,《地域研究与开发》2013 年第 4 期。

张会萍、王冬雪:《退牧还草生态补奖对农户行为影响及其政策效果评价研究评述——基于北方农牧交错带的视角》,《宁夏社会科学》2017 年第 S1 期。

张会萍、肖人瑞、罗媛月:《草原生态补奖对农户收入的影响——对新一轮草原生态补奖的政策效果评估》,《财政研究》2018 年第 12 期。

张培培、王依、石岩等:《流域污染物总量控制政策评估—以松花江流域为例》,《中国人口·资源与环境》2016 年第 S1 期。

张锐昕、董丽:《公共服务质量:特质属性和评估策略》,《北京行政学院学报》2014 年第 6 期。

张瑞萍：《甘肃省节能减排政策评价及法治制度保障》，《兰州文理学院学报》（社会科学版）2017 年第 3 期。

张晓：《中国环境政策的总体评价》，《中国社会科学》1999 年第 3 期。

张岳军、张宁：《高速铁路对沿线城市旅游的影响效应与作用机制研究》，《铁道运输与经济》2013 年第 9 期。

张志明、高俊峰、闫人华：《基于水生态功能区的巢湖环湖带生态服务功能评价》，《长江流域资源与环境》2015 年第 7 期。

张志强：《环境规制提高了中国城市环境质量吗？——基于"拟自然实验"的证据》，《产业经济研究》2017 年第 3 期。

张志强、徐中民、龙爱华等：《黑河流域张掖市生态系统服务恢复价值评估研究——连续型和离散型条件价值评估方法的比较应用》，《自然资源学报》2004 年第 2 期。

赵光洲、陈妍竹：《我国流域生态补偿机制探讨》，《经济问题探索》2010 年第 1 期。

赵玉山、朱桂香：《国外流域生态补偿的实践模式及对中国的借鉴意义》，《世界农业》2008 年第 4 期。

郑云辰、葛颜祥、接玉梅等：《流域多元化生态补偿分析框架：补偿主体视角》，《中国人口·资源与环境》2019 年第 7 期。

钟林生、唐承财、成升魁：《全球气候变化对中国旅游业的影响及应对策略探讨》，《中国软科学》2011 年第 2 期。

周晨、丁晓辉、李国平等：《南水北调中线工程水源区生态补偿标准研究——以生态系统服务价值为视角》，《资源科学》2015 年第 4 期。

周亮、徐建刚：《大尺度流域水污染防治能力综合评估及动力因子分析——以淮河流域为例》，《地理研究》2013 年第 10 期。

周灵玥、彭华涛：《中心城市对城市群协同创新效应影响的比较》，

《统计与决策》2019年第11期。

周曙东、欧阳纬清、葛继红：《京津冀PM$_{2.5}$的主要影响因素及内在关系研究》，《中国人口·资源与环境》2017年第4期。

周伟东、梁萍：《风的气候变化对上海地区秋季空气质量的可能影响》，《资源科学》2013年第5期。

朱俊成：《基于多中心与区域共生的长三角地区协调发展研究》，《中国人口·资源与环境》2011年第3期。

朱玫：《太湖流域治理十年回顾与展望》，《环境保护》2017年第24期。

朱小会、陆远权：《环境财税政策的治污效应研究——基于区域和门槛效应视角》，《中国人口·资源与环境》2017年第1期。

朱再昱、陈美球、吕添贵等：《赣江源自然保护区生态补偿机制的探讨》，《价格月刊》2009年第11期。

邹春萌：《东盟区域旅游一体化策略与效应分析》，《亚太经济》2007年第2期。

三 英文著作与论文

Agrawal, Arun & Maria Carmen Lemos, "A Greener Revolution in the Making? Environmental Governance in the 21st Century", *Environment*, Vol. 49, No. 5, 2007.

Akaike, H., "Factor Analysis and AIC", *Psychometrika*, Vol. 52, No. 3, 1987.

Albrizio, S., T. Kozluk, V. Zipperer, "Environmental Policies and Productivity Growth: Evidence across Industries and Firms", *Journal of Environmental Economics and Management*, Vol. 81, No. C, 2017.

Alford, P., "Open Space: A Collaborative Process for Facilitating Tourism IT Partnerships", in O'Connor, P., W. Höpken & U. Gretzel, *Information and Communication Technologies in Tourism*, Springer Vienna Publishng, 2008.

Almond, Douglas, Yuyu Chen, Michael Greenstone, Hongbin Li, "Winter Heating or Clean Air? Unintended Impacts of China's Huai River Policy", *American Economic Review: Papers and Proceedings*, Vol. 99, No. 2, 2009.

Ambrose, M. L., M. Schminke, & D. M. Mayer, "Trickle-down Effects of Supervisor Perceptions of Interactional Justice: A Moderated Mediation Approach", *Journal of Applied Psychology*, Vol. 98, No. 4, 2013.

Amigues, J. P. C. Boulatoff, B. Desigues, "The Benefits and Costs of Riparian Analysis Habitat Preservation: A Willingness to Accept/ Willingness to Pay Using Contingent Valuation Approach", *Ecological Economics*, Vol. 43, No. 1, 2002.

Amirkhanyan, Anna A., "Collaborative Performance Measurement: Examining and Explaining the Prevalence of Collaboration in State and Local Government Contracts", *Journal of Public Administration Research and Theory*, Vol. 19, No. 3, 2009.

Ana, V., P. Jordi, "Ecological Compensation and Environmental Impact Assessment in Spain", *Environmental Impact Assessment Review*, Vol. 30, No. 6, 2010.

Andrew, Simon A., Jesseca E. Short, Kyujin Jung and Sudha Arlikatti, "Inter-governmental Cooperation in the Provision of Public Safety: Monitoring Mechanisms Embedded in Interlocal Agreements", *Public Administration Review*, Vol. 65, No. 3, 2015.

Araujo, L. M. & Bill Bramwell, "Partnership and Regional Tourism in Braz", *Annals of Tourism Research*, Vol. 29, No. 4, 2002.

Auerbach, I. L. & K. Flieger, "The Importance of Public Education in

Air Pollution Control", *Journal of the Air & Waste Management Association*, Vol. 17, No. 2, 1967.

Bates, B. C., Z. W. Kundzewicz, Wu S. & J. P. Palutikof eds., *Climate Change and Water*, IPCC Secretariat, Geneva, Jun. 1, 2008.

Behera, Sailesh N., Mukesh Sharma, Pranati Nayak, SheoPrasad Shukla & Prashant Gargava, "An Approach for Evaluation of Proposed Air Pollution Control Strategy to Reduce Levels of Nitrogen Oxides in An Urban Environment", *Journal of Environmental Planning and Management*, Vol. 57, No. 3, 2014.

Bel, Germà & Mildred E. Warner, "Factors Explaining Inter-Municipal Cooperation in Service Delivery: A Meta-Regression Analysis", *Journal of Economic Policy Reform*, Vol. 19, No. 2, 2016.

Berardo, R., "Bridging and Bonding Capital in Two-Mode Collaboration Networks", *Policy Studies Journal*, Vol. 42, No. 2, 2014.

Brady, Michael K. & J. Joseph Jr. Cronin, "Some New Thoughts on Conceptualizing Perceived Service Quality: A Hierarchical Approach", *The Journal of Marketing*, Vol. 65, No. 3, 2001.

Bramwell, Bill & Angela Sharman, "Collaboration in Local Tourism Policy Making", *Annals of Tourism Research*, Vol. 22, No. 4, 2009.

Bryson, John M., Barbara C. Crosby, and Melissa Middleton Stone, "The Design and Implementation of Cross-Sector Collaborations: Propositions from the Literature", *Public Administration Review*, Vol. 66, No. Special Issue, 2006.

Burt, T. P., B. P. Arkell, S. T. Trudgill, D. E. Walling, "Stream Nitrate Levels in A Small Catchment in Southwest England over A Period of Fifteen Years", *Hydrological Processes*, Vol. 2, No. 3, 1988.

Carter, Angela V., Gail S. Fraser & Anna Zalik, "Environmental Policy Convergence in Canada's FossilFuel Provinces? Regulatory Streamlining, Impediments, and Drift", *Canadian Public Policy*, Vol. 43, No. 1, 2017.

Cartwright, N., L. Clark & P. Bird, "The Impact of Agriculture on Water Quality", *Outlook Agriculture*, Vol. 20, No. 3, 1991.

Cavagnac, Michel & Isabelle Péchoux, "Domestic Effects of Environmental Policies with Transboundary Pollution", *Louvain Economic Review*, Vol. 76, No. 1, 2010.

Chen, Sulan, John C. Pernetta and Alfred M. Duda, "Towards a New Paradigm for Transboundary Water Governance: Implementing Regional Frameworks through Local Actions", *Ocean & Coastal Management*, Vol. 85, No. B, 2013.

Cheung, Peter T. Y., "Toward Collaborative Governance between Hong Kong and Mainland China", *Urban Studies*, Vol. 52, No. 10, 2015.

Cirello, J., R. A. Rapaport, P. F. Storm, V. A. Matulewich, M. Morris, S. Goetz & M. S. Finstein., "The Question of Nitrification in the Passiac River, New Jersey: An Analysis of Historical Data and Experimental Investigation", *Water Research*, Vol. 13, No. 6, 1979.

Cook, B. J., "The Politics of Market-Based Environmental Regulation: Continuity and Change in Air Pollution Control Policy Conflict", *Social Science Quarterly*, Vol. 83, No. 1, 2002.

Cronin, J. Joseph & Steven A. Taylor, "Measuring Service Quality: A Reexamination and Extension", *The Journal of Marketing*, Vol. 56, No. 3, 1992.

Dávila, G. H., "Joint Air Pollution Sampling Program in Twin Cities on the U. S.-Mexico Borde", *Bulletin of the Pan American Health Organization*, Vol. 10, No. 3, 1976.

Ebenstein, A., "The Consequences of Industrialization: Evidence from Water Pollution and Digestive Cancers in China", *Review of Economic*

Statistics, Vol. 94, No. 1, 2012.

Emerson, Kirk & Peter Murchie, "Collaborative Governance and Climate Change: Opportunities for Public Administration", in O'Leary, R., D. Van Slyke & S. Kim, eds., *The future of Public Administration, Public Management, and Public Service Around the World: The Minnowbrook Perspective*, Washington D. C.: Georgetown University Press, 2010.

Emerson, Kirk & Tina Nabatchi, "Evaluating the Productivity of Collaborative Governance Regimes: A Performance Matrix", *Public Performance & Management Review*, Vol. 38, No. 4, 2015.

Emerson, Kirk, Tina Nabatchi & Stephen Balogh, "An Integrative Framework for Collaborative Governance", *Journal of Public Administration Research and Theory*, Vol. 22, No. 1, 2011.

Fisher, D. S., J. L. Steiner, D. M. Endale, J. A. Stuedemann, H. H. Schomberg, A. J. Franzluebbers & S. R. Wilkinson, "The Relationship of Land Use Practices to Surface Water Quality in the Upper OconeeWatershed of Georgia", *Forest Ecology and Management*, Vol. 128, No. 1-2, 2000.

Ganor, Boaz, *The Counter-Terrorism Puzzle: A Guide for Decision Makers*, Piscataway, NJ: Transaction Publishers, 2005.

Gerber, E. R., A. Henry & M. Lubell, "The Political Logic of Local Collaboration in Regional Planning in California", Paper 35 of the Conference Proceeding of Open SIUC, http://opensiuc.lib.siu.edu/pnconfs_2010/35. 2010.

Gray, F. & M. Boddy, "The Origins and Use of Theory in Urban Geography: Household Mobility and Filtering Theory", *Geoforum*, Vol. 10, No. 1, 1979.

Hamilton, David K., *Governing Metropolitan Areas: Growth and Change in a Networked Age*, New York: Routledge Taylor & Francis Group, 2014.

Hatry, Harry P., *Performance Measurement: Getting Results* (Second Edition), Washington, D. C.: Urban Institute, 2006.

Ho-Sik Chon, Dieudonn-Guy Ohandja & Nikolaos Voulvoulis, "Assessing the Relative Contribution of Wastewater Treatment Plants to Levels of Metals in Receiving Waters for Catchment Management", *Water Air & Soil Pollution*, Vol. 223, No. 7, 2012.

Ingraham, Patricia W. & Amy E. Kneedler, "Dissecting the Black Box: Toward A Model and Measures of Government Management Performance", in Brudney, Jeffrey L., Laurence J. O'Toole, Jr., & Hal G. Rainey, eds., *Advancing Public Management: New Developments in Theory, Methods, and Practice*, Washington, D. C.: Georgetown University Press. 2000.

Innes, Judith E. and David E. Booher, "Consensus Building and Complex Adaptive Systems: A Framework for Evaluating Collaborative Planning", *Journal of the American Planning Association*, Vol. 65, No. 4, 1999.

Jamal, Tazim B. & Donald Getz, "Collaboration Theory and Community Tourism Planning", *Annals of Tourism Research*, No. 1, 1995.

Jones, David Seth, "ASEAN Initiatives to Combat Haze Pollution: An Assessment of RegionalCooperation in Public Policy-making", *Asian Journal of Political Science*, Vol. 12, No. 2, 2004.

Jost, F. & I. Gentes, "Payment Schemes for Environmental Services: Challenges and Pitfalls with Respect to Effectiveness, Efficiency and Equity", in J. Pretzsch, D. Darr, H. Uibrig & D. Darr, eds., *Forests and Rural Development*, Springer Berlin Publishing, 2014.

Jutze, G. A., & C. W. Gruber, "Establishment of An Intercommunity

Air Pollution Control Program", *Journal of the Air & Waste Management Association*, Vol. 12, No. 4, 1962.

Kim, Sangmin, "The Workings of Collaborative Governance: Evaluating Collaborative Community-Building Initiatives in Korea", *Urban Studies*, Vol. 53, No. 16, 2016.

Koontz, Tomas M. and Craig W. Thomas, "What Do We Know and Need to Know About the Environmental Outcomes of Collaborative Management?", *Public Administration Review*, Vol. 66, No. 6, 2006.

Kozluk, Tomasz & Vera Zipperer, "Environmental Policies and Productivity Growth-A Critical Review of Empirical Findings", *OECD Journal: Economic Studies*, Vol. 2014, 2015.

Kumar, Naresh & Andrew D. Foster, "Air Quality Interventions and Spatial Dynamics of Air Pollution in Delhi and its Surroundings", *International Journal of Environment and Waste Management*, Vol. 4, No. 1, 2009.

Lachter, Joel, Kenneth I. Forster, Eric Ruthruff, "Forty-five Years after Broadbent (1958): Still No Identification without Attention", *Psychological Review*, Vol. 111, No. 4, 2004.

Leach, William D., "Collaborative Public Management and Democracy: Evidence from Western Watershed Partnerships", *Public Administration Review*, Vol. 66, No. Special Issue, 2006.

Lebo, Franklin Barr, "Evaluating a Collaborative Governance Regime in Renewable Energy: Wind power and the Lake Erie Energy Development Corporation (LEEDCo)", *Environmental Development*, Vol. 32, No. 2019, 2019.

Liu, B. B., Liu H., Zhang B., Bi J., "Modeling Nutrient Release in the Tai Lake Basin of China: Source Identification and Policy Implications", *Environmental Management*, Vol. 51, No. 3, 2013.

Liu, C. , Jinzhi Lu &, Runsheng Yin, "An Estimation of the Effects of China's Priority Forestry Programs on Farmers Income", *Environmental Management*, Vol. 45, No. 3, 2010.

Logar, Ivana, "Sustainable tourism management in Crikvenica, Croatia: An assessment of policy instruments", *Tourism Management*, Vol. 31, No. 1, 2010.

Loomis, J. , P. Kent, L. Strange et al. , "Measuring the Total Economic Value of Restoring Ecosystem Services in An Impaired River Basin: Results from A Contingent Valuation Survey", *Ecological Economics*, Vol. 33, No. 1, 2000.

Lyu, X. P. , L. W. Zeng, H. Guo, I. J. Simpson, Z. H. Ling, Y. Wang, F. Murray, P. K. K. Louie, S. M. Saunders, S. H. M. Lam & D. R. Blake, "Evaluation of the Effectiveness of Air Pollution Control Measures in Hong Kong", *Environmental Pollution*, Vol. 202, No. A, 2017.

Mattikalli, Nandish M. & Keith S. Richards, "Estimation of Surface Water Quality Changes in Response to Land Use Change: Application of the Export Coefficient Model Using Remote Sensing and Geographical Information System", *Journal of Environmental Management*, Vol. 48, No. 3, 1996.

Mazmanian, Daniel A. & Paul A. Sabatier, "A multivariate model of public policymaking", *American Journal of Political Science*, Vol. 24, No. 3, 1980.

Mazzalay, Victor, "Subnational Regionalisation in Argentina: The Effects of Subjective Inter-dependence and the Relationships between Actors on Inter-municipal Cooperation", *Bulletin of Latin American Research*, Vol. 30, No. 4, 2011.

Mcdermott, M. , S. Mahanty, K. Schreckenberg, "Examining Equity:

A Multidimensional Framework for Assessing Equity in Payments for Ecosystem Services", *Environment Science & Policy*, No. 33, 2013.

McGuire, Michael and Chris Silvia, "The Effect of Problem Severity, Managerial and Organizational Capacity, and Agency Structure on Intergovernmental Collaboration: Evidence from Local Emergency Management", *Public Administration Review*, Vol. 70, No. 2, 2010.

McGuire, Michael, "Collaborative Public Management: Assessing What We Know and How We Know it", *Public Administration Review*, Vol. 66, No. Special Issue, 2006.

Meng X., M. Siriwardana & T. A. Pham, "CGE Assessment of Singapore's Tourism Policies", *Tourism Management*, Vol. 34, 2013.

Meng Yu, Liu Meng, Guan Xinjian, Liu Wenkang, "Comprehensive Evaluation of Ecological Compensation Effect in the Xiaohong River Basin, China", *Environmental Science and Pollution Research*, Vol. 29, No. 8, 2019.

Minkoff, Scott L., "From Competition to Cooperation: A Dyadic Approach to Interlocal Developmental Agreements", *American Politics Research*, Vol. 41, No. 2, 2013.

Moran, D., A. McVittie, D. J. Allcroft, D. A. Elston, "Quantifying Public Preferences for Agri-Environmental Policy in Scotland: A Comparison of Methods", *Ecological Economics*, Vol. 63, No. 1, 2007.

Nath, K., "Water Pollution and Industrial Development: A Systems Approach", *IFAC Proceedings Volumes*, Vol. 10, No. 14, 1977.

Nelson, Hal T., Adam Rose, Dan Wei, Thomas Peterson, Jeffrey Wennberg, "Intergovernmental Climate Change Mitigation Policies: Theory and Outcomes", *Journal of Public Policy*, Vol. 35, No. 1, 2015.

Nuţă, Florian Marcel, Neculai Tabără, Alina Cristina Nuţă & Carmen Creţu, "An Assessment upon the Environmental Policy in Romania",

Economic Research, Vol. 28, No. 1, 2015.

Parasuraman, A., Valarie A. Zeithaml & Leonard L. Berry, "A Conceptual Model of Service Qualityand Its Implications for Future Research", *The Journal of Marketing*, Vol. 49, No. 4, 1985.

Parasuraman, A., V. A. Zeithaml & L. L. Berry, "Reassessment of Expectations as A Comparison Standard in Measuring Service Quality: Implications for Further Research", *The Journal of Marketing*, Vol. 58, No. 1, 1994.

Parasuraman, A., V. A. Zeithaml & L. L. Berry, "SERVQUAL: A Multiple Item Scale for Measuring Consumer Perception of Service Quality", *The Journal of Retailing*, Vol. 64, No. 1, 1988.

Paschalidou, A. K., P. A. Kassomenos, A. Kelessis, "Tracking the Association between Metro-railway Construction Works and PM Levels in An Urban Mediterranean Environment", *The Science of the Total Environment*, Vol. 568, 2015.

Rahib, Saqib, "How N. J. Lost its Lead on Offshore Wind", https://www.eenews.net/stories/1060055777, 2017-1-9.

Ring, Peter Smith and Andrew H. van de Ven, "Development Processes of Cooperative Inter-organizational Relationships", *Academy of Management Review*, Vol. 19, No. 1, 1994.

Robertson, Peter J., "An Assessment of Collaborative Governance in a Network for Sustainable Tourism: The Case of RedeTuris", *International Journal of Public Administration*, Vol. 34, No. 5, 2011.

Scorsone, E. A. & Padovani, "A Conceptual Framework for Performance Measurement Development in An Intergovernmental Setting: The Case of Intergovernmental Systems in the USA and Italy", *SSRN Working Paper Series*, 2009.

Selina, Steve & Debbie Chavez, "Developing an Evolutionary Tourism

Partnership Model ", *Annals of Tourism Research*, Vol. 22, No. 4, 1995.

Sheehan-Connor, Damien, "Environmental Policy and Vehicle Safety: The Impact of Gasoline Taxes", *Economic Inquiry*, Vol. 53, No. 3, 2015, pp. 1606-1629.

Taylor, R. G. & Robert A. Y. , "Rural-to-urban Water Transfers: Measuring Direct Foregone Benefits of Irrigation Water under Uncertain Water Supplies ", *Journal of Agriculture Economics*, Vol. 20, No. 2, 1995.

Thomson, Ann Marie and James L. Perry, "Collaboration Processes: Inside the Black Box", *Public Administration Review*, Vol. 66, No. Special Issue, 2006.

Tong S. , & Chen W. , "Modeling the Relationship between Land Use and Surface Water Quality", *Journal of Environmental Management*, Vol. 66, No. 4, 2002.

Vabulas, Felicity & Duncan Snidal, "Organization without Delegation: Informal Intergovernmental Organizations and the Spectrum of Intergovernmental Arrangements", *Review of International Organizations*, No. 8, 2013.

van Bueren, Ellen M. , Erik-Hans Klijn & Joop F. M. Koppenjan, "Dealing with Wicked Problems in Networks: Analyzing an Environmental Debate from a Network Perspective", *Journal of Public Administration Research and Theory*, Vol. 13, No. 2, 2003.

Vardoulakis, Sotiris & Pavlos Kassomenos, "Sources and Factors affecting PM_{10} Levels in Two European Cities: Implications for Local Air Quality Management ", *Atmospheric Environment*, Vol. 42, No. 17, 2008.

Walsh, M. P. , "Global Trends in Motor Vehicle Pollution Control: A

2011 Update", *Combustion Engines*, Vol. 145, No. 2, 2011.

Warner, M. E, "Inter-municipal Cooperation in the U. S.: A Regional Governance Solution?", *Urban Public Economics Review*, No. 6, 2006.

Whiteman, C. David, Sebastian W. Hoch, John D. Horel & Allison Charland, "Relationship between Particulate Air Pollution and Meteorological Variables in Utah's Salt Lake Valley", *Atmospheric Environment*, Vol. 94, No. 3, 2014.

Wood, C. M., "Air Pollution Control by Land Use Planning Techniques: A British-American Review", *International Journal of Environmental Studies*, Vol. 35, No. 4, 1990.

Wood, Donna and Barbara Gray, "Toward a Comprehensive Theory of Collaboration", *Journal of Applied Behavioral Science*, Vol. 27, No. 2, 1991.

Wright, R. F., O. Kaste, H. A. De Wit, T. Tjomsland, M. Bloemerts, J. Molvær, J. R. Selvik, "Effect of Climate Change on Fluxes of Nitrogen from the Tovdal River Basin, Norway, to Adjoining Marine Areas", *Ambio*, Vol. 37, No. 1, 2008.

Wu, Wenyong, Suchuang Di, Qianheng Chen, Shengli Yang, Xingyao Pan & Honglu Liu, "The Compensation Mechanism and Water Quality Impacts of Agriculture-Urban Water Transfers: A Case Study in China's Chaobai Watershed", *Water Resource Management*, Vol. 27, 2013.

Zhao C., "A Core-Periphery Model of Urban Economic Growth: Empirical Evidence Using Chinese City-Level Data, 1990 – 2006", *Global COE Hi-Stat Discussion Paper Series 206*, 2011, https://core.ac.uk/reader/6612108.

后　记

　　跨区域公共事务的协作治理研究在近20年受到我国学者的极大关注，并且明显推动了地方政府打破行政区划壁垒实现多方跨界共赢协作的实践。我的博士生导师——中山大学的陈瑞莲教授是我国这一研究领域的积极倡导者。在我读博时，一众博士同学都跟着陈老师去研究区域协作问题，只有我做了政府绩效评估的博士学位论文。2012年夏天，陈老师来厦门大学开会，几个同门跟导师在鼓浪屿旁热闹地聊天。当时陈老师讲到区域协作治理领域的研究虽然如火如荼，但是，却缺乏对协作效果的评估，并且告诉我可以考虑将对政府绩效评估的研究拓展至区域协作治理绩效评估中来。我马上有了醍醐灌顶的感觉，意识到可以将绩效测量与政策效果评估相结合，用于评判我国区域协作治理绩效。受此启发，我以跨区域公共事务协作治理绩效为研究主题，在2013年申请到了国家社科基金。

　　虽然大的思路已经确定，即从过程绩效监控和政策效果评估角度切入进行区域协作治理绩效评估，但是在具体的研究过程中，跨区域协作治理的领域相当广泛，不可能在一项研究中全部纳入，而且，数据获取也是制约研究推进的重要因素。基于这些限定性，相关研究只能选择几个典型领域展开。为此，后续我将跨区域旅游协作、大气污染协作治理以及流域协作治理作为课题研究的三大领域，并选择了一些典型的区域和政策实施跨区域公共事务的协作治理绩效评估。

在此，要特别感谢陈瑞莲老师的指导，没有导师的点醒，我的研究领域也难以拓展至区域协作治理的绩效评估中来；感谢这几年来我所带的蔡佳佳、陈允红、陈玉琼、胡文轲、刘娣等研究生同学，他们在求学期间都积极地投入这一课题的相关研究中；感谢学院领导的大力支持和中国社会科学出版社孔继萍老师的热心帮助，让我能够及时将结项成果修改，最终保证此书得以出版。

孟华
于厦门大学成智楼